国防教育与学生军训文库 / 学术系列

普通高等学校
国防教育师资建设理论与实践

徐东波◎著

时 事 出 版 社
北 京

图书在版编目（CIP）数据

普通高等学校国防教育师资建设理论与实践/徐东波著. —北京：时事出版社，2018. 12
ISBN 978-7-5195-0281-2

Ⅰ. ①普… Ⅱ. ①徐… Ⅲ. ①高等学校—国防教育—师资队伍建设—研究—中国 Ⅳ. ①G641. 8

中国版本图书馆 CIP 数据核字（2018）第 275989 号

出 版 发 行：时事出版社
地　　　址：北京市海淀区万寿寺甲 2 号
邮　　　编：100081
发 行 热 线：（010）88547590　88547591
读者服务部：（010）88547595
传　　　真：（010）88547592
电 子 邮 箱：shishichubanshe@ sina. com
网　　　址：www. shishishe. com
印　　　刷：北京旺都印务有限公司

开本：787×1092　1/16　印张：18. 5　字数：335 千字
2018 年 12 月第 1 版　2018 年 12 月第 1 次印刷
定价：118. 00 元

教育部哲学社会科学研究重大课题攻关项目

“新时期学校国防教育和学生军训工作体系建设研究”（14JZD052）资助

教育部学生军事训练年度报告（2018）项目支持

教育部2017年学生军训协同创新研究项目支持

“农林院校海洋教育课程体系构建”（2017Y051）资助

总 序

兵者，国之大事，死生之地，存亡之道，不可不察也。

国防教育是关系国家生死存亡的社会工程，是建设和巩固国防的基础，是增强民族凝聚力、提高全民素质的重要途径。学校国防教育是全民国防教育的重要组成部分，是国家培养现代化人才的战略性举措。在学校尤其是普通高等学校设置军事课程，进行学生军事训练，是《中华人民共和国国防法》《中华人民共和国兵役法》《中华人民共和国国防教育法》等赋予普通高等学校的神圣职责，是适应国家高等教育发展和提升人才综合国防素养的需要，也是世界各国的通行做法。

天下虽安，忘战必危。尽管和平与发展仍是时代的主题，但全球性挑战日益增多，新的安全威胁因素不断出现，局部战争和武装冲突时有发生，天下仍不太平。作为世界上最大的发展中国家，中国仍面临多元复杂的安全威胁，生存安全与发展安全互为影响、传统安全与非传统安全威胁相互交织，维护国家统一、领土完整、发展利益的任务艰巨繁重，加强国防教育特别是学校国防教育和学生军训任重而道远……

为加强国防教育和学生军训教学、科研水平，中央财经大学国防经济与管理研究院军地国防教育与学生军训协同创新研究基地、全国国防教育与学生军训协同创新联盟等单位从即日起开启国内首部《国防教育与学生军训文库》的编写工作，文库含学术系列、教学系列等几个子系列，着力展示学校国防教育、学生军训和全民国防教育等领域优秀学人在本领域重大理论与现实问题研究方面的学术成果，亦包括支持高水平教学的教材、教辅参考书籍等，并建立开放型的运行机制，不断补充新的系列和新的选题。

文库出版受到教育部哲学社会科学重大课题攻关项目和教育部国防教育办公室、教育部全国军事教学指导委员会等有关部门、机构的支持和指导，在此一并表示最诚挚的谢意！

教育部全国普通高等学校军事教学指导委员会副主任委员
教育部哲学社会科学重大课题攻关项目（国防教育）首席专家　陈　波

2018年1月·北京

序言
不教民战　是谓弃之

人类社会诞生以后，基于不同地域的生存条件和发展秩序，逐渐形成了有着共同利益的族群和部落。当人类对自然界的认识和改造更为深刻之后，生产力水平也相应有所提高，根本上促进了阶级产生。按照马克思国家学说，当阶级矛盾不可调和到一定阶段，国家便诞生了。国家产生于阶级矛盾冲突之中，以阶级作为存在基础，也是为解决阶级矛盾而存在。马克思进一步指出，国家是一个历史范畴。从这个角度上讲，国家是作为一种世界性制度而存在的，本质上实现了价值理性与工具理性的统一，是人类社会的自我规范和成熟阶段，其最终的发展方向是超国家形态，即人类大同。然而，马克思也以其历史唯物主义的立场告诉我们，人们总是生活在一定的政治经济关系之中。所谓“一定的”，是“当下的”和“具体的”，而非“抽象的”概念。因此，我们看到历史上和现实生活中，各个不同政治经济形态的国家，互相竞争、互相冲突、互相抵消。当然，也互相合作。

一、“不教民战，是谓弃之”的内在要义

“不教民战，是谓弃之”① 是现代国防动员理论中的经典词句，常与孙子的“以虞待不虞者胜”② 一同使用。

（一）民众与战争

合作共赢、和谐发展，是国际关系的美好祝愿。但战争从未停止过，特别是大航海时代和地理大发现的到来，客观上造成战争更加频仍。这主

① 出自［春秋末期］孔子及其弟子的《论语·子路篇》。
② 出自［春秋末期］孙子的《孙子兵法·谋攻篇》。

要是由于现实世界中的资源稀缺，各国、各政治集团掌握的信息不对称，以及难以在有限时空内突破技术瓶颈，从而造成相互间的认知对立和行为对抗。因此，防止战争、准备战争和打赢战争就成为国家必须面对的三大课题。无论是制止战争爆发，还是准备参加可能的战争，抑或是赢得战争胜利，都离不开民众参与。“在当前的战争中，军队和人民已经融为一体，想要分清哪些属于陆海军的范围，哪些属于人民的范围，是极为困难的事情。”① 获取民众支持，是国家从战争中走出来的关键。

科技进步，的确让民众参与战争成为可能。一名黑客可以瘫痪一支舰队，一群工程师可以让技术劣势方发疯，乃至损失有生力量。受过高等教育的大学生与高科技兵员之间的转化周期越来越短，形式上的界限也越来越模糊。以至于高校兵源成为各国征兵中的重点群体。海湾战争和科索沃战争以后，美国军事理论界将原先的“五环空袭打击理论”发展至“六环空袭打击理论”。其中，第四环为资源，即在其他环内目标或系统中使用的资源，包括人力、原材料等。第四环的“人力”主要是指民众，以区别于第五环的“野战部队”。从现代空袭理论和空袭战例中可以发现，尽管民众是非作战目标和非战斗人员，受《日内瓦公约》等国际人道主义条约保护，但民众的“军事参与能力”始终为进攻方忌惮。各国政府从国家安全角度出发，始终强调对民众进行国防和军事教育，并努力加强。当代中国军事学家也提出了同样的看法，“倘若那个衔命出发的小伙子这时候问：哪里是我的战场？回答是：任何地方”②。

（二）对“不教民战，是谓弃之”的不同理解

人类战争从冷兵器时代转入热兵器时代后，鲁登道夫就发出了类似于“民众也是战斗力”的言论。而当热兵器战争经由机械化形态逐步以高技术姿态迈入信息化战争时代的过程中，军事学家们依然给出了相同判断。实际上，即使是在冷兵器战争时代，军事家们依然认为老百姓是国家赢得战争胜利的关键。“子曰：以不教民战，是谓弃之。”千百年来，人们对这句话持有不同见解。孟轲认为，“不教民而用之，谓之殃民。殃民者，不容于尧、舜之世。”朱熹认为，“言用不教之民以战，必有败亡之祸。是弃其民也。”钱穆认为，“用不经教练的民众去临战阵，只好说是抛弃了他们。”李泽厚认为，“不对人民进行军事训练，叫作抛弃他们。”这些见解

---

① ［德］埃里希·冯·鲁登道夫著，魏止戈译：《总体战》，华中科技大学出版社，2016 年版，第 4—6 页。

② 乔良、王湘穗：《超限战》，中国社会出版社，2005 年版，第 68—70 页。

侧重点不同，但都归于一点：要对民众教战。以在战争中尽可能保证民众生存，增强国家应对战争的持久力。

也有学者认为上述解释都不妥，所谓“不教”，是指“庶、富”后的“教”的过程缺失，导致民众“战栗”和“恐惧”，这样就是统治者“背叛”（弃）民众（之），国家便不能长治久安。因此，“教”是为了“使民善”，并结合《论语》中的前后内容谈如何“胜残去杀”，而非“使民战”。他们都反对把“不教民战，是谓弃之”与加强全民国防教育结合起来谈，认为二者并无联系。①

（三）对“与国防教育无关说”的批判

批判诸如“与国防教育无关说”观点的最好办法，就是顺着其思维逻辑，找出认识漏洞。“教”的确是为了“使民善”，但关键的问题并不是讨论“教”的目的。在这点上，两种观点基本没有矛盾，无非是目的范围的大小和目的之间的包含与被包含关系。也不是要讨论“教”的动词意义，对这一动作过程性质的理解，毫无争议。关键的问题恰是“教”的内容，在教的过程中、在实现“使民善”的目的中，教哪些内容？

首先，在孔子教育体系中，对教育内容的界定，教育史界早就定义为“六艺教育”——礼、乐、射、御、书、数。一般认为，“射与御”是与军事直接有关的教育内容，由射箭和骑马驾车组成的弓弩战术和车战是古代战争的主要形式。实际上，其余四艺，与军事也有着不同程度的联系，在古代军事工程建设和运筹学上，“数”就有着大量运用，典型的如田忌赛马和孙膑减灶示弱等。

其次，“使民善”，一方面是指使民众对统治状态持有温和与支持的态度，以保证统治秩序正常；另一方面，“善”也包含了“正确位置”之意。也只有让民众“处于正确位置”，才能维护统治秩序。这也是朴素民本主义的渊源之一。让民众处于正确位置，首要任务就是民众能够安身立命，有稳定的生存和生活环境。在“弑君三十六，亡国五十二”的年代，要做到这一点，还真离不开增强百姓个体的战斗技能和防卫能力，使百姓能够成为国力的有效支撑。

再次，从“民军”和“教战”的概念出发，也并非是对民众的军事技能不管不问。奴隶制社会时期和封建社会的部分时间，兵役与田制相结合，是各国通行做法。夏商周时代“受田”男子，都必须服兵役。如果没

---

① 希言：《〈论语〉详解 19：子曰：以不教民战，是谓弃之》，http：//blog. sina. com. cn/s/blog_ 44616e360102x46r. html，2016 -05 -07。

有教战，显然缺乏情理。“教战”一般是在非农忙时节，如冬季进行，百姓出则为军，入则为民。特别是国力不足以维持强大的常备军时，必须依靠增强民众的军事技能，以保证国家不被敌国侵犯。

从“庶、富、教”的逻辑关系上看，也进一步表明“与国防教育无关说”的不妥之处。孔子认为，人口多了之后的第一要务，是要让民众富裕起来，然后才是进行有效教化。百姓众多，却不富裕，就没有动机接受教育，首要问题是吃饱穿暖。百姓众多，却不富裕，国家就没有国力。百姓众多且富裕，却没有教化，就会礼乐崩坏，国家失去秩序，依然没有国力。百姓众多且富裕，但不能保证财富安全，国家失去积蓄，同样没有国力。因此，一定要教化。从六艺教育内容上看，“礼乐”与伦理秩序有关，“射御”与战争安全有关，“书数”与经济国力有关，各自也相互关联。

孔子弟子言论也从侧面证明了孔子对军事技能的精通。“冉有为季氏将师，与齐战于郎，克之。季康子曰：‘子之于军旅，性之乎？学之乎？’冉有曰：‘学之于孔子’。”[①] 虽然卫灵公问陈于孔子时，子曰“军旅之事，未之学也”，但同时，子也曰，“道不同，不相为谋”[②]，加上在季氏将伐颛臾时，孔子的反对态度，可见孔子并非不懂军事，而是不愿意侍从卫灵公的推辞。

因此，从儒家的六艺教育内容、使民善的教育目的、民军制的教育历史、庶富教的教育哲学和儒家成员的教育实践上看，“不教民战，是谓弃之”，应是强调要加强对民众进行国家防务教育。

二、作为经验的“不教民战，是谓弃之”

从五方面扼要论述了“不教民战，是谓弃之”是实现国家安全和稳定的有效做法之后，还可以此审视不同国家的实践情况。这里以美国和部分欧洲国家为例。

（一）美国的实践

自《赠地法案》规定大学应开设军事策略等学科起，美国普通高校国防教育就正式拉开了帷幕。第二次世界大战后，美国普通高校国防教育经历了三个不同的发展历程。

---

① 出自［西汉］司马迁的《史记·孔子世家》。

② 出自［春秋末期］孔子及其弟子的《论语·卫灵公》。

20世纪40年代中期至20世纪60年代末，是美国普通高校国防教育的基础积淀期。1947年颁布的《国家安全法》，成为其指导性的法律纲领。然而，尽管在第二次世界大战后期，美国组织了一批科学家和工程师，将运筹学运用于作战中，于1945年提出了“兰德计划”，并在1948年正式组建了兰德公司，美国政界和科学界也意识到国家对普通高校涉军学科资助的战略意义。但苏联依然先于美国发射了世界上第一颗人造地球卫星，这直接导致了美国1958年《国防教育法》的颁布。它是美国国防教育走向法制化和系统化的标志性事件，艾森豪威尔直接指出这是一项“紧急措施”。该法规定，“本法目的是加强国防，鼓励和支持教育计划的扩展与改进，以满足国防的重大需要……国家安全需要最充分地开发青年男女的智力资源和技术技能；目前的紧急状况要求国家提供更多更好的教育机会；美国国防取决于对复杂科学原理和现代技术的掌握，还取决于新原理、新技术和新知识的发现与发展。我们必须努力识别和教育我国更多的天才……本法之目的是给个人、州和州以下机构以各种形式的大量支持，以确保培养出大量的高质量人才来满足美国国防的需要。”① 从法理属性上看，尽管1958年《国防教育法》属于教育法而非国防法范畴，但高等教育服务社会，特别是为国防服务的特征明显增强，政府、高校与社会围绕防务需求，在人才培养、经费拨付和科研应用等方面密切协作，共促美国防务力量的发展与运用。

20世纪70年代初至20世纪80年代末，是美国普通高校国防教育的政策调整期。美国在全球范围内与苏联争霸，特别是越南战争给美国社会带来的综合影响，使美国各界开始思考高等教育与防务需求的现实关系。伯顿·克拉克在比较高等教育学领域，做了大量反思，引起美国公众对高等教育的大讨论。实际上，公众也对1958年《国防教育法》颇有微词，以至于32所大学联名要求做出变革和调整。这种变革和调整的时代背景在今天看来是非常清晰的，那就是20世纪70年代逐步兴起的信息化进程对美国工业社会的示威，反映在高等教育领域，即要求高校加强后备力量建设。1970年8月，美国国防部长莱尔德提出“总体力量政策”，其目标就是以最有效的方式将现役和预备役部队的作战能力与人员实力合为一体，实行全志愿兵役制。此后，美国普通高校后备军官训练团进入快速发展期。1983年，美国出台《国家处在危险之中，教育改革势在必行》报告，认为外国强加的平庸教育，本质上是战争行为。

① 瞿葆奎：《教育学文集——美国教育改革》，人民教育出版社，1990年版，第117—118页。

20世纪90年代初至今，是美国普通高校国防教育的政策激荡期。相比此前，这一时期的最大变化是美国本土安全在“9·11”事件的刺激下，成为美国各界普遍关心的核心议题。民粹思潮逐步泛滥，美国利益至高无上的观念深刻印在高校国防教育和学科教育过程中，美国超乎以往地把国防教育与美国政治意识形态有效融合。2012年，美国外交关系委员会发布了《教育改革与国家安全》报告，认为“教育的失败会使美国未来的经济发展、全球地位以及国土安全处于危险当中”。① 美国社会国防教育与学校国防教育相得益彰，始终以大国防观念为核心要义，突出爱国主义，这也是美国公民教育的核心。也就是说，美国社会国防教育与公民教育本身就不是严格区分的两个领域。其1991年颁布的《公民教育大纲》规范了美国公民教育内容，实质就是意识形态教育、爱国主义教育和防务教育。对此，美国注重利用各种形式开展相关教育。在各种公民场合，星条旗密布；诸如《国土安全》《特种部队：眼镜蛇的崛起》等时代感强烈的影视剧作风靡社会，《我们曾是战士》《黑鹰坠落》则是把美国民众对政府发动战争的不满降到相对低的水平，艺术与政治被巧妙地结合在一起；“国难日”“武装部队日（周）”和“9·11纪念日”成为美国社会生活中重要的纪念日（周）。

总体来看，美国国防教育既注重道德意识教育，也注重军事知识与技能的教育，特别结合史地等学科开展，还制定了《普遍军训与兵役法》。特别要指出的是，美国政府、军方和民间个人与团体组织的针对青少年的军事化训练营是美国国防教育的重要形式。

（二）部分欧洲国家的实践

苏联解体后，俄罗斯特别注重通过立法加强国防教育，颁布了《安全法》《俄罗斯联邦征集公民服役条例》《俄罗斯联邦动员准备与动员法》《俄罗斯联邦公民训练条例》《俄罗斯联邦武装力量服役条例》《民防法》《选择性民役法》《俄罗斯预备役公民军事集训条例》《俄罗斯联邦青年和儿童军事爱国主义教育联合会条例》和《武备学校标准条例》等法律法规，它们成为俄罗斯开展国防教育的法律渊源。1998年，俄罗斯进一步出台了《俄罗斯联邦兵役义务与服役法》。后者是俄罗斯各普通高校组织开展国防教育的直接法律依据，要求全体公民必须接受国防教育，并对公民服役前接受国防教育的内容、时间、组织形式以及各项保障，做出明确规定。在普通高校国防教育机构设置上，俄罗斯延续了苏联时期的高校军事

① 何美：“美国报告：教育改革关乎国家安全”，《中国教育报》，2013年5月1日，第011版。

教研室和军事训练系等机构设置。但俄罗斯教育系统也规定，普通高校内的其他教学组织也要配合承担对应的军事课教学任务，大学生军训成绩计入学生档案。关于普通高校国防教育的根本目的，《俄罗斯联邦国防法》规定要“开展对俄罗斯公民的军事爱国主义教育”。因此，“俄罗斯国防教育”仅是外部国家对俄罗斯开展国防教育的代言词，俄罗斯称之为“群众性国防工作”和“军事爱国主义教育”。普京执政后发布的第一批政府令中，明确要求恢复中断已久的学生军训制度，并在历史、地理等课程中穿插防务教育内容。军事院校均与普通高校建立联系，经常派教官协助普通高校开展军训和国防教育。

在社会国防教育方面，俄罗斯规定，20—70 周岁的公民，不分性别，均需接受法定的国防教育，即使不便行动的老人和妇女也要在家接受国防函授教育。16—60 周岁的男子和 16—55 周岁的女子，均需接受民防义务训练。民防队员的训练由主管部门负责人领导，规定每月进行 2—3 小时的业余训练，每年进行 40 小时的脱产集训。“群众性国防工作周”“国防十日”“国防月”“德国入侵苏联纪念日”和“红场阅兵”成为俄罗斯对民众开展国防教育的重要载体。即使是在 1995 年俄联邦财政紧张的背景下，仍然花费巨资修建了莫斯科卫国战争纪念馆，类似的主题战争纪念馆和军事博物馆，常年对社会开放。

中立国瑞士 200 年来未发生战争，得益于其重视国防教育，始终把公民防务教育当成国家战略来推行，四大政党、政府、军队、学校和社会团体等单位均成立有官方和半官方的国防教育机构。瑞士联邦政府特别重视将民族传统节日、重要活动日与国防教育融合在一起，使国防教育经常化，每年都举行辛巴赫战役、莫尔加藤战役等纪念活动，国旗四见于大街小巷。瑞士空军和防空部队每年举办一次公众日，邀请公众参加。1973 年，瑞士联邦委员会发布了《总体防御设想》，认为应当执行总体防御理念，并形象的将其称为“刺猬战略”，即举国备战策略。为此，瑞士实行了独具特色的兵役制度，即普遍义务兵役制基础上的民兵制度。瑞士宪法规定，年满 20 周岁的男性公民必须服兵役，进入新兵学校接受为期 4 个月的训练，编入“精锐军”，训练结束后携具回家。此后定期复训至 50 周岁，具体分为：21—32 周岁的 11 年里，到指定地点参加 4 次军训，共 160 天，编入“精锐军”；33—42 周岁的 9 年里，参加 3 次军训，共 40 天，编入“卫国军”；43—50 周岁的 7 年里，要参加 2 次军训，共 13 天，编入“国民军”。瑞士可以随时动员的兵员有 35 万，约占总人口的 5%，约占适龄男子的 90%。为从法律上强化国防，瑞士制定了四个层次的法规体系：宪法、联邦法律、政府令和实施细则。各层次都对国防教育有相应规定，具备可操作性。如1962年颁布的《联邦民防法》中规定，新建住宅都要修建地下防空设施，费用由国家负担三分之二，私人承担三分之一。瑞士各阶层和各部门，在联邦政府统一引领下，形成了全国性的国防教育网络。

在戴高乐时期，法国就以国防立法形式确定了国防教育在国家建设中的重要地位。1997年，法国颁布新《兵役法》，规定从1997年10月起，16—18周岁的男性青年都必须参加为期一天的“国防准备日”活动，女性青年自2001年开始参加，自1998年起，在中学增设国防教育课。随着职业化军队建设的推进，法国进一步促使国防教育进入法制化轨道。2002年1月，法国将本国的义务兵役制全部改为志愿兵役制，为强化在欧盟和北约内的防务影响，法国制定了加强全民国防教育的计划，成立了由教育部、国防部、军事院校组成的三位一体的国防教育组织，并在全国各学区成立国防教育办公室，负责对本学区的国防教育工作的组织协调和督导检查。基于对国家安全的全新认识，法国主张从军事、民防、精神、科技、经济、外交等领域，对国民尤其是在校学生进行综合性国防意识教育。法国在大中小学都安排有国防教育课程，其内容分为三方面：了解法国与欧洲和世界的关系，明确法国国防的地位和重要性；学习国防法律，掌握国防的基本知识和权利义务；牢记共和国“平等、自由、博爱”的建国原则，树立热爱和保卫祖国的价值观。法国是两次世界大战的主要参与国之一，为了铭记战争，法国把《贡比涅停战协定》的签订日确定为“国防教育日”，16—18周岁的青年必须在每年的11月11日参加教育日活动，并颁发证书，作为今后考学、择业必备的资格凭证。此外，法国还在各学区的师资培训学校中增加国防教育培训内容，以输出合格的国防教育师资。国防部还建立了军营开放日制度，不定期举行，面向全社会，主要是通过介绍部队荣誉史、展示部队装备和提供有关咨询，起到对公众进行国防教育的作用。法国还非常注重利用新闻媒体开展国防教育，听取群众意见，强化民众参与意识，曾就法国是否发展核力量和是否拥有与美英两国一样的北约地位权问题展开群众性讨论。

三、“不教民战，是谓弃之”的时代要求

基于过往战争经验和现实防务需求，各国都在穷其所能的将民众安全与国家安危紧密联系在一起，并通过诸多途径影响民众，吸引民众参与。在当下，有效做好“教民战”，应从三个方面着手。

（一）明确今日之“射”与“御”

春秋时期，人类生产力解放程度低，在弥补人力不足时，更多借助于自然力和动物力。风、水、马、牛等在生产和战争中都有运用，“射”与“御”成为重要作战技能。火药被用于战争后，“射”的概念被放大。随着机械和蒸汽技术革新，“御”也不仅是骑马，从“御”马到“御”车，从“御”船到“御”飞行器。古人不曾想到，如今“御”之概念的极大丰富。当然，在今天仅会“射”与“御”显然不能真实反映今日之变化，无论是技能复杂的程度还是认识系统的精确，都与春秋末期大相径庭。但其本质却不变，今日“教战”的内容是什么？从主要国家国防教育内容上看，无非是由意识和行动构成，也就是理论和技能。但深究这两类不同层面却相互联系的内容，又是值得深究的课题。

综合来看，防务理论教育应当包括国防理论、战争理论、战略理论、安全理论、历史地理、军事历史、军事思想和技术理论等方面的教育。对于民众，要探讨如何在上述内容基础上，形成普适性的内容体系。这是今后必须要解决的问题，要在《全民国防教育大纲》和各级各类学校国防教育课教学大纲①的基础上，予以有效深化和细化，并及时修订。那种基于爱国主义是国防教育价值核心组成，就机械地将国防教育并入思想政治教育的观点，至少在认识和实践上不严谨，也未经过准确论证。那种基于意识改变是国防教育功能核心组成，就单纯认为国防教育内容就是军事思想、军事历史和军事战略教育的认识，也不能适应防务现状，缺乏对技术的了解和技术理论的体系学习，只能是作茧自缚，是“误国”式空谈。在技能教育方面，核心主导思想之一，应是缩短民众后备力量与国防常备力量之间的周期。一个极端却是“至善”的情况就是民众在动员前一秒是平民，后一秒就是正规军。但考虑到战争规模、教育成本、防务实际和人口构成等因素，此设想可在一部分民众中实施，即接近于正规军的技能训练，以此缩减常备军规模。而另一部分民众，则处于中间环节，其训练标准相对较低。余下民众，则是一般的技能教育。在个体训练过程中，应体现技能的分级实施，而非各阶段的内容同质化，应与其教育背景相匹配，以提升训练效能。在不同群体的训练内容上，应有效估计群体特性，如性别、年龄、专业背景和社会状态等情况，以做到“术业有专攻”和“力量的分布式保存”。

---

① 现下称为的“军事课教学大纲”，不能完全反映学校国防教育全貌，应改为“国防教育课教学大纲”，下同。

（二）“庠序”与“廛市”共举

古代人深刻认识到“庠序之教”的作用，历朝历代都注重教育功效，实际上是有意无意地意识到了教育的政治意义。各朝代的社会改革，或多或少涉及到教育系统。如宋代为改变积贫积弱之局面，而兴办武学机构等。由于古代生产关系单一和伦理机制的强束缚力，其社会系统并未像今天这样“膨胀”。由于生产力相对不发达，以及思维认识局限，统治阶级对社会教育和家庭教育未有制度性设计，仅以“教化”和“家训”推广为主要措施。而今日之学校、家庭与社会之间的界限则相对清晰，学校教育、家庭教育和社会教育成为相对独立的分支系统，相互影响却较古代更深。因此，古代厚“庠序”之教而薄“廛市”之教，在今日显然行不通。在国防教育方面，单纯强调学校教育，而忽视家庭和社会教育，最终也会削弱学校国防教育效能，理应协同加强。

学校国防教育如上所述，应明确大中小学各阶段的国防教育课大纲。小学国防教育注重意识养成和案例教学，旨在达到认识程度。中学国防教育注重意识深化和技能的初步掌握，帮助中学生明确自身在国防领域的认知，注重在中学国防教育阶段建立国防人才甄别机制，如开办国防班等，旨在达到了解程度。大学国防教育重在培养国防分析能力，深化对相关技能的系统性掌握；加强国防教育的针对性和专门性，针对部分特定人群，创新选拔和考核机制，与新兵训练标准高度衔接，旨在达到掌握程度。

社会国防教育则是针对社会人群，包括对政府公职人群、企事业单位人群和社会其他人群的国防教育。从国防教育管理角度看，也可称之为社区国防教育，是将社会分成一个个相对独立的社区系统，强调依托社区结构进行社会性国防教育。社区国防教育内容应当注重一般性与特殊性的结合，即针对社会人群普遍的、一般的内容教育和针对社会人群中不同职业的专门的、特殊的教育。社区国防教育内容也应当注重与学校国防教育内容的衔接，充分照顾对象的学习经历和水平，做到学校国防教育与社会国防教育的有效衔接。

家庭国防教育相对特殊，也较难开展，但功效高。家庭国防教育并非具有严格规定性，在家庭生活中就能展开，表现在家庭风格的形成之中。英国国民海洋意识浓厚，在海洋竞争中占据上风，与其在家庭教育中对鱼类和土豆的食物教育分不开。在这里，食物成了国防教育载体，食物教育成了国防教育的子内容。在教给家庭成员有关土豆和鱼类对生存的重要性时，也告诉家庭成员海洋和领土的重要性。因而，家庭国防教育是零散化、表征化和非限定性进行的。但不是说家庭国防教育不需要系统的教育内容。今后国防教育顶层设计时，也应设计家庭国防教育内容体系，与其他两类国防教育内容相结合。

此外，学前教育也是值得关注的国防教育领域。将其归入学校国防教育或家庭国防教育，抑或是社会国防教育，需要进一步商榷和论证。

（三）教战之人与教战人之任

“射”与“御”解决了教学内容，“庠序”和“廛市”解决了教育时空。第三个关键问题就是“谁来教”和“谁是谁”。“谁来教”指的是“教战之人”，即学校国防教育、社会国防教育和家庭国防教育的“教育者”是谁；“谁是谁”指的是“教战人之任”，即教战之人应具有何种素质，能达到应有之要求。

家庭国防教育的教育者就是各家庭成员。教育关系包括父母对子女的国防教育、夫妻之间的国防教育、子女对父母的国防教育等。教育过程如上所述，是以零散过程和非正式化过程为主。对家庭国防教育的各方来说，其应有之素质和标准，主要是政治正确。在缺乏体系化的整体国防教育制度设计和较为长期的国防教育实施基础上，较难把握教育内容。

社会国防教育的教育者包含了家庭国防教育者，因为家庭成员大都是社会成员。但由于二者的教育时空有别，因此，理论上可分别讨论。在家庭和学校之外的社会时空中，社会国防教育者主要存在于各自的社区结构中。各社区应确定本社区之内的“谁”是教育者。这也是今后社区国防教育建设的着眼点之一。除了本社区“谁”之外，其他社区的“谁”也可成为本社区的国防教育者。社区国防教育者也可包括高校教师、军校教员等，无论其是否属于该社区。有关教育者应有之素质，在确保政治正确的前提下，应符合全民国防教育的相应要求。这也是值得商榷的课题。

学校国防教育的教育者主要是符合教师资质的国防教育专职教师。这里突出“专职”二字，是对现实中存在的“兼职教师”的理论回应。也就是说，学校国防教育应当是专职教师，而非兼职教师。至少其他学科专业教师，几乎不存在兼职。从长远看，也应是专门性的国防教育教师，无论大中小学，都应在专职教师的建设积累和基础上，逐步淡化“兼职教师”概念。学校国防教育专职教师的应有素质，应区分不同学段和学制。当前，中小学国防教育相对于高校国防教育而言，有所滞后，其师资素质和标准值得在本书之外研讨，这里仅提出问题。而有关高校[1]国防教育师资建设的问题，正是本书的核心任务。

① 本书所称高校，指的是区别于军事院校但包括涉警类高校等在内的普通高等学校。

目 录
CONTENTS

第一章 高校国防教育师资建设的制度语境

从国防教育学学科发展应有之义考虑，建设高校国防教育师资是学科发展的内在逻辑，必须要建立和完善学科师资与学术队伍。从管控长远的视角探讨高校国防教育师资建设，就要把高校国防教育师资建设既放在高校之内审视，又超出高校的种种界限，基于宏观背景，分析高校国防教育师资建设的军地环境及其相互关系与变化，以不至于盲人摸象。

从纵向看，当前高校国防教育师资建设与1985年军训改革试点时的师资建设有相似性。彼时是百万大裁军，也是国防和军队改革。经过六年多的改革开放，社会环境也随之变化，高校逐渐突破障碍和束缚，教育改革也逐步展开。但也存有不同之处：1985年军训改革试点时，中越战争尚未结束；80年代的高校预算紧张；高校与社会紧密度不如今日。但戏剧性的是，高校国防教育师资建设瓶颈依旧存在。1995年国家教委体卫司司长宋尽贤指出，要加强国防教育制度化建设和军事课教师队伍建设。① 2017年国务院办公厅、中央军委办公厅联合下发的国办发［2017］76号文件依然指出师资难题。② 应当说，在社会改革、高校改革和国防与军队改革均不断深化的当下，高校国防教育师资建设的复杂性也与日俱增。为此，首要问题是要弄清建设背景，及其赖以维系的制度关系或制度语境。唯有如此，才能进一步谈高校国防教育师资建设的内涵和建设路径。

---

① 王孜："让绿色军营走进学生的生活：军训十周年之际访国家教委体卫司司长宋尽贤"，《中国高等教育》，1995年第11期，第46页。

② 《国务院办公厅、中央军委办公厅关于深化学生军事训练改革的意见》（国办发［2017］76号）中第二部分第七条提到"有条件的高校要配备相应数量的军事教师"。

第一节 大学治理与大学内涵式发展

从各主要国家的整体发展历程上看，大学①向来是国家精神的支柱。当国家面临重大改革或为把握重大机遇而寻求突破口时，对大学机构的关注，就成为可能的成功范式。即使是在清朝维新运动或慈禧新政时期，京师大学堂等高等学府也拔地而起。欧洲中世纪晚期，世俗与宗教的抗衡，也是从创办商业性行会学校展开的。从中国现代大学百年发展史来看，中国大学治理已被置入现代国家建构的框架之中。从功能结构来看，现代国家使大学使命实现了内涵转换与范式拓展，对大学系统进行了身份和等级塑造，在大学内部推动了结构与体制的拟合。从实践上看，"强国家—强社会"模型是中国现代国家建构的逻辑走向，国家与大学应不断调适权力边界与活动空间，大学应在功能定位与使命聚焦、身份重建与组织再造、法治规范与精神培育等方面的持续改革中实现治理模式的转变。②

正是在国家建构过程中，大学才明确了自身治理空间和任务，并借由治理体系的确立和治理能力的提升，专心于自身内涵建设，增强参与国家建构的能力。

一、对大学治理与大学内涵式发展的思考

大学治理是大学内涵式发展的前提。大学要实现内涵式发展和跨越发展，必须要立足于大学治理，这是高等教育界的共识。但大学治理和大学内涵式发展，并非是说先要完成大学治理，接着就会出现大学内涵式发展。要想达到理想目标，根本是要在大学治理的制度设计上，主动考虑到大学的内涵指标体系。在大学治理过程中，逐步评价内涵进展，做出相应修正，即大学治理并不是必然向好的过程，也存在着治理偏离。正因为如此，大学才需要治理。

（一）政府在大学治理和大学内涵式发展中的主要责任

从职能释放角度看，政府对大学等高等教育机构履行的是监管职能。

---

① 这里以"大学"指代包括大学、学院等在内的高等教育机构。主要是为论述方便，遵循大学发展的时空路径。下文亦同。

② 蒋达勇、王金红："现代国家建构中的大学治理——中国大学治理历史演进与实践逻辑的整体性考察"，《高等教育研究》，2014 年第 1 期，第 23 页。

但政府在简政放权过程中，大学主体逐步要求办学自主权。于是，政府对大学的管理，就进一步表现为治理。因此，当前高等教育理论界探讨政府、市场与高校或政府、社会与高校的关系时，始终把市场和社会放在中间环节，在必要的政策性管理过程之外，也逐渐倾向使用“治理”一词。甚至政府也逐渐用“政府职能治理或政府治理、政治治理和政策治理”等概念。实际上，治理理论也仅起源于20世纪60年代，在问题层出不穷的20世纪90年代逐渐被理论界和政策界关注并加以运用。治理是指“各种公共的或私人的个人和机构管理其共同事务的诸多方式的总和，是使相互冲突的或不同的利益得以调和并且采取联合行动的持续过程”。① 政府对大学的管理和治理，本质区别在于前者强调行政宏观调控，后者则突出政府只是大学发展过程中的外界因素之一，是平等的外界参与方。当政府与大学的关系理念推陈出新之后，大学治理就分化为大学外部治理和大学内部治理。大学外部治理就是政府对大学的治理。

政府治理大学，首要问题是确立大学的外部治理体系。大学外部治理体系是指由政府主导建立的、能够对大学行为产生影响的其他主体，在理性化思维的指导下，作用于大学组织时充分体现标准化、制度化、科学化和民主化等现代社会特征的权力结构安排及权力实施方式安排。② 其次的问题是在确立了大学外部治理体系之后，提升政府对大学的治理能力。治理能力是各个治理主体共同作用于治理对象时表现出的行为素质，蕴含在治理主体自身及治理体系之中。③ 政府参与大学治理的本质就是政府要促进自身有关大学治理能力的现代化发展。吉登斯指出，“现代性首先意味着在后封建的欧洲建立，而在20世纪日益成为具有世界历史性影响的行为制度与模式，‘现代性’大略地等同于‘工业化的世界’。”④ 关于现代化研究，国内主要是从欧洲现代化特别是英国现代化视角，指出现代化是促进社会转型的关键，也是社会转型的结果之一。⑤ 综合大多数学者的共性认识，现代化主要是国家和政府执政的理性化、科学化和制度化。因此，政府的大学治理能力，主要是在与其他主体并行促进大学治理向好的过程

---

① 俞可平：《治理与善治》，社会科学文献出版社，2000年版，第4页。

② 甘晖：“基于大学治理能力现代化的大学治理体系构建”，《高等教育研究》，2015年第7期，第37页。

③ 甘晖：“基于大学治理能力现代化的大学治理体系构建”，《高等教育研究》，2015年第7期，第37页。

④ ［英］安东尼·吉登斯著，赵旭东等译：《现代性与自我认同》，生活·读书·新知三联书店，1998年版，第16页。

⑤ 刘金源：《现代化与英国社会转型》，生活·读书·新知三联书店，2013年版，第108页。

中，能够理性认识自身能力范围，科学对待其他各类主体，并将参与治理过程逐步制度化的能力。关键是要区分自身的两种角色：治理角色和管理角色。后者主要是行政命令和宏观管控，起方向引导作用；前者主要是条件提供和环境培育，起促进作用。

（二）高等教育机构在大学治理过程中的主要问题

从高等教育理论看，大学治理属于教育政策范畴。诸多教育学学者提出了大学治理设想，但多是基于西方高等教育理论范式，剥离了这些范式，难以发现可取之处。如部分学者提出“教授治校、学生参与”等概念。诚然，大学治理需要教授治校和学术主导，以促进大学作为社会发展加速器的职能落实；大学治理也需要学生参与，缺乏学生参与的大学会异化为普通社会机构，并逐步萎缩，大学需要倾听学生呼声。然而，教授治校过程中的学术异化、“山头主义”、政治敏感缺乏等问题也非常突出。对此，鲜见独到见地。同样，学生参与的前提是学生“有序、有能、有力”参与，而不仅是形式参与。学生评教是否可取，至今仍是主流话题：既不能因噎废食，也不能厚此薄彼，导致教师依附学生；当在线开放课程进入高校后，如何准确评价校内教师（校外教师的线上课程有时也需校内教师承担线下部分，但如果校外教师课程质量差，会导致学生认为校内教师也差，实际情况可能相反），迄今未有研究。诸如此类，都是大学治理过程中绕不过去的细枝末节，以至于有学者对大学治理持悲观态度。

当然，除了教育学学者提出有关大学治理的观点之外，大学其他学科教授们也提出不同见解，且称他们为“教育学者”或“教育专家”。他们从管理学、政治学、经济学、历史学，甚至是化学、物理学和工科等特定视野，提出大学治理框架。然而，他们大多不懂教育学，生搬硬套各自学科理论，解释大学治理，在实际中并不能真正解决问题。大多数高校的校长们留学海外，也常把外国经验照搬照抄或略作修改，结果显然不尽人意，却在管理惯性影响下，难以及时撤下台面，治理过程之尴尬显而易见。

（三）市场、社会在大学治理和大学内涵式发展中的可能地位

纵观全球高等教育系统，高等教育办学主体主要以政府为主，社会力量为辅。正如布鲁贝克所言，大学正处于社会发展的“十字路口”[①]。大学的价值和承担的人类使命，要求大学必须是非营利性组织，是向公众提供

① ［美］约翰·S. 布鲁贝克著，王承绪译：《高等教育哲学》，浙江教育出版社，1987 年版，第 47 页。

的准公共产品。但并非说市场不能对其配置资源，作为法人实体，都有参与市场配置的空间。即使是军队，也需要市场对其部分资源进行配置，以提高军队结构效能。问题是市场以什么方式、配置到何种地步、在哪些方面配置，这些都并非是“1 + 1 = 2”的单向度问题。从现有独立学院发展情况来看，母体院校和地方政府都有投入，这本无可厚非，正如前文所言，这就是政府等市场主体的平等参与治理。但投入之后的情况，就是母体学校和地方政府大多希望独立学院能划到自己的“势力范围”，一言不合就各自使出杀手锏。母体院校有着师资和学术优势，地方政府有着管理权和执法权，此时的治理逻辑就已经发生异化。如果独立学院和母体院校处于同一属地，母体院校甚至也会受影响，在办学资源配置上，都会遇到新情况，大学等高等教育机构的原有配置环境也会因此变化。本属于市场作用的空间，可能会被挤出，市场在大学治理和大学内涵式发展中的地位或许因此岌岌可危。

市场与社会的界限并非泾渭分明。一般而言，市场更多的是从资源配置角度，社会更多的是指表达诉求的公众群体。以中世纪欧洲商业行会为例，市场就是商业行会在发展过程中，需要专门场所培养商业行会人才。因此，他们创办了区别于教会大学的教育机构，依托市场配置资源，促进行会学校进步。社会公众则是商业行会中的各色人等，他们创造市场和资源，借助市场和资源配置方式表达诉求。由于教会大学的封闭性和商业行会的相对独立性，市场和社会实现了有效结合。商业行会公众的诉求通过市场表达出来，行会内部经常讨论，能准确表达诉求，对大学等高等教育机构的要求是体系性的系统安排。正如战后苏联科技水平发展，并先于美国发射了“斯普特尼克 1 号”卫星，美国朝野大为震惊。公众通过媒体、游行等方式表达对教育的不满，政府也意识到在教育特别是高等教育领域的失败，在市场资源配置上处于失衡状态。因此，政府、社会和市场都对高等教育有新要求，从而在短时间内促进了 1958 年美国《国防教育法》颁布和实施。

然而，当前中国高等教育机构在大学治理过程中，始终徘徊在大学治理和大学管理的界限边缘，未能有效突破管理的界限，走进治理的天空下。由市场配置资源，并不能在大学有效推行。如大学采购，有时并非优质资源进入大学师生视野。公众诉求尽管比较强烈，如对大学教育机构中性犯罪的强烈谴责，但问题的关键是诉求的表达渠道和方式缺失，使得诉求往往只能见于媒体评论。因此，从提出大学治理的 20 世纪 90 年代至今，政府、大学、市场和社会在大学治理和内涵式发展征程中，各自地位依然没有厘清和归位，有效的大学治理依然是良好愿景，大学内涵式发展也刚起步。但“大学治理在路上”，这是高校国防教育师资建设面临的最直接的制度语境之一。也就是说，在大学治理的起步阶段，高校国防教育师资建设应借助于这一阶段中的动力，有效规避和减轻不利因素影响。

二、大学治理与大学内涵式发展中的国防教育空间

著名的孙子“诡道十二法”之一是“乱而取之”，趁敌内乱，而后寻求可乘之机，获取我方所需利益。当然，高校国防教育与大学治理和内涵式发展并非是敌我对立关系，大学也非“乱”，这里可延伸解读为“待调整”，即大学在发展过程中的“待调整状态”。事实上，任何待调整的实体或事情进程，本身就包含着可变性，调整主要是对人、财和物的调整，也包含着对三者各自内部关系及相互关系的调整。因此，在大学治理和内涵式发展过程中，应努力寻求国防教育发展空间。只有明确空间状况，才能进一步探讨高校国防教育师资建设。也就是说，先要明确与师资建设有关的大学治理与内涵式发展的制度语境，再分析其中的国防教育空间，才能进一步厘清高校国防教育师资建设的可能安排。

（一）在大学网络式治理结构中增强内部话语权

如上所述，大学治理与大学内涵式发展的关键之一是平衡政府与大学的关系。一些学者们指出：欧洲中世纪大学是一种信任网络，不受政府等外界影响，而当走进近代社会后，公共政治开始介入这种信息网络之中，并促使其转型与变革；当前，应将盎克鲁—萨克逊式的信任网络与公共政治隔绝的治理模式和信任网络被直接整合进统治体系中的罗马传统高等教育治理体系相融合①。由于网络内含了一个水平的、谈判的自我协商一致，它能够避免科层制和市场治理方式所带来的问题。利益相关者由于卷入其中的经常性的互动及其带来的共享价值和信任的扩展，使网络产生了一种解决问题的能力。② 从现实表象看，的确出现了这样的融合迹象，因而才有了关于大学治理的讨论空间，如高等教育办学自主权下放、学科专业设置自由和职称评审权下放等。但这些融合并未成型，依然有一定的“流动性”，但流动方向已经确立，即上述两种模式融合后的网络式治理。国防教育要在大学治理的过程中增强在大学内部的话语权，就要适时把握住

① 周光礼：“学术与政治：高等教育治理的政治学分析”，《中国地质大学学报》（社会科学版），2011 年第 3 期，第 77 页。

② 陈志青：“网络分析与治理模式：论政策网络的两种途径”，厦门大学，2006 年，第 23 页。

"多变的流动性"。

西安交通大学为军事教研室教师专门设置了军事教师职称序列，明确将军事教研室作为二级职能部门。这就是在校内二级单位改革的"流动性"中有效增强话语权的直接体现。由于国防教育暂无学科依托，而大学的学术性是大学赖以维系的基础。因此，在"多变的流动性"中，自始至终要把握国防教育的学术性建立和积淀。在薄弱的国防教育学学术氛围下，应有效把握其他学科学术变化，促进学科专业融合，从侧面提升内部话语权。如南京农业大学人文与社会发展学院与军事理论教研室（挂靠体育部）探讨设立海洋文化教育中心。一方面，海洋问题是政府、市场和社会都关注的话题，另一方面，农业人文研究涉及到海洋农业文化。对于人文与社会发展学院而言，可将农业人文研究转型放大；对军事理论教研室而言，可突出海洋研究，并将校外资源引入校内，相互促进、相互融合、相互创新。但更重要的是，加大了"弱势"的军事理论教研室在校内的影响力，一定程度上增加了其在校内的话语权。

就高等教育发展规律来看，当前的网络式治理并不能在短期内完成，传统的科层制管理模式和政府思维惯性，以及市场和社会主体参与大学治理的意识和能力都亟待提高，且两个方面在短期内也都难以改变。因而，对国防教育在大学等高等教育机构中的地位提升和内涵发展而言，的确是发展契机。

（二）在政治调控与大学治理间把握有利因素

大学治理，诚如上分析，本质上是大学外部治理体系和内部治理体系的集体确立过程。大学外部治理体系，需要政府介入，但政府介入角色有两种：管理者和参与者。前者指的是政府对大学的政治调控。尽管近年来诸多学者认为在大学治理过程中，政府要有所"收缩"。然而，仍有学者强调，大学在治理过程中要接受政府的必要约束。"伴随着 21 世纪来自政府和公众的信任危机，新管理主义催生的绩效与问责导致了美国公立大学治理的政治化态势。政治力量在塑造公立大学方面发挥着越来越重要的作用，成为控制公立大学的强大力量。美国公立大学治理的政治化在教育公平与民主、大学自治与学术自由等方面产生了负面影响。这种政治化表明，大学治理与国家管控之间须保持必要的张力，大学既要与政治保持必要的距离，也要在自治的前提下接受政府必要的约束。"① 这的确是比较冷

① 余承海、程晋宽："美国公立大学治理的政治化及其启示"，《高等教育研究》，2013 年第 8 期，第 92 页。

静的考虑，大学治理显然不是极端地排除来自政府的一切影响。政府在参与大学治理的过程中，尽管努力维持着参与者角色，但显然，政府还有作为管理者的使命。也就是说，即使再强调大学治理的独立性和大学内在治理，也不可能排除政府干预，毕竟欧洲中世纪教会大学的封闭性已一去不复返。正如波达尔指出："自治的真正问题……不是说是否将会受到政府干涉，而是那些必要的干涉是否会被限制在适当的主题上，并通过灵活适用的机制表达出来。"① 问题不是政府是否应该对大学实施控制，而是政府应该实施多少控制，在哪些方面实施影响。②

从全球高等教育系统运行来看，政府始终关注高等教育发展，因为高等教育关系到国家进步，这是亘古不变的定律。因此，政府制定了一系列促进高等教育发展的法律体系。但另一个亘古不变的定律则是，大学在治理过程中经常与政府管理产生不同程度的矛盾，有时还很激烈，如并校后的新大学机构运行。需要指出的是，国防教育是政府责任之一。从国防教育系统角度看，高校国防教育是全民国防教育的一部分，因而，政府对高校国防教育运行负有管理责任。当前多数大学机构以内部治理名义对开展国防教育有实质性抵触。围绕国防教育问题，政府和大学始终在"博弈"，其根本原因是大学未能认清有关国防教育的责任。因而，政府有权对其管理。在此过程中，就让渡出了国防教育的运行空间。高校国防教育师资要主动把握政府管理与大学治理之间的有利因素，主动促进政府管理的产生。进一步而言，高校国防教育师资作为巧妙的"设计者"，要围绕国防教育在高校的有效开展，在政府与大学之间主动营造有利条件。

三、借大学治理和大学内涵式发展之力促进高校国防教育师资建设

有关大学治理和大学内涵式发展的相关论著，多从宏观层面讨论大学与政府的关系，或将市场和社会纳入，探讨大学外部治理，较少涉及内部治理。即使涉及，也多强调通过内部机制，削弱外界影响。针对内部治理的探讨，如学科创新、教师成长、学生质量、治理提升等，相对少见。究

① BERDAHL. R. Statewide Coordination of Higher Education ［R］. Washington, D. C.: American Council on Education, 1971: 9.

② Olaf C. McDaniel. The Paradigms of Governance in Higher Education Systems ［J］. Higher Education Policy, 1996 (02): 140.

其原因，一是因为校长、院长多非教育学出身，职能部门负责人多忙于事务工作，二是在学科创新上，高校间同质性严重。当然，学术界在未充分厘清政府、市场、社会和大学的治理关系前，也难关注之。但这并非说大学没有内部创新，在生源竞争激烈的当下，高校也在探索治理路径。进一步而言，建设优质高校国防教育师资，对大学治理和内涵式发展有功用，大学才会让渡空间，高校国防教育师资才有“借力”的可能。

（一）借助国防教育师资理顺与外部主体的关系

大学与政府、市场和社会的关系，是大学外部治理的核心议题。大学虽然在治理体系和治理能力建设过程中，强调自主性和独立性，但大学也担心失去政府、市场和社会的支持。千百年来，大学始终在这一议题中发展，在特定社会环境下，表现得更复杂。大学常感到无助，特别是新办院校，甚至希望政府、市场和社会的参与。无论如何，大学无法摆脱外部主体。因此，主动适应、有效引导外部主体，使之符合大学利益，是大学外部治理的基本点之一。然而，任何适应和引导都需借助各类媒介和平台。诚然，忽视高校国防教育师资，大学依然可以通过各种途径与外界接触，如学科优势、产业转化能力、对 GDP 的带动效应等。但每种途径都只在特定角度产生效力，对某区域而言，A 大学的产业转化力弱于 B 大学，而这一区域的产业已趋于饱和，则 A 大学在这一方面就缺少与外部主体沟通的优势。这可以解释一些高校在城市发展中，被挤压到城市边沿，在空间上逐渐被边缘，甚至逐步萎缩。因此，大学要提前“自救”。

大学“自救”方式多样。应天职业技术学院是一所民办院校，并入南京审计大学后，改称金审学院，这是通过合并的方式“自救”。钟山职业技术学院也是一所民办院校，存在着办学场地被市场主体挤压等问题，但其护理专业有一定基础，通过与南京医科大学、江苏省人民医院合作，将新型养老地产和老年康复治疗结合，两年内就形成办学招牌，学校声誉度大大提高。结合国防军事单位倾向招收普通高校兵源的情况，2018 年，钟山职业技术学院开始调研设置士官学院事宜，开展医疗士官生培养。同时，建立适应士官培养的高校国防教育师资。此外，江苏海事职业技术学院、江苏信息职业技术学院、南京信息职业技术学院等已设立士官学院，围绕陆、海、空、火箭军和战略支援部队、联勤保障部队等军兵种和部队，在应届毕业生中大量招收士官生，建立专门的适应士官培养的高校国防教育师资，确实促进了院校与外部主体的联系。近五年，江苏省组织全国军事夏令营活动，就以南京信息职业技术学院为基地，这也促进了学校和外部主体的合作。也就是说，在这些院校“自救”过程中，不同程度促进了高校国防教育师资建设。

（二）借助国防教育师资促进学习者发展

大学是培养人的单位，人的发展是身心统一的发展。按照马克思有关人的发展学说，人在文化素质发展的基础上，身体素质也应有发展。只有人的身心均有发展，才能经由人的发展，实现社会发展。然而，另一个与大学治理相关的经典话题是大学教育质量是否下滑。一些教育学者从办学空间扩大、办学条件改善和师资规模增加等维度，阐释大学教育质量非但没降，反有上升。但市场和社会对此有异见，并反映在公众渠道中。当大学出现学术与作风失衡时，怀疑声更高涨，并进一步判定质量下滑。在此，无意讨论大学教育质量是否滑坡，尽管它关系到高等教育的整体发展。但无论大学教育质量滑坡或提高，学习者发展始终是大学之责。即使处于滑坡状态，只要学习者身心有发展，也是良性改变。因而，立足学习者身心素质发展，讨论大学教育质量滑坡，才是大学内部治理的关键之一。

国防教育促进学习者的发展是身心同步发展。体育课主要是促进学生身体素质发展，尽管体育师资也声称促进了学生文化素质发展，但就其教学过程看，更多的是体能锻炼。其他专业课程则是针对学生文化素质的培养，难以展现锻炼体能的作用。而国防教育课程在促进学生身心同步发展方面，却是其他课程不能替代的，国防教育课程包含有理论课程和技能课程。与体育理论课不同的是：国防教育理论课程在一学期中，课堂安排有9—18次左右（根据具体单次学时等情况定），而体育理论课在一学期中，只有1—2次课堂安排；按照教学大纲，国防教育理论课程的教学内容涉及面广，对拓宽学生知识面帮助大，任何课程都难以比拟。国防教育技能课程除军事技能训练课程外，还包括无线电测向与定位、识图用图、军事地形学、军事五项、机器人等课程，与体育课一样，都能促进学生身体素质发展，并提升学生对相关技能的掌握。有些技能课程与专业密切结合，如识图用图、机器人和军事地形学与农业类学生野外实习等。因此，国防教育课程对学生身心发展的独特功能，需进一步予以正视。正因为国防教育课程的独特价值，大学在内部治理中，应予重视。前提是建立符合实际的高校国防教育师资。

（三）借助国防教育师资开展教职工国防教育

2015年，北京大学率先成立党委教师工作部；2017年2月，西南交通大学成立党委教师工作部。此后，各高校先后成立党委教师工作部。正如官方和媒体分析的那样，大学成立党委教师工作部，其职责是加强教师理想和信念教育，提升师德师风。党和国家之所以高度关注高校教师群体：一是由于市场对大学的负面影响，导致高校内部治理不畅，教师作风滑坡，影响高校发展；二是自21世纪初，各高校的师资建设标准都有提高，目前，除体育、艺术、外语和国防教育等课程的师资建设标准相对较低外，其他学科招聘教师时，一律要求博士学位，一些高校也已探索博士后师资建设，以提升教师整体层次。部分高校甚至要求博士师资中，至少1/3有留学经历。由于诸种因素，一些教师的政治素养、国家意识和国防意识与能力都很单薄，极少数教师存在严重政治问题，影响到国家安全和国防安全。因此，党和国家适时决定，成立党委教师工作部。

然而，从目前来看，党委教师工作部工作机制有待健全，常规化、制度化工作流程有待完善，活动设计、教育设计和课程设计仍处于空白，这些都是党委教师工作部在建设中必须要考虑的方面。以此推进政策落实，避免雷声大、雨点小的窘境。从党委教师工作部工作目标看，教职工国防教育应是其重要议题之一。有效开展教职工国防教育，可聘请国防军事单位人员进校教育，但常态化的国防教育开展，要靠学校自己解决。在这一方面，高校国防教育师资就有作用余地，通过校内制度安排，对教职工开展国防理论教育、国防技能教育和国防实践活动，是最经济、最顺畅的安排。同样，其前提也是要建立符合高校实际的国防教育师资。高校国防教育师资借此也能拓展成长环境和工作环境。

综上所述，大学治理和大学内涵式发展，本质上是高等教育的自我提炼和发展方式的跃升。但高校国防教育师资建设恰处于这一时期，无法“闭关锁国”。大学内外部能量交换和流动性之复杂程度，前所未有。因此，尽管当下高校国防教育师资建设艰难跋涉，但正视这一客观情况，并有效加以运作，应是必经之路和可能捷径。当然，这一客观情况，非孤立存在，而是与下文其他因素交叉呈现。

第二节 高校职能嬗变与全民国防教育

高校国防教育师资建设的第二个制度语境是高等教育在内部治理和内涵式发展过程中，其主要载体高校的职能不断变化，最新表现为文化传承创新之职能。文化传承创新，是新的历史时期，我国高等教育在教学、科研和社会服务三大职能之后肩负起的第四大职能。高等教育文化传承创新，应把握正确的价值导向和政治方向，掌握前人积累的文化成果，扬弃旧义，创立新知；进一步加强高等教育教学和人才培养职能，发挥文化育人作用；加强人文社会科学研究和建设，保证大学政治权力、行政权力和学术权力“各居其所”，为更好发挥文化传承创新职能创造良好的条件和环境。① 需要指出的是，许多学者混淆高等教育功能与高校职能。高等教育作为社会子系统，对应的是功能，如促进人与社会的发展等；高校作为子系统的主要机构，对应的是职能，如教学、科研、社会服务与文化传承创新等。全民国防教育与这些职能都有相应交叉。

与此同时，全民国防教育的开展，始终强调要以学校国防教育为基础。作为引领文化发展风向标的高等学校，理应对此有所回答。基于高等教育的政治功能，也应回应全民国防教育对高等教育的诸种诉求。

一、高校职能嬗变的基本历程

现代大学从中世纪欧洲走来，从封闭的教会机构发展成引领社会发展的加速器。如果把这一过程作为现象来看，这种现象应是宗教权力与世俗权力、农业社会与工业社会、家族社会与市民社会不断对立统一的结果。曾经的巴黎大学等“母大学”系统，应该不会想到大学会成为今天这样的独特“势力”存在。当初追求知识，本质就是为了知识的价值而努力；但今天追求知识，是基于知识的价值而寻求知识的功用。知识是大学存在的前提，这一定论虽未改变，但知识的表现形式和内力却有巨变，知识实现了工具理性和价值理性的统一。

（一）从教学到科研

高校具有教学职能，这是“天命”式的安排。正因为需要探索和改造自然，人们才需要以最经济和最高效的方式集聚知识并将其运用到生产生活中。因此，即使是古典时期的高等教育机构，也始终以教学为核心任务。

以古希腊高等教育为例，其起源于希腊诗人和自然哲学家对其弟子们传授自己的学说和理论。希波战争的胜利和海上霸权的确立，使得雅典经济一跃成为地中海翘楚。地中海片区空前活跃，奴隶制经济结构的稳固促进了奴隶制政治形态的变化，首先反映在高等教育领域，出现了由一些著名学者开办的高等教育机构，如公元前390年伊索克拉底创办的修辞学校，

① 赵峰：“论高等教育第四职能：文化传承创新”，《西北师范大学学报》（社会科学版），2012年第4期，第57页。

他本人就是著名修辞学家；柏拉图在三年后也创办了学园；公元前335年，亚里士多德创办了吕克昂。除此之外，一些带有高等教育机构性质的实体也出现了，如毕达哥拉斯学派和智者派的社团等。他们都是以演说、修辞、辩证、算术和文学等作为主要教学内容。他们的目标就是发展知识，而知识发展的前提是知识延续，后者离不开教学。

于是，古典时期逐渐将教学变成保存和发展知识的主要手段，知识也逐渐成为上层社会的特权。到了中世纪，由于王权和教权的争夺，宗教势力更把知识作为反对王权的有力武器。该时期，乡区修道士开办了学校和图书馆，后来，更为世俗化的城市牧师开始在城市内的大教堂讲课，一些人被吸引过来，并模仿商业行会建立了教师或学生行会，“一个大学不是一块土地、一群建筑甚至不是一个章程，而是老师和学生的社团和协会。大学在开办时没有真正的地产，这一事实使得大学极富流动性，早期的大学因此能够以停办或迁址到其他城市作为交涉手段，而使地方当局做出某些让步”①。尽管欧洲中世纪是黑暗的，但大学作为实体，确有其进步之处，并给商业行会等世俗力量提供了与宗教力量抗衡的样板。

在文艺复兴之前，除了教会大学外，诸如巴黎大学等都是自发形成的。但到了文艺复兴时期，欧洲大学开始迅猛发展，主要是国家世俗力量看到了大学的价值。以德国为例，14世纪中期，德国才开始建立大学，如1349年创办的布拉格大学、1388年创办的科隆大学和1409年创立的莱比锡大学等。但在文艺复兴时期，德国第二批大学如雨后春笋般建立起来，如1457年创办的弗莱堡大学、1477年创办的度宾根大学等。这些大学都遵循巴黎模式或博洛尼亚模式，在课程设置、办学宗旨和教育目标上都有着高度一致性，大学的教学职能从未受过挑战，大学就是为了传承和发展知识而存在。然后，当一致性到达某个极致之后，随着国家势力的不断融入，特别是文艺复兴时期政治、经济和文化的相互激荡，大学逐渐产生了在当时所谓的“异化”——大学似乎被政权所左右，“使得统一性很强的中世纪大学演变为特色各异的大学机构，促进了大学的发展”②。

到了19世纪，国家间竞争越发激烈，特别是对德国而言。政治经济落后导致的国家分裂，进一步导致国家教育体制的分裂；法国对德国的威胁始终刺激着德国民众脆弱而又倔强的心理；各地封建势力始终对德国统一

① ［美］戴维·林德伯格著，张卜天译：《西方科学的起源》，中国对外翻译出版公司，2001年版，第125页。

② 张应强：《高等教育现代化的反思与建构》，黑龙江教育出版社，2000年版，第80页。

发展构成威胁。于是，在1809—1810年间，普鲁士内务部文教总管洪堡根据新人文主义教育思想对各学段都进行了卓有成效的改革。在高等教育领域，他认为“纯科学的知识”尽管重要，但非实用的和专门化的知识，基于学术自由、教学与科研结合的原则，1810年，柏林大学建立，费希特任校长，重视学术研究与培养学生研究能力。由此，柏林大学被称为“现代大学之母”，大学终于突破单纯的教学职能限定。

（二）从科研到社会服务

“洪堡精神”的确颠覆了欧洲社会对大学传统价值的认识，迎合了世俗政权对大学的新期望。于是，当16世纪的宗教改革开始之后，大学面貌就逐渐焕然一新。德国模式逐渐被欧洲其他国家效仿，大学进一步靠近世俗，完成了第二次质的转变。随着世界联系的紧密，德国模式走到了北美，这一次，大学开始了第三次质的转变，从强调教学和科研，到注重社会服务。

之所以能在美国发生第三次质的转变，首先是由于知识的属性使然。大学是无形知识的有形集合，而知识的无形必然伴随着知识和信息的流动，但一切知识和信息都是人们对客观社会环境和根植于内心理解的语言与文本解读。由于外在环境呈现出流动性，知识必然会发生变化。而且，随着人们对知识的了解越来越深，人们也有着强烈的更正知识的动机，这就自然地导致知识与社会的紧密结合，知识也就不会局限于“象牙塔”之内。其次，是由于社会的需要。正如英国学者阿什比所指，“大学像一个有机体，是遗传和环境的产物”①，大学是社会需求的产物，如果没有宗教行会和商业行会，以及人们的交流动机，大学也便不会产生。从这个意义上讲，社会存在决定了大学存在，社会变化也决定了大学变化。

社会不是要大学亦步亦趋，但也不是亘古不变，典例就是教会大学的式微。欧洲中世纪前期，唐吉珂德式的骑士精神充斥着欧洲社会，骑马、击剑等军事色彩浓厚的教育内容成为上层教育的标志。但当十字军把拜占庭的商品经济带入后，以及随着西班牙在海权争夺中的地位衰落，宗教学校无法满足社会对专业性人才的需求，如医学和律法等。因此，才会产生萨莱诺大学和博洛尼亚大学。当文艺复兴促进了第一次科技革命之际，自然科学和工程技术就成为社会所需，才有了柏林大学和“洪堡精神”。而在19世纪末的美国，实用主义和功利主义成为美国社会的精

---

① ［英］阿什比著，滕大春译：《科技发达时代的大学教育》，人民教育出版社，1983年版，第114页。

神主流，杜威实用主义教育正是风行于此时，实践和实验的地位被提升到无以复加的地位，加上第二次科技革命的促动，人们更加期望大学与社会直接发生联系，外部势力最好不要干预。高校科研只有积极为地方经济社会服务，充分发挥知识和智力密集的优势，才能真正体现科研自身的应用价值。①

于是，1862 年《莫雷尔法案》出台之后，一批赠地学院和农工学院拔地而起，大学开始服务于社会。20 世纪初，威斯康星大学校长范海思指出，大学要与州政府之间密切合作，并且要引领社会文化的发展。于是，威斯康星大学通过传播知识和专家服务等手段，使教学、科研和服务都面向本州文化和经济发展需要，并促成教学、科研和服务一体化，形成著名的“威斯康星思想”②。至此，大学与外界世俗的关系进一步加深，也为大学发展创造了有利外部条件。以至于战后日本和西德的崛起，几乎是把国家赌注都压在教育与科技之上。

（三）从社会服务到文化传承创新

大学的教学职能、科研职能和社会服务职能，是大学在千百年发展中逐渐积淀的职能体系。但这并不标志着大学职能的终结。正如大学职能的演变那样，大学始终与社会等外界因素保持着能量和信息交换。也正因为如此，大学才能繁荣至今，成为人类社会的显著标志。从这个意义上讲，大学职能必然会在某个地域和时段产生新的嬗变。正如 19 世纪初的普鲁士需要大学做出某种回答，大学的功用和内涵被逐步挖掘出来；正如 19 世纪中后期的美国需要大学提供更多的生产因素，大学的功用和内涵被再一次挖掘。当社会服务职能在全球高等教育机构中逐步蔓延并发展至稳定的程式之后，大学的职能再一次得到了有效发展。

胡锦涛在清华大学百年校庆大会上指出，必须把提高质量始终贯穿到高等学校人才培养、科学研究、社会服务、文化传承创新的各项工作中，建设若干所世界一流大学和一批高水平大学是我们建设人才强国和创新型国家的重大战略举措③。这是文化传承创新作为大学职能之一的首次提出。实际上，大学在产生之初，就具有一定的文化传承职能，但彼时社会的发展节奏显然不如今天，文化在传承过程中未被强调要有创新。传

---

① 蒋科兵、刘期达：“高校科研服务地方经济社会发展的方式与途径”，《科技管理研究》，2014 年第 4 期，第 76—79 页。

② 黄福涛：《外国高等教育史》，上海教育出版社，2008 年版，第 148 页。

③ “胡锦涛在清华大学百年校庆大会上讲话”，https：//news. qq. com/a/20110425/000244. htm，2011 - 04 - 25。

承文化，已能解决当时面临的诸多问题。在大学职能演变到科研之后，对文化创新有了较高要求，但由于理性主义和功用主义的影响，文化被狭义地理解为自然科学文化。然而，到了20世纪末，在大学为社会做出重大贡献时，人们意识到，社会已产生了不同程度的异化，并不是当初所期待的模样。环境污染、国际冲突和恐怖主义等，使人们反思社会的演进逻辑，并从物质层面回归到精神层面，从具体到抽象，清晰地认识到人类文化需要进一步被理解，需对过往文化经验进行分析和总结，以促进社会发展。

从高等教育规律来看，文化传承与创新也只有通过大学才能完成，这是大学的独特价值。高校应当把文化传承创新作为现代高等教育的使命，作为自身寻求发展的生长点。[①] 唯有如此，高校才能引领社会发展的方向。经过良好的文化制度设计，大学的文化传承创新职能可以理顺当前大学发展中的一些负面问题。从大学职能发展的长时段来看，大学职能也不会止步于文化传承创新。从这个角度上看，文化传承创新职能恰恰是大学自身职能不断丰富完善的前提和跳板。

二、高校四大职能与全民国防教育的基本关系

高校四大职能是大学在历史发展长河中逐步形成的，并在这一发展轨迹中体现出大学的入世情怀和大学、市场、政治与社会的紧密联系。社会始终要求“大学必须做出什么”。就国家安全而言，大学的确做了许多，如人才培育、科技发展、国际交流等。当然，大学在职能演变的过程中，也并非就是为国家安全而存在。或者说，大学是附带着、被引导做出了贡献。从这个意义上讲，大学是理性的价值存在，但也是工具性的存在。任何大学之外的社会存在，都可以通过合法合规的途径向大学提出某种诉求，国家安全也是如此。因此，作为维护国家安全的全民国防教育，就与高校职能之间就产生了对应关系。

（一）全民国防教育本质上是一种教学过程

当前，学术界有关全民国防教育的研究极少，多是报道和讲话。然而，全民国防教育是国家安全中独立的一环，理应对其保持实践和理论的探索。全民国防教育是为了增强公民忧患意识，维护国家安全，是为了弘扬爱国主义精神，加强民族凝聚力，是为了提高国民素质，增强综合国

① 纪宝成：“大学文化传承创新的职能”，《光明日报》，2011年5月6日，第7版。

力。关于这三个目的，自古如此，但在当前表现得更复杂。与我国古代“教民战”相同的是，它的过程本质就是教学。从学校制度上看，教学是学校系统的核心要义，自然也与高校存在交叉。

首先，开展全民国防教育要遵循教学规律。高校国防教育属于全民国防教育的组成部分，因而，高校国防教育要遵循高校教学规律。其次，全民国防教育过程在一定地域环境下进行，自然也包括高校环境。因而与高校存在着地域重合。再次，全民国防教育作为一种教学过程而存在，就必然要接受一定的教学约束，在高校环境内，就要相应地接受高校的教学制约。因此，全民国防教育作为一种教学过程而存在，需要基于不同教学阶段，分别看待。这是研究全民国防教育时，必须要注重的看似简单的逻辑起点。

（二）全民国防教育过程需要技术参与

在我国古代，“教民战”往往是“告示”民众，国家受到某一或某些敌国的威胁，民众由此感受到威胁来自何方。国家也会针对性地教给民众防卫技能，如针对倭寇，戚继光及其麾下发明“鸳鸯阵”，12 种武器长短不一，有力回击了倭寇。在现代，“教民战”依然没能绕开意识和技能，全民国防教育主要内容还是意识与技能教育。

然而，古代国防教育过程，受制于当时当地的技术限制，不会将敌国武装力量可视化地呈现在民众面前。但在今天，情况大为不同。可以通过虚拟仿真系统，让民众亲身体验到武装系统的运行。针对威胁，可以借助于媒体、报纸和动画等媒介直观性地呈现在大众面前。甚至在影视娱乐和大众报道中，潜移默化地对民众产生有意识引导。总之，现代化全民国防教育需要技术的广泛参与。技术来源主体，主要是企业、研发机构和高校系统。

（三）全民国防教育活动需要高校参与

全民国防教育的目的和基本内容如上所述，但其教育过程需要人员和机构。全民国防教育师资处于潜在和散在的状态，以至于可以笼统地认为，任何正常的社会个体都是全民国防教育的师资组成。但从教育的有效组织性来看，显然需要一些主导性的主体承担教育活动。由于高校是全民国防教育的主阵地之一，高校具有社会服务职能，也有大量知识分子，他们相比于其他社会主体而言，具有更多的人力资源。因此，全民国防教育活动，离不开高校参与。

从现实情况看，也的确如此。社会或社区国防教育的组织展开，其师资来源大多是高校相关学科教师。一些高校的内部存在具有国防教育价值，如南京理工大学兵器博物馆、浙江海洋大学教学用船等。在全民国防教育载体相对不充分且优质教育资源相对匮乏的当下，有效利用高校内部设施，是一种行之有效的办法。

（四）全民国防教育的核心特质之一是防务传统文化

“不教民战，是谓弃之”蕴含了中华传统防务文化和居安思危、有备无患的国防建设思想。文化是多元的，组成特定文化系统的成分也是多元的。国家防务文化在市场经济浪潮中极易被忽视，但不可否认的是，一国的防务文化是该国对外形象标签之一，如瑞士和瑞典的防务文化在全球防务体系中的正面影响。在大力弘扬社会主义核心价值观和发扬民族传统文化的当下，不能忽视传统防务文化。可以说，全民国防教育的核心文化价值和精神内核之一就是传统防务文化。高校的文化传承创新职能，不能对此忽视。由于这一职能于2011年被提出，对于这一职能的应有之义，理论界尚未有详细探讨。甚至有观点把文化传承创新局限于技术领域，显然未能窥清其全貌。此外，推崇国学文化无可厚非，但对国学文化与防务文化的关系也未能弄清，直接限制了对防务文化的解读、传承与创新。

因此，高校在今后文化传承创新的职能运作过程中，应进一步对传统防务文化做研究。在此基础上，将其与现代防务文化做历史性的对比和有机联系，并始终关照到全民国防教育系统的运作与活动的正常开展，使得全民国防教育始终保持着充分的历史感、文化感和地域感。从而有效吸引全民参与，真正推动全民国防教育的普及和落实。

三、在两者之间寻求高校国防教育师资建设的价值“正当”

分析了全民国防教育与高校四大职能的四类对应关系之余，基本清晰了高校在全民国防教育过程中的应有地位，即提供教学情境、技术条件、教学平台和在厘清传统防务文化的基础上予以传承创新。从这四个层面出发，高校在全民国防教育中的价值，基本可以交由高校国防教育师资承担。从而使得高校国防教育师资在高校职能的有效运作和全民国防教育的交叉区域，建立充分的“正当性”。

（一）高校国防教育师资应理顺高校内部的国防教育情境

在分析上述四类关系的同时，也指出了高校在全民国防教育过程中的担当不足。究其原因，既与全民国防教育理论研究缺失有关，也与市场冲击有关，还与高校对防务的关注不足有很大联系，但关键在于高校内部国防教育情境未能理顺。

所谓高校内部国防教育情境，是指在教学过程中体现出的国防教育特质，以及国防教育关系、活动和过程与其他学科教育教学处于平等的状态。诚然，高校国防教育师资难以单独构造这种情境，还需政府引导和社会舆论支持，才能最终达到预期良好。但在根本上，也离不开高校国防教育师资的“自我救赎”。因此，在理顺内部国防教育情境方面，高校国防教育师资存在作为空间，这也是提升师资在校内地位的着眼点之一。

当然，此过程并非一蹴而就。高校对传统防务文化与自身关系的惯性认知或许是较大阻力。正如洪堡改革之初，彼时所遇到的来自其他大学的抵制一样，始终面临着种种阻力，因此，才有了后文关于高校国防教育师资建设的种种论述。

（二）高校国防教育师资应挖掘高校内部的国防教育条件

客观而言，具有一定发展历史或区位特点的高校，一般有不同程度和不同类型的国防教育条件。如巢湖学院位于亚父山附近，范增就是较好的国防教育素材；石河子大学位于西北边陲石河子市，该市创造了“人进沙退”的典范，兵团历史味浓，军垦色彩厚，也具有独特的教育价值。即使是那些历史不悠久、区位也不独特的高校，也可能存在特色性的条件构成。如南京医科大学康达学院，2012 年搬迁至连云港市经开区，学校具有医疗优势，在战场救护方面有着周边高校不具有的技术条件。也有一些高校，发展历史久远，也具有区位特点，还有着独特的条件构成。如中北大学，属军工院校，在革命老区，办学历史久远。

因此，这些学校的国防教育条件相对更为充分。在做好包括高校国防教育在内的全民国防教育时，高校国防教育师资应将所在高校的国防教育素材和技术等条件尽可能挖掘，提升学校内在涵养。这些条件大多源于高校科研和服务的凭借与结果，是高校的组成部分。

（三）高校国防教育师资应成为传统防务文化的新传播者

提到兵学文化，大众一般想到的是《孙子兵法》和《三十六计》，但相当一部分人错把两者等同，实际上两者诞生时间相差近 2000 年。因此，在强调弘扬传统文化的当下，也应将传统防务文化提炼、整理和创新。使之既与国学文化相得益彰，又能自成体系，这是高校国防教育师资的职责之一。高校要做好文化传承创新，就不应忽视高校国防教育师资，而是充分认识到其不可替代性，对其予以制度性安排，充分赋予其一定的文化传承创新责权。

综上所述，高校在其四大职能的发展历程中，展现出了其历史轨迹，使得高校之外的社会主体能够相对容易地把握到高校的发展脉搏。在全民国防教育逐步推进的当下，高校与全民国防教育之间存在着多重对应关系。这些无一不诠释着高校四大职能与全民国防教育的深刻联系。高校国防教育师资应当在这种关系和联系中，努力挖掘自身在高校的价值“正当”，进一步做好高校国防教育和全民国防教育工作。

第三节　军民融合战略与院校发展战略转型

2007 年，胡锦涛在党的十七大报告中提出“建立和完善军民融合、寓军于民的武器装备科研生产体系、军队人才培养体系和军队保障体系，坚持勤俭建军，走出一条中国特色军民融合式发展路子”① 的战略思想，标志着中国开始迈向“军民融合”的新阶段。党的十八大以来，习近平着眼于实现“强军梦”“中国梦”，鲜明地提出了军民深度融合的时代命题，并将其上升为国家战略，开创了军民融合式发展的新局面。2017 年 9 月 22 日，习近平主持召开中央军民融合式发展委员会第二次全体会议并发表重要讲话。这次会议审议通过了《关于推动国防科技工业军民融合深度发展的意见》等四个重要文件，部署了当前和今后一个时期工作。在十九大报告中，再次提出要坚持富国和强军相统一，强化统一领导、顶层设计、改革创新和重大项目落实，深化国防科技工业改革，形成军民融合深度发展格局，构建一体化的国家战略体系和能力。②

可以说，军民融合战略正成为国家整体发展战略的组成部分。与此同时，高校在职能演变过程中，在以教学和科研实力加强为社会服务和传承创新文化的同时，也在思考着适时转型发展。这既与高校之间的生源竞争、服务竞争和科技竞争有关，也与新的科技浪潮和社会转型发展对高校提出的新要求有关。高校只有提前主动变革，才能在社会系统中较好地发

---

① “胡锦涛在中国共产党第十七次全国代表大会上的报告”，http：//CPC. peopre. com. cn/GB/64093/67507/6429852. html，2007 - 10 - 25。

② “习近平在中国共产党第十九次全国代表大会上的报告”，http：//CPC. people. com. cn/n1/2017/1028/C64094—29613660. html，2017 - 10 - 28。

展下去。由于高校国防教育师资在编制关系上属于高校，在工作内涵上与国防建设存在直接联系。而军民融合的“民”，就包含了高校。在现实融合过程中，也始终把高校当成融合的重点对象。因此，在谈高校国防教育师资建设时，就不得不谈到军民融合与院校转型发展的关系。这是高校国防教育师资建设的第三个制度语境。

一、军民融合战略对高校提出的基本要求

每一次的人类战争形态转变，都对生产力和生产关系提出新要求。从冷兵器战争形态转变到热兵器战争形态，对传统手工业作坊提出了超乎其生产能力的要求，而工厂化生产可以解决，随后就是传统手工业生产关系的逐步式微和工厂化生产关系的逐步稳固。而当热兵器战争形态转变至机械化战争形态，纯粹的工厂化生产就逐渐跃升为工业生产体系的建立和完善，建立在高度分工合作基础之上的现代生产关系，把金融、工业和科技部门紧密联系在一起，知识在其中起到关键的润滑剂作用。但随着战争形态从机械化发展至信息化之际，在战争表现出“慈化”特征之余，战争制胜机理也悄然改变，战争概念不断泛化，出现了金融战、贸易战、科技战、货币战和生态战等，许多人认为这是战争的新表现形式。因此，军民融合，既不是单纯的“军转民”，也不是单向度的“民参军”，其内部机理更为复杂。扼要来说，“军”与“民”的界限，在超越传统界定之后，二者并非泾渭分明。因此，从这个意义上讲，高校时刻都在进行军民融合。

（一）高校要培养军民融合人才

军民融合不是短期政策。从在国内外发展情况来看，它是国家系统运转中的长效机制。因此，促进军民融合可持续发展，就需要专门的军民融合人才，管控军民融合过程。只有分工协作，才能协调好高校与国防军事单位之间的融合过程。高校培养军民融合人才，就是要针对高校和国防军事单位实际，培养既懂高校运作机制，又懂国防和军队运作机制的专业人员。

军民融合的本质是将国防军队建设与国民经济建设有机衔接，打破传统的军地隔阂。平时，国防军队系统维持正常运转，在有余度情况下，支持国民经济建设；战时，国民经济系统可以迅速实行战时体制。在体制转变过程中，按照确定的秩序进行。因而，融合过程将会涉及教育、医疗、科技和产业等各领域。高校学科门类齐全，国际视野开阔，是专门性人才的汇集地。高校也为国防军事单位输送了大量人员。“十二五”期间，普通高校为国防军事单位输送人员超过 10 万。2017 年国防生停招之前，有

培养资质的院校达118所。士官学院制度确立后，有20余所高职院校创办了士官学院，继续为国防军事单位服务。因此，高校在培养军民融合型人才方面，已有一些可圈可点的培养经验。

此外，高校还可立足既有经验，在高校办学自主权的框架内，经科学论证，在相关学科专业基础上，确定军民融合的研究方向。待条件合适，设立军民融合专业。针对军民融合实际需求，设计课程体系，聘请校内外和军内外教师参与教育教学，毕业生进入军民融合岗位。由于高校大都有开办继续教育的经验，也可针对国防军队人员，提供有关军民融合的短期培训。多路径促进军民融合，培养各级各类军民融合人才。充分认识到高校国防教育实践中军民融合的科学内涵……转变融合观念，强化军队与高校、政府与高校、中央与地方、教师与学生之间的辩证关系，创新融合过程的各环节。①

（二）高校要有专门的军民融合队伍

高校作为军民融合的主体单位之一，是科技信息的集散地，更是培育科技能力的生力军。高校承担了大部分国家重点和重大项目，党的十八大以来，80%以上的国家自然科学基金项目和一大批“973计划”“863计划”项目由高校承接。东南大学、南京理工大学、北京理工大学、北京航空航天大学等涉军类高校，承担了大量军队所需的基础研究和应用研究。某些新型无人机、火器发射系统、舰机航电系统和通信导航系统等，最先都由高校学者取得技术突破和成果定型。

因此，高校是军民融合的关键依靠之一。高校要有效参与军民融合，必须要建立完善的军民融合体系，才能做到“军转民（高校）”和“民（高校）参军”的真正结合。客观上看，高校建立完善的军民融合体系，在当前也有一定基础。如上所述，涉军类大学与国防军事单位在长期合作中，形成了良好关系。理工科人员主要从技术上共进，社科类人员主要从制度管理和政策咨询上实现与国防军事单位的共同发展。近年来，高校受属地政府引导，逐步参与到当地军民融合产业联盟和产业基地的建设过程中，甚至有高校成立了军民融合产业研究院或研究中心。2018年“八一”建军节前一天，在江苏南京举办的军地需求对接会上，就有众多高校参与。因此，高校原有相关科研人员是军民融合队伍，但在军民融合日渐增加了事务和政策咨询性色彩之后，建立一支专门从事与军

---

① 陈润华、周莉：“军民融合视角下高校国防教育实践的思考”，《高校后勤研究》，2017年第7期，第77页。

民融合有关的事务对接和政策研究的队伍是当务之急。

（三）高校要做好军民融合的教育资源建设

中共中央、国务院、中央军委印发的《关于经济和国防建设融合发展的意见》（以下简称《意见》）指出："加强教育资源统筹，完善军民融合的人才培养使用体系。"① 在高等教育领域，加强教育资源统筹，就是要将高校教育资源在满足一般教育教学的前提之下，经过优化论证，使教育资源更具集约性，能满足高校开展军民融合的基本要求。或在教育资源先期建设时，充分考虑到军民融合需求，使教育资源建设更具包容性、发展性和时代性。

然而，当前相当部分高校的教育资源建设不能满足军民融合需求。一些新设学科专业，如机器人、物联网、人工智能等，尽管所在学校市场和社会声誉度都极大，且这些专业都有媒体烘托，在专业论证时，也经过专家委员会审核。但由于专业设置之"新"，在教育教学资源准备方面，存在"过"和"不及"两种情况。投资过大，导致资源浪费，各团队间不能形成较好合作，为尽可能聚集"人气"，重复投资和建设冗余严重；投入不够，导致现有资源无法完整运转，师资力量、实验实习等条件不能满足军民融合教育需求。

另一种情况则是，高校缺乏特色性的教育资源。始于20世纪90年代开始的院校合并潮，的确让一部分高校做大做强，如浙江大学、东南大学等。但大多数高校在发展过程中，未能立足地域实际和传统办学框架，进一步拓展特色型的办学资源。少有像吉首大学这样，立足于湘西州地域特点，创办西部民族地方性大学。全国范围内的高校教育教学资源建设的趋同性明显，恰如城市建设的趋同性。除了在形式上能窥见一些不同，内涵同质性过于明显。军校与普通高校之间的教育资源不能做到通用化建设。如南京农业大学与解放军陆军工程大学仅隔一条后标营路，但两校之间在教育资源建设和教育教学过程中"不相往来"，当然这也与保密管理制度有关。但不能因噎废食，掐断军地院校间的资源流动，否认普通高校教育资源对军校的价值。

出现上述情况，原因是多方面的。首先，高校行政领导大多对军民融合的认识不到位，只顾"一亩三分地"。面对不熟悉领域且与主流专业无关时，宁愿不做，也不想出问题。其次，对高校职能的认识狭隘，认为高

① 《中国高等教育军民融合论坛暨军事训练器材与先进技术军民融合展览政策法规汇编》，中国高等教育学会，2017年，第5页。

校只是培养学生、做好科研、完成社会服务即可。忽视高校与国防军事单位都处于社会大系统之中，存在耦合发展事实。再次，军地系统相对独立，导致教育行政部门和军事教育主管部门之间缺乏顶层设计性的联席建设环境。更上位的管理层面，也未对此有政策响应。因此，在今后军民融合过程中，高校应注重借军民融合发展之力。

二、高校转型发展中的融合借力

高校在转型发展中，做到融合借力。就是在军民融合过程中，借助于融合力，促进自身转型发展。因此，高校要积极融入军民融合进程之中。

（一）高校军民融合的基本内涵

如上所述，科研是高校职能之一，但科研并非是高校的专利。企业科研与高校科研成为今天齐头并进的“两架马车”。科研没有人为的界限之别，正如划分学科也不能阻挡学术研究的统一性，只是为了便于人们理解科学与学术。从科技创新的内驱力上看，需要企业、高校和军队协力，才能聚集起科技创新主体，推动科技创新。科技创新是包括科学研究、实验开发、推广应用全过程在内的一项复杂系统，其创新链条的源头是不分军民的原始性创新。① 当前我国科技领域的军民二分体系，主要是由历史原因和军地管理体制造成，这对科技资源的配置效率和科技创新都造成了一定影响。

尽管科技的军民“分裂”现象现实存在，但并非无解。欧美国家在20世纪50年代之后开始的高校军民融合协同创新，为当前中国推动高校军民融合提供了参考。1951年，斯坦福大学在加尼福尼亚州创办了斯坦福研究公园（后改名为斯坦福工业园），开创了世界高科技密集区发展的先河。它是全球第一个军民融合创新产业基地，以“硅谷”闻名于世。此后，美国政府在两极争霸格局中，开始了一系列工程，始终把高校与军队的融合作为主线条之一，如“曼哈顿”工程、信息高速公路计划等。国防军事单位、高校和产业界形成密切合作。日本同样重视军民融合协同创新，在政府推动下，日本形成了著名的“官、产、学”产学研合作模式，其中最著名的是“筑波科技城”，这也是日本军民融合型

① 杜祥琬：“军民科技融合和国防科技发展”，《国防》，2011年第1期，第8页。

科技创新与人才培育基地。[①] 从建国之后高校与军队的互动关系上看，1978 年，邓小平提出“要搞军民结合，重点放在平时”。2000 年前后，江泽民提出要建立国防科技工业寓军于民新体系，军工建设要搞“哑铃型”结构。2009 年，胡锦涛在中共中央政治局第 15 次集体学习时强调，走出中国特色军民融合路子。当前，军民融合进一步跃升为军民融合深度发展战略。

高校军民融合就是以高校为主体，以包括国防军队研发部门、军事院校等国防军事单位构成的军事系统和企业研发单位等创新主体为基础，围绕“共性关注—产品、技术与服务—目的场域”共同开展技术创新和人才培育的实践过程。所谓共性关注，就是各融合主体都需要亟待解决的现实难题。所谓产品、技术与服务，就是在解决难题过程中，诞生的新技术、新产品和特色服务。所谓目的场域，就是这些难题所在的空间和技术、产品与服务作用的范围，如针对经济建设领域的某些基建难题，针对作战和训练环节的某些医疗难题，针对国家大政方针政策的贯彻落实难题等一些门槛性问题。高校军民融合突出以高校为主导，以中国南海研究协同创新中心为例，它是国家认定的首批 14 家“2011 协同创新中心”之一。该中心成立于 2012 年 7 月，由南京大学牵头，外交部、海南省、国家海洋局三个政府部门支持，联合中国南海研究院、海军指挥学院、中国人民大学、四川大学、中国科学院、中国社会科学院等单位共建；中心以国家重大战略需求为导向，以实现南海权益最大化为目标，以多学科协同创新为主体，以“文理—军地—校所—校校协同”为路径，以体制机制改革为保障，全面推动南海问题综合研究，服务国家南海战略决策。[②] 可见，中心的协同创新就在于打破军地壁垒，实现军地信息资源有机整合。对南京大学而言，这也是浓墨重彩的一笔。

（二）实现“双战略”共赢

2017 年 9 月 21 日，教育部发布了“双一流”建设名单，共有 137 所高校入选，包括 42 所一流大学建设高校和 95 所一流学科建设高校，“双一流”建设学科共计 465 个（其中自定学科 44 个）。相比于“211”建设高校，尽管其数量有所增加，但在“双一流”制度设计上，是为了避免

---

① 丁德科等：《西部军地产学研合作技术创新研究》，西北工业大学出版社，2009 年版，第 80—85 页。

② 中国南海研究协同创新中心官网，http：//nanhai. nju. edu. cn/5789/list. htm. 2018 - 08 - 08。

"985"和"211"的身份固化，打破原先等级，实现大学治理和大学内涵式发展。事实上，这仅是"双一流"建设的首期目标，其中期目标是"显著提升高等教育整体实力"，长期目标则是"基本建成高等教育强国"。一流人才、一流科研成果、一流社会服务、一流治理和一流投入是"双一流"建设所暗含的标准与要素。① 对为数更多的高职院校来说，2006 年，教育部在国家示范性高职学院建设的文件中提出要重点建设500 个专业群。此后，诸如重点专业群、示范性专业群、特色专业群等项目连续出现在各省市的职业教育重点项目的立项文件之中。各学校也都重新调整专业布局，按有关要求将学校的专业整合为若干专业群。骨干高职院校由于其基础较好，在建设专业群时，能够获取优质资源。但整体而言，无论是"双一流"建设高校还是"专业群"建设高职院校，都面临着激烈的院校间竞争和市场竞争，高教强国战略必须要从更广阔的社会系统中寻求动力，而军民融合战略与其不谋而合。

首先，军民融合战略是国家战略在国防军队领域的体现，而高教强国战略是国家战略在高等教育领域的表现，二者共同提升国家对外核心竞争力。这就决定了国家会投入资源于两大战略。资源不具有指向性，但掌握资源的主体意志决定了资源去向。资源效应也非"1 + 1 = 2"，通过良好的制度设计，也可以实现资源高效和叠加效应。一根光纤只能送到高校或是国防军事单位使用，但高校学者和国防军事单位科研人员可以决定自己到底在哪利用这根光纤。

其次，既然军民融合的相关方——国防军事单位给高教系统提出了一系列要求，那么，高教系统在满足其要求的过程中，也可对国防军事单位提要求，如在培养军民融合创新人才时，可以要求国防军事单位支持。以士官学院为例，士官学院是军队依托骨干高职院校培养军队基层所需的专业士官群体，这是骨干高职院校间接缓解了军队培养压力。那么，在一些与本校有关的专业技术领域，同样可以向国防军事单位提出一些帮扶要求或项目研发要求，解决学校发展中的资金等需求。在军民科技体制协同创新过程中，也可以更多的利用军事科技成果。也就是说，高校要基于目的一致性，善用国防军事单位的人财物等资源。

（三）厘清军民融合战略与院校转型发展战略的耗散耦合机理

通过分析，可以看出军民融合与院校转型战略之间的深层次关系。限

---

① 杨岭、毕宪顺："'双一流'建设的内涵与基本特征"，《大学教育科学》，2017 年第 4 期，第 24—30 页。

于当前高校与国防军事单位的融合程度较低，一方面，对融合理论的研究往往限于浅显层面，暂时难以提出一些比较复杂的理论架构，难以在各自政策理论框架中发现深层机理。另一方面，一些有关融合的机制设想，也仅是摸着石头过河，缺乏实践检验。加上国防军队改革一直在路上，新情况不断出现，高校与国防军事单位间的融合构想，在一瞬间就可能失去价值。但这并不影响在理论上对二者耗散耦合关系做简要分析，以找出高校国防教育师资在这一制度语境中的建设空间。

耗散耦合理论是物理学经典理论之一，主要是研究热力学问题。但随着学科间交叉融合，耗散耦合理论或耗散结构理论逐渐被用到社会科学中。从其运作机理上分析，耗散的确发生在社会制度系统中，在耗散的边缘，也发生了大量的耦合情况，经过有效引导，出现了一些新的利好。作为不同分系统的军民融合战略和高教强国战略背景下的院校转型发展战略，本属于军地不同的系统，如果不是在国家战略规制下，也难出现耦合的前提条件，但现在确是发生了的事情。因此，厘清二者耗散耦合机理，有利于分析高校国防教育师资建设，也有利于今后二者的关系运作和处理。其机理图 1—1 所示：

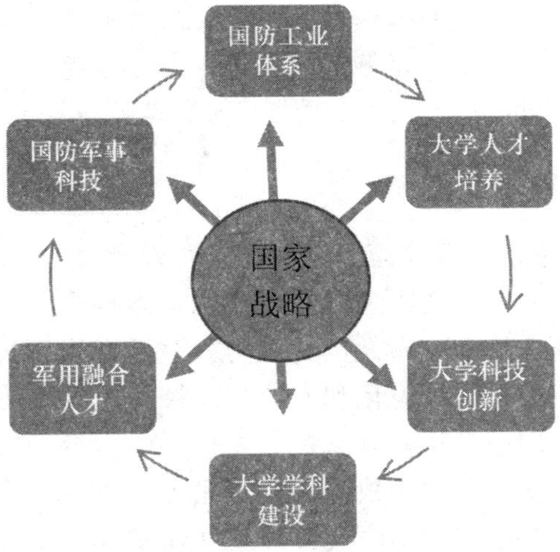

图 1—1 军民融合战略与院校转型发展战略的耗散耦合机理

首先，大学人才培养与军民融合对人才的需求不谋而合。大学人才培养也只有适应军民融合对人才质量的需求，才能推进人才培养工程创新，才能促进教学与课程建设的创新，这是一个联动过程。在联动过程中，高等教育的人才培养目标可以部分实现，军民融合的持续性源泉也得以产生。其次，大学科技创新与国防军事科技发展也是相得益彰。大学科技创新更多的是基础科学领域的创新和一部分前沿性应用科技创新。但大学在项目和经费方面的缺口也是有目共睹，特别是在优质项目来源方面。国防军事科技部门的服务外包项目的承担者，大学是不二之选。大学基础研究也可为国防军事科技创新过程使用，以节省后者的研究周期和资源。针对当前大学科研转化率不高的现状，以国防军事科技需求为方向，提升转化率，也是大学与国防军事单位耦合发展的重点领域。再次，在第二个耦合基础上，实现大学学科发展与国防军事工业门类体系良性发展的耦合。在建国后几十年的发展历程中，逐步建立了门类齐全的国防军事工业体系。工业体系的条块化特点能与相应学科对应，一方面，促进学科人群与对应工业门类的协同创新，另一方面，国防工业体系之间也存在交叉，这与高校学科交叉发展趋势不谋而合，二者存在着极大的耦合空间。人才、科技和学科与国防工业门类的耗散耦合，都始终服务于国家总体战略。

三、存在于二者之间的高校国防教育师资建设"新质"

扼要分析了军民融合对高校提出的新要求和高校在军民融合中的借力发展之后，接下来的议题就是要弄清在这一制度语境中，高校国防教育师资的"新质"在哪里？所谓"新质"，就是高校国防教育师资的职能新拓展。

（一）高校国防教育师资至少应实现国防教育领域的军民融合

从当前高校国防教育实际来看，高校国防教育师资主要是担当学校本专科生的国防教育工作和校内人员的国防教育活动组织工作。从师资长远发展看，这不利于师资的规模化和专业化发展，也与部分上级文件精神相背离。因此，应当围绕教学职能，扩大高校国防教育师资的作为领域，使之成为高校建设过程中不可忽缺的一支力量。关于这一点，在后续章节中会有论述，这里仅围绕高校国防教育师资如何实现国防教育领域的军民融合谈起。

首先，实现人的融合。1985 年军训改革以来，尽管党和国家制定了一系列文件，但专职军事教师奇缺。以至于提出"以专职教师为主，兼职教师为辅"的师资建设策略，但现实情况则恰恰相反。如果按照学术口径而非统计口径的"专职"标准衡量的话，据不完全统计，31 个省、自治区和直辖市与新疆生产建设兵团的高校专职军事教师不超过 200 人。因此，在国防和军队改革环境下，针对那些学历层次较高、年龄情况能满足学校和教学长远考虑、专业背景与国防教育教学能够有所匹配的转业和自主择业军人，可以有选择性的、根据个人意愿予以接收；学历较低、年龄接近退休、专业背景与国防教育教学无关的人员，则予以谨慎考虑，以适应高校国防教育师资建设的长远考虑。这是人员层面的直接融合考虑。间接层面的话，则是经过选拔后，将高校现有专兼职军事教师送入军事院校培训或访学。

其次，是物的融合。高校国防教育开展成效始终不尽人意，与师资力量较弱有关，也与国防教育形式和手段关系甚大。单纯的理论课程教学，对于兴趣较大的学生会有一定吸引力。然而，当前大学生的兴趣点多样且分散。近 10 年来，女生比例上升较快，各种因素共同导致课程吸引力有所降低。与中学军事技能训练相比，单纯的技能训练，仅在时间上有所增加，学生逃训、避训现象严重。在大环境暂难改变的情况下，可从具体层面改进。如利用军营开放日，选拔学生进军营参观，这对大部分学生具有一定吸引力。还可将一些军民融合科技成果引入教学，如 AI 教学等，增加学生对军事装备等的替代感受。

第三，是机构的融合。高校国防教育步履维艰，与机构难以有效建立和建设也有关联。相当部分高校尽管设立了国防教育机构，但名存实亡，应加强国防军事单位对地域内高校国防教育机构的有效指导。那些机构建设较好、机构实体较充实的高校，可主动与国防军事单位加强合作，在课题研究、项目运作上，遵循现有规定，加强业务和学术交流。在征兵方面，实现征集机关与学校国防教育机构的全维对接，即在新生入学后的兵役宣传和征集准备等方面，实现机构间联动。

（二）高校国防教育师资应做好军民融合与院校转型发展的理论研究

当前从事军民融合与院校转型发展理论研究的一般是教育学学者。从研究情况看，是把院校转型发展作为研究基础，把军民融合视为院校转型发展过程中的单一因素。在论证中，对军民融合缺乏深刻把握，对国防军事单位的理解也相当浅层化，难以提出实质性建议，多以研究范式套事实，结论难接地气。军队学者研究高校与军民融合的关系，往往基于军队“甩包袱”视角，未注意到高校在某领域的前沿成果，对融合机理也难做深度论证。尽管军民融合和院校转型发展之间有着诸多理论研究空间，也有前期融合事实，但始终缺乏融合理论分析。以“军民融合”和“高校”为关键词搜索中国知网，相关文献也仅 10 篇；若以“军民融合”和“高校”为篇名搜索，仅 35 篇，其余散见报端等，可见相关研究之冷。

对此，高校国防教育师资应主动研究。第一，高校国防教育师资在日常工作中，对国防军事单位接触较多，主要工作环境在高校，学历层次较高，院校科研环境较好，对文献和信息的掌握较为便利，有着得天独厚的研究条件。第二，当前该研究处于空白期，高校国防教育师资如能主动进驻，建立话语体系，既可增强高校国防教育师资的学术性，提升研究层次，扩大研究领域，又可为融合过程提供智力支撑。第三，加强在这一领域的研究，可以增进国防军事单位与高校对高校国防教育师资的理解与支持。

（三）高校国防教育师资应尝试承担军民融合的校内对接职能

随着高校服务职能不断扩大，科研成果越来越多，且越来越贴近国防军事单位需求，而技术的日新月异则迫使科研成果转化率也越来越快。但高校始终缺乏专门的职能部门承担军民融合事务。当前，主要由各高校科技处等部门承担，这些部门不太愿意“多出”这些事，其融合发展意识未能有效形成，造成校内融合效率不高，即使是有融合意愿的研究团队，其成果也较难充分地对接到国防军事单位。关于军民融合的校内体制，仍处于政策和制度草拟期。

因此，结合当前高校国防教育师资在校内的作用空间狭窄的现实，可再增加作用领域，主动承担高校与国防军事单位的融合对接职能。在军民融合式发展过程中，促进院校转型发展战略实现，以获得高校支持。对此，在本书第六章将有详细论述。

第四节　高校国防动员管理与高校国防教育体系

2015 年底开始的国防和军队改革，促进了“国防动员系统的革命性重塑：这次改革，国防动员系统领导管理、职能定位、人员构成等发生了前所未有的变化”①。党的十八届三中全会关于“深化国防和军队改革”的决议指出，要“健全国防动员体制机制，完善平时征用和战时动员法规制度”。党的十九大报告中，再次提出，“坚持富国和强军相统一，强化统一领导、顶层设计、改革创新和重大项目落实，深化国防科技工业改革，形成军民融合深度发展格局，构建一体化的国家战略体系和能力。完善国防动员体系，建设强大稳固的现代边海空防”。2017 年

---

① 费士延等：“夯实新时代国防动员基石——福建省军区紧跟调整步伐建强‘三个一线’纪实”，《解放军报》，2018 年 5 月 11 日第 002 版。

全国征兵宣传教育进高校活动中，中央军委国防动员部副部长牟明滨说，我国现有2000多所普通高校，在校生数千万人，是我军优质兵员的战略储备基地。我们将不断完善大学生入伍政策制度，激励更多的优秀大学生投身军营。①

对此，高校国防教育体系也已出现新变化。近五届全国军事夏令营活动中，实践教育内容不断增多，如机器人、无线电频谱管控、军事五项、识图用图等。2006年颁布的《普通高校军事课教学大纲》自2016年开始，也进入修订阶段。因此高校国防教育师资建设的第四个制度语境，就是在于国防动员调整过程中对高校的新要求和高校国防教育体系与之相适应的新变动。扼要分析二者及其关系，有助于今后有的放矢地建设好高校国防教育师资队伍。

一、高校国防动员管理

习近平多次指出，即使发生大的战事，只要我们有体系化的国防动员系统，抓住人民战争法宝，就可以迅速动员起来。从瑞士在第二次世界大战时期有效应对德国“冷杉计划”来看，国防动员对国家安全和发展的战略意义不言而喻。在上述有关军民融合式发展与院校转型发展的论述中，也足见高校在国防军队体系中的独特地位。因此，做好高校国防动员，也是建设和完善国防动员体系的题中应有之义。鉴于当前高校国防动员现状，首先是要加强高校国防动员管理。只有搭建好有效的国防动员管理体系，才能推进高校国防教育。只有扎实推进高校国防教育特别是国防教育体系的时代化变革，才能建设好有力的高校国防动员管理体系。

（一）高校国防动员管理的概念

所谓“国防动员”，简称动员，是指国家采取紧急措施，由平时状态转入战时状态，统一调动人力、物力、财力为战争服务的过程。通常包括武装力量动员、国民经济动员、交通战备动员、人民防空动员和政治动员。战争行动和非战争军事行动，都会涉及国防动员。有关国防动员的理论研究较多，但有关国防动员管理的理论研究相对较少，遑论高校国防动员管理。与国防动员管理相近的概念是“国防动员机制”。

“国防动员机制，就是国防动员内在的运行方式，是国防动员系统自

---

① 新华社：“2017年全国征兵宣传教育进高校活动启动”，http：//xinhuanet. com//Local/2017 - 04/22/c_ 1120856281. htm，2017 - 04 - 22。

身产生的将战争潜力转化为战争实力的功能和反应能力。……它和动员体系、动员体制的关系，是形式与内容、外在与内在、原因与结果的关系。”① 国防动员体制是国家为组织领导国防动员，建立的机构和制度体系的总称。② 另一个相近概念则是“国防动员管理机制”。国防动员管理机制就是在厘清国防动员工作管理的内因、外因变化发展趋势的情况下，按照其运行轨迹适当设定机构组织，划分职能并制定合适的制度进行和管理国防动员工作的一系列内容，包括过程和结果。③ 大多数学者认为，国防动员管理机制是机构与法律制度的结合。还有一个相似概念，是“国防动员战略管理”，指“国家对国防动员建设与运用全局实施的计划、组织、协调、控制等一系列活动。国防动员战略管理的主体是国家，即被国家授予相应权力的国家机关；客体是国防动员建设与运用的基础性、全局性、长远性问题；主要方式是计划、组织、协调、控制等一系列活动”④。

结合上述，本书将“国防动员管理”定义为：在国防动员环境下，以国防动员组织者为主体，通过计划、组织、指挥、协调、控制及创新等手段，对国防动员系统所拥有的人力、物力、财力和基于三者的信息资源等进行有效调配使用，以期高效地达到既定动员目标的过程。因此，高校国防动员管理，可被定义为“在高校环境下，国防动员组织者对高校内部人财物和信息资源等的组织使用过程，以促进整体动员目标的实现”。从管理实际看，高校国防动员的校内组织者，应当是武装部门和国防教育机构，校外组织者应是上级国防动员单位。

（二）高校国防动员管理的特点

与其他社会机构的国防动员管理相比，高校国防动员管理具有一系列特点。这主要是由其人员特点和机构特性决定。

高校国防动员管理首先要照顾到人口密度大的现实。相比于社区人群较为分散的特点，即使是办学面积较大的高校，其人群集聚密度也较其他社会机构大。这一方面给动员管理提供了便利，有利于动员信息的及时发布，但也导致动员组织难度较大，受到场地等空间条件限制，对动员预案

① 王法安：“动员领域需要深入研究的几个基本范畴”，全国国防动员政策理论研讨会优秀论文集，国家国防动员委员会综合办公室，2003 年，第 408 页。

② 李衡等：“新形势下国防动员体制建设初探”，全国国防动员政策理论研讨会优秀论文集，国家国防动员委员会综合办公室，2003 年，第 65 页。

③ 任福军：“论政府主导的国防动员管理机制的建立和完善”，中南大学，2006 年，第 10 页。

④ 徐鹏：“加强国防动员战略管理”，《中国行政管理》，2018 年第 8 期，第 118 页。

要求较高。那些没有新校区的高校，情况就更为严重。如果高校与社区其他机构交叉分布，则动员管理的难度更大，且与其他社会机构的动员管理有重叠。

与人口密度大相伴而生的是，高校国防动员管理的对象是文化层次较高的知识分子群体。他们对动员管理程序和内容的理解更直接、更准确、更深刻，因而有利于动员管理的展开和组织。其中一些群体，甚至直接参与和组织国防动员管理，能够与上级国防动员单位积极沟通和配合。但大部分群体基于自身认知结构，对国防动员管理并不十分了解。这就增加了动员管理难度，即恰好这部分群体是动员的主要对象，但动员组织者难以寻求其配合。

高校是知识和智力集聚地，在教育教学过程中，采用了大量高技术教学手段，如模拟仿真实验室和可视化视听系统等，是一般社会机构不具备的。因此，高校国防动员管理过程中，可充分借助于这些设施，提高动员管理效率，减少无效动员和重复动员，并寻求高校人员的支持和配合。

（三）高校国防动员管理的原则

高校国防动员管理由于其独特的活动范围和场域环境，以及相应特点，决定了其动员管理过程，应遵循以下三大动员管理原则。

首先，坚持按需动员。高校是从事知识教授、再生和转化的大众机构，平时有教学科研工作，战时或特殊时期，一般也要维持基本运转，保证持续发展。这就决定了高校不会将所有资源都投入国防动员过程。因而，要坚持按需动员。按需动员就是要建立动员等级制度，把握平时与战时、精确与模糊等对应关系。①

其次，坚持按专业动员。习近平指出，筹划和指导战争，必须高度关注科技对战争和军事的影响，要在科技中寻求战斗力。在军民融合发展背景下，军地界限相对模糊，潜力和实力的转化周期缩短，平战界限趋于重合，社会分工也表现出不断分化组合的态势。因此，提升平战转换能力，应坚持按专业动员。如应急任务为抢险救灾，需要水利工程和建筑桥梁等专技人员；应急任务为疾病防控，需要医疗卫生防疫等专技人员。高校专业学科分类清晰，在动员管理中，应坚持按专业动员，建立高技术力量平战一体国防动员，把应战和应急有机统一，形成统一领导、各方有序参与的新型危机管理体系，共同应对经济全球化和网络信息时代“安全冲突与

---

① 万福临、王刚：“建立国防动员等级制度需辩证把握六个关系”，《南京政治学院学报》，2010 年第 5 期，第 90—92 页。

发展竞争”一体化趋势，及时有效预防和处置各种危机。①

第三，坚持编组原则。由于高校的人群高知等特点，且高校已按院系专业、班级与部门进行了相应编组。这是一般社会单位不具有的情况，在社区，即使是以家庭为单位，但动员实施难度也可见一斑。而高校既有编组，可简化这一环节。高校编组是按照专业与研究方向进行的，这与高技术动员管理的要求不谋而合。因此，在日常动员管理过程中。应按照现有高校编组安排，据情适度微调，以增强在战时和应急时刻的动员响应程度。

高校国防动员管理和实施，也是高校转型发展与军民融合式发展的不期而遇，深化了军与校的互寓关系。动员主管部门人少事多，和平时期体现其社会动员职能的主要途径应是把各动员对象连成片、把军民融合单位联成网、把动员计划落实到位。② 因此，高校国防动员管理是全民国防动员管理的重要组成部分。

二、高校国防动员管理对高校国防教育体系的要求

简要认识了高校国防动员管理的概念、特点和原则之后，可以看出，高校国防动员具有与其他社会机构国防动员的不同之处。但最大区别在于高校国防动员的长效性和高效性。所谓“长效”，即在高校接受高等教育的大学生群体，其国防动员理论认识和掌握的实践技能，在其走出校门后依然有用。所谓“高效”，是由于高校国防动员的校内组织者和实施者理论上是专业人员，校外组织者对高校动员的关注力也大。因此，高校国防动员覆盖面广。但从理论到实践，要做诸多国防动员准备。这其中，就要求主动建立与高校国防动员管理过程密切相关的国防教育体系，主要包括国防教育理论课程、技能课程和国防教育活动等。应做到以下三点。

（一）高校国防教育体系要满足动员的实际需求

国防动员是在面对战争和应急状况时，以经济且有效的方式应对，维持国家有效运转。因此，国防动员的组织实施就要满足实际需要，最大程度贴近战争和紧急状况的实际。为此，高校国防教育体系也应与之对应。

---

① 程洪：“关于高技术力量平战一体国防动员的思考”，《国防科技》，2018 年第 1 期，第 1 页。

② 陈维超、闫传福：“创新推进‘军民融合式’国防动员建设”，《国防》，2017 年第 10 期，第 39 页。

在高校国防教育理论课程方面，应将动员理论简明扼要地分享给学习者，介绍主要国家国防动员经验等。按照动员的不同领域，开设相关课程，丰富理论课程体系，满足多样化学习需求。在教学过程中，借助现代化教学手段，增加学习者的感官认识和体验，增进教育效果。在国防教育技能课程方面，应着重增强学习者对国防动员组织过程中所需技能的掌握，如轻武器射击和伤病员救治等。技能课程之间应有效衔接，如军事地形学与定向越野结合，两者与无线电定位的结合，以增强技能教学成效。在国防教育活动方面，应适时组织学习者去人防部门和应急避难场所等国防动员单位和设施学习。

需要注意的是，在确立高校国防教育体系过程中，应本着军与校融合精神，在高校教育教学力量不足时，根据实际需求聘请国防军事单位教员来校教学。那些地理位置特殊的高校，还可结合所在地特点展开教育教学。

（二）高校国防教育体系要注重教育的专业性

在确立和开展高校国防教育体系时，还应注重教育过程中的专业性。一方面，要注重国防教育内容的专业性，避免知识性错误等；另一方面，要针对学习者的专业特点展开教学。对此，高校国防教育师资要不断增强教学能力。

针对学习者所学专业的学科门类设计国防教育课程体系，可以增进国防动员效果，利于平时和战时的国防动员管理。从根本上看，就是要求国防教育内容能贴近学习者已有经验和知识体系。因此，才有了将高校国防动员管理和高校国防教育体系统合设计的考虑。例如，学习者所学专业为计算机类，在国防教育体系设计中，就应设计与其专业相关的教育内容，对金融经济类学习者，在国防教育体系设计中，就应设计与国防经济金融相关的课程。在课程体系架构设计和具体内容安排上，都要照顾到学科背景。此外，无论以何种教学方法教授国防教育课程，都要提前设计教学内容，也可寻求相关学科师资的专业智力支持。

（三）高校国防教育体系要做到系统完善

由于高校国防动员不断发展，动员框架尽管相对不变，但具体动员内容变化较快。相比于传统安全，非传统安全对国家安全的影响越来越大。因此，高校国防动员也充分考虑到非传统安全。相应的，高校国防教育体系架构也应充分考虑到非传统安全，如增加与非传统安全教育有关的课程。在内容设计上，要结合非传统安全领域的具体进展。这是高校国防动员管理过程中相对重要的环节。

传统的高校国防教育体系要顺势而为，有所变动。高校国防教育体系的系统完善，首先要求高校国防动员的具体组织者，即高校国防教育机构等，要组织校内外力量，充分研判教育体系的变动与重新设计。其次，高校各职能部门要提供配合。再次，各学科应充分为体系变动和内容更新提供智力支持。然而，高校国防教育体系要做到系统完善，根本上是要学校党政高度重视，始终坚持党管武装。

三、高校国防教育师资的“有为”

基于高校国防动员管理特点形成的高校国防动员在国家国防动员体系中的独特地位，建立高校国防教育体系就成为做好高校国防动员管理的当务之急，这需要有活力的高校国防教育师资，在高校国防动员和国防教育中有所作为。

（一）建设满足高校国防动员管理要求的师资

建设能够满足高校国防动员管理要求的教师队伍，需要校外国防动员部门与高校合力共建。单纯依靠高校组建符合国防动员需求的师资，难度较大，也难以完成实际的动员管理任务。在高校内部，也会引起一些工作障碍和困境。对此，上级国防动员单位要有所支持。在高校党政领导下，适时适度地组建。

借助上级国防动员单位协助，并不是说高校国防动员管理人员来自上级国防动员单位，而是立足于学校人员基础，由上级国防动员单位给予业务指导和政策帮扶。高校国防动员管理队伍与高校国防教育师资在人员上是重合的，高校国防教育师资同时也是高校国防动员管理队伍。进一步而言，就是高校在建设国防教育师资时，赋予其高校国防动员管理职能、能力和条件。再进一步而言，就是高校国防教育师资要主动担当起高校国防动员管理任务，而非由其他职能部门代替。从这个层面来说，也是高校国防教育师资扩展“领地”的过程，而非单纯的囿于一般性的教学活动。在高校国防教育与高校国防动员方面，应当形成对高校国防教育师资职能的新认识，不应以单纯的“教学与行政”分开的观点审视。

（二）建立符合高校国防动员管理要求的课程体系

正因为高校国防教育师资与高校国防动员管理队伍相互重合，因此，要满足高校国防动员管理的实际需求，就需要高校国防教育师资逐步建设相应的课程体系。在上述内容中，已对高校国防教育体系有所阐述，但并未专门针对课程体系谈及。国防教育体系指的是教育的逻辑结构和安排，而课程体系则是课程的逻辑结构和安排。

这里需要强调的是，设立课程体系要考虑到师资整体建设和教育教学机构的顶层设计。即在保证课程体系能够满足高校国防教育实际和国防动员实际的前提下，高校国防教育的师资成员一般也应是课程体系的实际承担者，以保证师资的整体性得以体现，避免师资发展不均衡的情况。这种情形在师资情况较好的高校已出现过。也就是说，要做到人尽所能，各尽所长。此外，出于高校国防教育机构的长远设计安排，国防教育机构至少应与院系处于平等的位置状态，有着共同的教育教学价值形式，而非当前可有可无、严重被边缘化的情形。为此，应着重通过课程体系的有效设计，从课程体系完善和有效实施的视角，支撑起处于理论构想中的高校国防教育机构设计新思路。在本书第六章中，将有进一步分析。

（三）构建高校国防动员潜力数据库

确立和完善高校国防教育体系及其课程体系，主要是为了促进高校国防教育的发展。但从国防教育的上位概念，即国防动员出发，本质上还是为了促进高校国防动员的有效开展。这也是为何将高校国防动员管理与高校国防教育体系及其相互间关系作为高校国防教育师资建设的第四个制度语境来谈。高校国防教育师资促进高校国防动员及其管理的有效开展，除了在教育教学上有所体现之外，还应当注重对动员对象的常态化分析，以保证战时和紧急时态的动员成效。这也是高校国防教育师资与高校国防动员管理队伍重叠的内在职能要求。

总体上看，当前动员潜力建设带有浓重的计划经济时代烙印，与市场化资源配置不相适应的情形较为突出，制约了动员潜力快速有效的向动员实力转化。动员潜力调查方式不适应快速精确动员要求，难以按属地实施动员，各级国防动员机构力量相对不足。因此，要按照功能聚合、人装结合，军民融合、智慧动员，体系建设、模块运用的要求做好动员工作。[①] 要达到这样的要求，就必须构建高校国防动员潜力数据库，“发挥大数据功能，将数据优势转化为信息优势和技术优势，优化设计大数据支持国防动员决策系统”[②]。有学者指出，应开展国防动员潜力的空间数据库研究，为建立与空间位置紧密相关的国防动员潜力数据库提供技术支撑，把动员

① 余远友：“新时代国防动员建设潜力探析”，《国防》，2018 年第 2 期，第 48—51 页。
② 罗彪：“大数据支持国防动员决策功能探析”，《国防》，2017 年第 10 期，第 32 页。

对象的位置清晰地与相关数据联系在一起。① 在潜力数据库建构中，借助于这一理念，可以将动员对象的相关数据及其在不同时段（假期和非假期）的常驻位置和动员对象的学科专业背景结合在一起。构建各高校的国防动员潜力数据库，既可以搞好所在高校的国防动员与国防教育工作，还可以作为高校国防教育师资的研究素材，对促进高校国防教育师资建设大有裨益。

分析了以上四类制度语境，目的是为分析高校国防教育师资建设提供更为宽阔的背景，并借助上述分析，进一步了解高校国防教育师资建设的可能空间。下一步任务，就是要弄清高校国防教育师资的基本内涵，以及谁应当成为高校国防教育师资建设的责任主体，各主体的互动关系对师资建设的基本功用如何等问题。

---

① 李国明等："地理空间信息技术在国防动员潜力数据管理中的应用研究"，《科技创新与应用》，2018 年第 4 期，第 151 页。

第二章
高校国防教育师资的建设边界

“边界”（Boundary）是以某一或某些特定的相对静止物对两个及以上不同部分或领域的性质度量。在“必使边界无贪小利，强弱不得相陵”①中，第一次提出了“边界”。因而，“边界”的初始含义主要是从边疆学角度考量，尽管彼时尚无现代“国界”之概念。但在词义演化中，“边界”逐渐与“边境”（Border）作为同义语使用，被赋予政治学和国际关系学色彩，进入史学范畴。随着现代社会科学的发展，“边界”与诸如“发展”“组织”“生态”等词语一起，被诸多学科消化吸收和涵义创新，具有了不同学科层次和学科背景上的差异。在高校国防教育师资建设中，引入“边界”概念，一方面，是因为这一概念易于被各学科人员接受，从而拉近创生中的国防教育学与其他学科的联系，共生于学术语境之中，另一方面，是因为“边界”较之于“边境”更具包容性，存在相对稳定的缓冲地带（区），作为“边界”的相关各方，都能在缓冲地带（区）展开“交流”。

因此，本章主要探讨高校国防教育师资建设边界的概念、边界内容和“适切”的边界各方。在此基础上，尝试提出高校国防教育师资建设的“边界理论”。然而，作为可能的“边界理论”的研究起点，关键是要在上一章的基础上，尽可能地在一个较长时段内准确把握高校国防教育师资的基本内涵。

第一节 高校国防教育师资的基本内涵

“善人者，不善人之师也；不善人者，善人之资也。不贵其师，不爱其资，虽智大迷，是谓要妙。”②“师”即榜样，“资”即借鉴或镜子。“右

① 出自［隋唐］房玄龄等的《晋书·殷仲堪传》。
② 出自［春秋］老子的《道德经·第二十七章》。

臣闻三代盛王，教治天下，必先崇学校，立师资，聚羣（读 qún）材。”①“立师资”就是要召集教师，形成“羣”即群的效应。可见，古代“师资”概念是从“数”和“质”两个角度而言。在现代教育学中，“师资”一词，至少在三个层面被使用。第一个层面是“教师资质”的简称，即教学人员或教师是否具有相应的教育资质，并与“标准”结合使用。第二个层面是对“教师数量”的概括，即是对教学人员或教师群体的整体表达，并与“条件”结合使用。因而，在日常生活和官僚规制中，对“师资”的描述和统计，同时包含了“数”和“质”的界定，往往被表达为“拥有教师资质的人员数量”。但除了上述两个层面外，“师资”也被作为教育过程来理解，这是“师资”一词在第三个层面上被使用。如“昔先君仲尼，与君先人伯阳有师资之尊，是仆与君奕世为通好也”，② 这句话表明孔子与伯阳存在师生之实和情谊，是对教育过程的正向评价。因而，在有效探讨高校国防教育师资的基本内涵时，必须准确且首要把握“师资”概念，并顺其概念探究其内涵。

从国家防务建设角度看，高校国防教育教师是一个国际概念，各国大都存在不同形式的国防教育教师。例如，波兰加入北约后，取消了原先的大学生兵役规定，代之以民间自治组织性质的波兰民防组织，主要负责大中小学生的防务理论和技能教育。越南在 20 世纪 90 年代初实行革新开放政策后，依托院校组织大中小学生的国防教育。泰国有军人政治传统，其国防技能教育已部分融入院校体能教育和学校管理过程中，如泰国学校早晚升国旗仪式，学校游泳泅渡课、武术搏击课和射击课程等。因而，探讨高校国防教育师资概念和内涵，可以结合分析其他国家情况。战后美国对院校国防教育师资的探讨始于 20 世纪 50 年代中期的国防医疗教育③，并以 20 世纪 90 年代中后期开始至今的对 1958 年《国防教育法》的回顾研究为新阶段，典型代表是北得克萨斯大学（UNT）的 Mary M. Harris 和 James R. Miller④。已有探讨依旧围绕院校医疗教育和科技教育等展开，没有过多涉及专门师资建设。然而，这些探讨，是我们厘清高校国防教育师资应有内涵的参考。

---

① 出自［北宋］范仲淹的《代人奏乞王洙充南京讲书状》。

② 出自［南朝·宋］刘义庆的《世说新语·言语》。

③ Olson S W, Schofield J R, Howard J M, Shearer T P. Mobile medical support for civil defense. I. Field trial［J］. Journal of the American Medical Association. 1956（14）：1202 – 5.

④ Mary M. Harris, James R. Miller. Needed：Reincarnation of National Defense Education Act of 1958［J］. Journal of Science Education and Technology. 2005（02）：157 – 171.

从国家防务建设历史看，正如序言所述，防务方面的普及性师资古已有之。中华人民共和国建立后，包括高校国防教育在内的全民国防教育经历了四个发展阶段：以抗美援朝为中心内容的国防教育；以宣传第一部兵役法为中心内容的国防教育；结合边境自卫反击作战而展开的国防教育；新时期的国防教育。[①] 每一阶段始终以学校为基础，并重点依托高校。如1958年7月，面对国际国内形势，中央军委召开扩大会议通过的决议中明确提出："必须积极积蓄和壮大后备力量，贯彻执行把预备役和民兵合二为一，实现全民皆兵的方针。"随后，北京高校率先开展"民兵师"建设，高校国防教育师资由此产生。但此时的师资概念在现实层面上，更多的是军队师资的"溢出"，与本书讨论的"高校国防教育师资"存在内涵和外延上的差别。然而，这却是本土现代语境中高校国防教育师资的缘起。

有关高校国防教育师资研究的缘起，则是对在普通高校设置国防教育专业的探讨[②]，但形成较大规模的讨论思潮却是在2006年前后。这主要是由于《普通高校军事课教学大纲》（2006年修订）[③] 引起了对师资缺乏的争论。但自2006年至2018年，仅有160余篇相关文献，且仅有约50余篇专门讨论高校国防教育师资建设，却几乎未有讨论师资的基本内涵，绝大多数是从"军地合力、特殊照顾、学校支持、学科发展、师资准入、职后培训"等方面探讨，但多数研究结论较为雷同。也有从学科交叉视角研究师资建设，如从教育生态学的"限制因子、耐度定律、最适度法则和花盆效应"等角度探讨师资专业化建设[④]，但依然未讨论师资建设的内涵和标准。实际上，方法的问题虽然很关键，方法要解决的对象的实然状态也很重要，但更关键且更具基础性和前提性的问题则是：方法要解决的对象的应然状态如何。

结合已有研究和高校国防教育师资发展历程，以及国外对相关师资的探究，立足"师资"的三个层次，可尝试提出三个讨论维度，以进一步界定其基本内涵。

---

① 奚纪荣："中国国防教育史概论"，《军事历史研究》，2002年第3期，第129—142页。

② 张国清："在我国设置国防教育专业的思考"，《河北师范大学学报》（社会科学版），1994年第12期，第10—12页。

③ 该版大纲也被称为2007版大纲，由教育部、解放军原总参谋部和原总政治部联合颁布。

④ 唐蓉："教育生态学视野下的高校国防教育师资队伍建设"，《湖北第二师范学院学报》，2009年第12期，第113、114、124页。

一、高校国防教育师资的素质标准

“正静不争，动作不贰，素质不留，与地同极。”① 素质的古代涵义主要是指本质，是事物有别的判定标准。相应的，高校国防教育师资素质，应是其区别于其他学科师资的质的规定性。如此界定，就能否定现实中的常态化做法：高校国防教育课程人皆可授之。若以国防教育目标衡量，并非人皆可授。因而，高校国防教育课程需要符合一定素质标准的师资。

（一）必备的教育学基础

按照学科门类划分，教育学门类包括教育学、心理学和体育学三个一级学科。之所以强调高校国防教育师资需要有相应的教育学基础，也是从三个一级学科及其二级学科角度而言的。正如申请高校教师资格证需要考核基本的教育学和心理学知识，高校国防教育师资需要与其他类学科师资一样，具备基本的教育学和心理学知识，形成相应教学技能、情感态度和价值观，能在教学中自觉灵活地运用教育学和心理学，提升教学效能，形成良好的自我效能感。在教育学和心理学的次级学科方面，高校国防教育师资还应着重掌握教育技术学理论和技能，以应对推陈出新的国防教育仿真模拟教学趋势，也应当充分了解军事心理学，以提升高校师生对国防军事教育的认同感。

与体育师资类似，却与其他学科师资相区别的是，高校国防教育师资还应具备一定的体育学基础，这主要是国防教育的课程性质使然。国防教育包括国防理论教育和国防技能教育。后者与体育学的交叉点即国防体育，高校军事技能训练与体育科学也有密切联系。甚至在实践中，一些体育师资认为国防教育或军事理论就是军事体育，对那些国防教育教学机构与体育教学机构合署或挂靠办公的体育师资而言，更是如此。但显然，二者存在本质区别：体育师资的体育学知识体系是从身体素质教育角度出发，目的是全方位提升学生体能；国防教育师资的体育学知识体系是从实施国防技能教育的角度出发，是在懂得一定的体能训练基础上，侧重于学生国防技能的获得和国防能力的提升。相比较而言，体育师资的体育学知识体系更专业，而国防教育师资的体育学知识体系则

① 出自［春秋］管仲等的《管子·势第四十二》。

是为解决某些特定的技能训练而准备。有意或无意混淆二者区别，则犯了上述“人皆可授之”的错误，不利于高校国防教育师资的内涵建设和专业化发展。

（二）宽阔的多学科背景

就目前高校各专业人才培养方案、课程体系和课程结构而言，几乎没有哪一门课程和专业涉及到众多学科知识，唯有国防教育课程涉及到物理、地理、化学、生物、历史、政治、军事、战略等诸多学科知识，要求高校国防教育师资要对与国防教育有关的各学科知识都有所涉猎。面对美俄武器竞争，既要了解美苏争霸和冷战史，也要明白其中具体武器的作战性能，如 Su－35 和 F－35 的技术性能对比，还要了解美俄地理特征对其战略制定与实施的影响，以及经济发展实力，更要关注双方战略界和作战理论界的新变动。国防教育教学的多学科背景要求是客观存在的。在现实层面，那些奉行“人皆可授之”的其他学科师资和以此态度授课的兼职师资，要么是错误地理解了国防教育课程，要么是在教学中以“视频课程”和“不准确教学”替代，根本上影响了高校国防教育教学效果。

即使是对当前的专职教师[①]而言，也较难达到多学科背景要求。一方面是因为跨专业学习在当前未形成主导；另一方面，当前专职教师并非像除外语、体育和艺术外的其他学科师资那样全面博士化，“阶段长度”不够，仅是本硕阶段，造成学科背景被动窄化；也由于当前并无国防教育学博士点，专职教师在职攻读博士学位，多选择招收量多、热度大的思政专业等。以江苏省为例，见表2—1。

当然，强调高校国防教育师资的多学科背景，并非是要求教师学习每一个相关学科。在学科分化日益明显的当下，百科全书派几乎很难在现实情境中遇到。之所以强调多学科背景，主要是由国防教育课程的内容所决定，更重要的是要在师资培养和培训中，基于这一方向寻求靠近的途径，后文将对此着重论述。

---

① 专职教师是指目前教育行政部门和国防军事单位统计的专职军事教师概念。但更贴切的称法应是专职国防教育教师。从长远而非当前统计口径来看，主要指专门从事国防教育教学、具有教师资格的非行政人员。

表 2—1　江苏省专职国防教育教师情况表（截至 2018 年 9 月）

院校名称	人数	层次	主要学科背景	备注
南京大学	1	博 1	本硕—战略学、博—军事思想、政治工作学	军转博士
东南大学	5	博 3 硕 2	硕 1：本—物理学、硕—军事学、博—经济学	在职博士
			博 1：本硕—历史学、博—伦理学	
			博 1：本硕博—经济学	
			博 1：本硕博—历史学、国际关系学	
			硕 1：本硕—军事学	军转硕士
南京农业大学	1	硕 1	本—教育学、硕—国防教育、博—历史学	在职博士
河海大学	4	博 1 硕 3	博：本—思政、硕—国防教育、博—社会学	
			硕 1：本硕—军事学	
			硕 1：本—思政、硕—国防教育	
			硕 1：本—思政、硕—国防教育	
南京医科大学	1	硕 1	本—历史学、硕—军事思想	
苏州大学	3	博 3	博 1：本—英语、硕博—思政	
			博 1：本—历史学、硕—教育学、博—思政	
			博 1：本硕博—历史学	
南京信息职业技术学院	2	博 1 硕 1	博 1：本硕—军事思想、博—政治工作学	军转博士
			硕 1：本—英语、硕—国防教育学	

（三）基本的军地统合力

高校其他专业课程仅受教育行政部门和所属行业的影响，而高校国防教育课程不仅受教育行政部门管理，还需纳入国防军事单位监管。就检查督评而言，其他专业课程仅接受教育部门督评，而国防教育课程除教育部门督评外，还需接受国防军事单位督评。也就是说，高校国防教育课程对应的是“两条线路”，各自的运作机制、发展机理和上下通道，相对独立。正因为“两条线路”的相对独立性，对高校国防教育课程及高校国防教育师资均提出了较高要求。

上一章提到高校国防教育师资建设的制度语境，包括了全民国防教育与军民融合战略，这两点也是高校国防教育师资有别于其他专业师资之处。从高校服务社会的角度看，高校国防教育师资参与全民国防教育，与其他专业师资服务社会在形式上具有同一性。然而，高校国防教育师资参与全民国防教育是公益行为，而非单纯的技术交易或等价交换。此外，其他专业师资在服务社会的过程中，大多是“政府事业单位、企业和高校”

三方互动关系。高校国防教育师资在服务社会过程中，还涉及到国防军事单位和人民武装等准军事部门的参与。在当前大力倡导军民融合战略的宏观社会环境下，越来越强调高校国防教育师资要具有促进军民融合的能力①，能将院校国防教育教学、院校专业学科优势和国防军事需求密切衔接，借此提升国防教育在高校中的话语权和发展力。

关于“军地统合力”的概念，并没有学者提出，也就缺少对这一概念的相应分析。“军地统合力”是一个可能的暂时提法，至少在相当程度上表明了高校国防教育师资应有的素质标准之一，可能包括但不限于以下内容（见表2—2）：

表2—2 军地统合力的基本构成

一级指标	二级指标	指标解读	备　注
国防教育教学力	专业理论力	掌握体系性的理论内容	据教学内容评价
	专业实践力	掌握体系性的实践内容	据教学内容评价
	专业技能力	能根据实际有效开展教育教学	据教学环境评价
国防教育管理力	学生活动管理力	能有效对学生开展国防教育活动	由军地部门评价
	教职工活动管理力	能有效对教职工开展国防教育活动	由军地部门评价
	校内武装工作力	能扎实在校内开展人民武装工作	由军地部门评价
高校环境适应力	教学竞争力	符合学校关于教学的一般规定	据教学规定评价
	科研竞争力	符合学校关于科研的一般规定	据科研规定评价
	管理适应力	能营造国防教育开展的校内环境	据工作氛围评价
社会参与服务力	院校间支持力	对其他高校国防教育有支持	据实评价
	社会服务力	对社会（含社区）国防教育有支持	据实评价
	社会吸纳力	能把社会资源用于国防教育发展	据实评价
军民融合执行力	项目评估力	能准确对潜在项目进行评估	据实评价
	项目引进与推介力	能结合实际引进和推介融合项目	据实评价
	项目管理力	能有效管理融合项目	据实评价
军地政策研判力	政策搜集力	能准确搜集军地政策案例	据实评价
	政策整合力	能结合实际对政策进行系统整合	据实评价
	政策分析力	能把握现实政策系统的预期变化	据实评价

① 《国务院办公厅、中央军委办公厅关于深化学生军事训练改革的意见》（国办发［2017］76号）中提到有条件的高校要探索校内军民融合机构的设置。

上表一级指标所列的六个“力”，只是对“军地统合力”的可能猜测，暂难对其准确定义，但其概念核心，应是高校国防教育师资能在校内外的军地环境中有效抽取有利因素促进高校国防教育发展和师资自身发展的能力。

二、高校国防教育师资的群体特质

厘清了高校国防教育师资的“质”的规定性，不代表弄清了高校国防教育师资的基本内涵。正如上文所述，这仅是第一个层次的分析，第二个层次是对师资群体的分析。突出强调高校国防教育师资的群体性，也是对当前高校国防教育师资群体处于边缘和弱化的学术反应。只有探清其群体的数量阈值、特点和诉求，才能进一步把握高校国防教育师资的基本内涵。

（一）群体的规模阈值

“人口是指生活在特定社会制度、特定地域，具有一定数量和质量的人的总称……政治是指一定社会的阶级及其同盟者以最高管理权力为核心，对社会利益进行的权威性分配活动，以及由此形成的关系、行为规范和制度设施。它表现为政治主体、政治行为和政治思想观念三种形式……人口与政治的关系构成人口政治学的对象。”① 之所以从人口和政治或人口政治学角度审视高校国防教育师资，是因为这一群体当前主要存在于理论上，难从现实角度分析下述特点和诉求，但这并不制约在理论上对其先期探讨。之所以说主要存在于理论上，是因为当前这一群体的绝对数量严重不符合教学实际需求和各级各类文件要求。

以国办［2017］76 号和各省、市、自治区的一般要求，高校国防教育专职教师的师生比应不低于 1∶800。2017 年全国本专科生录取总人数为 653.634 万，合计应配备 8170 名专职国防教育教师。部分省份应配备专职教师数如表 2—3 所示。

江苏省应配备专职国防教育教师为 379.25 名，实为 17 名，配备率为 4.473%。然而，应配备人数仅是理论上的最低规模阈值，即不低于这一人数，这一阈值是有效形成高校专职国防教育教师群体的最低值，且 1∶800 的规定也是在可预见时期内的最低标准，相比于思政课程教师和辅导员系

① 孙秀民：“论人口政治学的研究对象”，《沈阳师范学院学报》（社会科学版），1997 年第 1 期，第 42—43 页。

列 1∶200 的配备要求，整整低 4 倍。此外，这一比例仅是照顾到入学新生的国防教育需求，针对高年级本科生和硕博研究生及教职工的国防教育师资配备数未有考虑。探讨高校国防教育师资的基本内涵，必须探讨如何尽快建立起符合一定要求的国防教育教师群体。

表 2—3 2017 年部分省份普通高校应配备专职国防教育教师数量表

省份	录取人数（单位：万）	总录取率	应配教师数（单位：名）
河 北	40. 12	91%	501. 5
内蒙古	18. 64	94. 42%	233
江 苏	30. 34	91. 91%	379. 25
浙 江	27. 2	93. 37%	340
安 徽	43. 4	83. 6%	542. 5
江 西	30. 13	82. 57%	376. 625
山 东	58. 03	84. 95%	725. 375
河 南	72. 85	84. 14%	910. 25
湖 南	35. 72	86. 94%	446. 5
广 东	61. 9	81%	773. 75
广 西	32. 8	89. 87%	410
重 庆	22. 06	89. 16%	275. 75
贵 州	36	87. 4%	450

（二）群体的基本特点

假定江苏省已有 8170 名高校国防教育教师，并形成相对稳定且有序补充的后备师资群体，符合人口政治学规律，则必然会形成相应的群体教育政治利益和诉求。但在具体分析该群体的利益诉求前，首要问题是要清晰群体的基本特点，这也是进一步明晰下文所述的师资建设主体的基本前提。事实上，任何专业群体都有自身特点，专业队伍建设也是在对群体特点分析的基础上有的放矢的。

高校国防教育教师群体的首要特点是教师来源的多样性。工科教师一般来自工科专业，经管类教师一般源于经管类专业，法学教师一般源于法学专业，唯独高校国防教育教师的专业来源渠道广杂。既有各学科教师转行而来，也有国防军事单位人员转业或自主择业而来。这主要是由于当前教师来源的专业渠道尚未建立，未有成体系的硕博士培养系列和单位，但现实需求和教师自我判断，在不同程度上吸引了其他专业教师转入。这也满足了上述有关教师素质标准的“多学科背景”要求。在教师系列独立后，这一特点可以表述为“学科背景的多样性”。

高校国防教育教师群体的第二个特点是军地共生性。以教师培训为例，既有教育行政部门组织的国防教育教师培训，也有国防军事单位组织的培训。这在其他专业中未有所见。教育行政部门和国防军事单位组织的培训活动有时合并举行，有时单独举行，甚至不同序列的国防军事单位的培训也时有分开举办。有效把握和利用这一特点，可以较好地在一定时段和范围内提升群体数量，超越上述阈值。

高校国防教育教师群体的第三个特点是师资环境较差。这一特点与军地共生性特点并不矛盾，但会形成错觉，即既然军地合力支持，为何师资环境较差。因而，这里的环境指的是校内环境。事实上，无论是国防教育教学开展较好的院校，抑或是开展较差的院校，都在不同程度上被边缘化。这与高校长期以来在事实上对国防教育的认识误区有关，也与国防教育在相当长的时间内仅表现为军事教育而未能主动融入高校主流发展方向有关。当然，也是阈值不够的必然结果。

（三）群体的价值诉求

简单分析“教师来源多样化或学科背景多样性、军地共生性和校内师资环境较差”等三个特点，并继续假定已超过某一阈值后，可以进一步分析高校国防教育教师群体的价值诉求。之所以使用“价值诉求”而非“利益诉求”这一表述，根本考虑是“价值”更为中性，并在语义学层面包含了“利益”所观照的方方面面。在实际情境中，“利益”虽是正常诉求，但似乎不如“价值”更具包容性。

高校国防教育师资的价值诉求之一是要适时建立属于自己的专业和学科。高校国防教育课程教学逐步走向制度化、规范化，创生国防教育学科成为亟待研究解决的问题。首先，国防教育事业发展的迫切需要是创生国防教育学科的必要前提，全民国防教育事业的发展要求有学理支撑，高校国防教育课程教学需要学科理论指导；其次，创生国防教育学科是学科发展的必然趋势，因为学科创生的内在条件已经具备，外部条件也已基本成熟。我们应通过加强国防教育的学科意识，大力开展相应的理论研究，努力争取外部建制的推动，早日创生国防教育学，以促进高校国防教育的良性发展。[①] 学科创生与专业建立相辅相成，学科创生的路径多种多样，理论上看，无外乎是内部的学术性力量和外部的行政性力量推动，以及二者共为。单纯依靠内部学术性力量可以形成学科创生的源动力，但单纯依靠外部行政性力量，却很难形成学科创生的源动力。即使是思想政治学科，看似是外部行政力量推动，但根本上依然是哲学、历史学和政治学等学科的支撑，外部行政力量在短期内的集聚和放大，使得学术界形成错觉，以为是单纯的外部力量推动的结果。因此，实现这一价值诉求根本上是要师资的内在努力。实际上，相比于大多数学科，国防教育学学科创生的外部政策已有较大改观。

高校国防教育师资的价值诉求之二是要厘清军地支持系统的相互关系。这一价值诉求既是理论问题，也是实践问题。“军地统合力”和“军地共生性”，都表明高校国防教育师资的支持系统之一是军地支持系统，这是任何学科都不具备的发展优势。然而，优势一旦处于无序状态，就不能体现出优势，甚至还会阻碍国防教育学学科的创生。从近十多年实践来看，的确存在这样一种无序，国防军事单位的政策与教育行政部门的政策难以形成政策合力。即使是在政府行政逻辑中，教育行政部门与民政、宣传部门的政策也难以协同，最终结果就是政出多门、九龙治海。一方面使得各部门间的矛盾加深，甚至激化；另一方面导致院校无所适从而不从，师资难以受到实质性支持。关于这一点，在建设主体部分继续阐述。

高校国防教育师资的价值诉求之三是在上述价值诉求基础上，明确自身在高校内部应有的位置。“位置”可从“处置或安排”和“职位”两个涵义上理解。前文提到群体阈值未能达到1∶800，也提到非统计口径的专职国防教育教师概念。实际上，部分高校也有国防教育教师，承担国防教育教学，但同时也兼体育、保卫和学生工作。因此，未将该类教师算入专职国防教育教师，因为高校数学、农学等其他学科教师不可能同时兼其他学科教学，所谓专任教师应是专职从事专业教学的教师（“双肩挑”型教师除外）。如南京体育学院在2011年招聘的国防教育教师，招聘前明确是教师岗位，进校后安置为保卫行政岗位，后又调至纪委。因此，要从根本上明确专职国防教育教师的教学身份。与此同时，高校国防教育机构理应是独立的教学机构，军地支持系统也都对之明确过，但现实则是绝大多数高校并未成立相应的教学机构，即使成立了教学机构，也没有保证独立

① 吴温暖、郑宏、谢素蓉：“论国防教育学科的创生”，《高等教育研究》，2008年第11期，第73—78页。

性，未明确应有的院系级教学单位属性。当其他课程所依托的专业学科都有能赖以支撑的院系级教学单位时，国防教育课程却没有，着实不妥。

三、高校国防教育师资的教育教学体验

长期以来，国内教育学研究并未关注“教育教学体验”这一教育哲学话题，这与国内对情景教学、实用主义教学的研究不足略有关联。但国内已有的有关“教育教学体验”的研究，主要关注学习者体验，未能有效顾及教育者或教师的体验。“体验作为人的一种精神实在，它是现象学研究的出发点和归宿，教育体验则赋予了它教育意义上的规范性……教育现象学为此所做出的改变是直接以教育体验为研究对象。”① 已有的国防教育理论研究中，也未有关注高校国防教育师资的教育教学体验，但这恰是探析高校国防教育师资基本内涵时，必须要分析的问题。

（一）高校国防教育的规范性

高校国防教育课程以教学大纲为准则，接受军地督评。各级各类督评主要是以客观事实作为参照，对照量化体系，如是否贯彻了应有学时、是否按照文件规范执行、是否开展了相应的讲座和活动。当达到相应量化指标时，给与优秀、良好与合格的评判，认定某所高校是否是国防教育示范学校或优秀学校。这里存在三个关键问题：标准从何而来？标准在多大程度上体现客观的高校国防教育世界？达到标准的意义在哪？实际上，标准可能由非专业的、几乎没有教学经验的人士，或名义上专业，但未深刻调研的人士制定。这样的标准并不能有效体现实际情况。由此，达到标准的意义就值得商榷。这就部分解释了这样一种现象：严格按照要求授课的教师不如那些“信口开河”的教师；严格按照标准执行的院校，不如那些“随心所欲”的高校，因为要求和标准并不完全符合客观的对象世界。

这就引申出高校国防教育规范性的另一个方面：是否关注了学习者真实的学习体验。典型现象是：学习者对 2006 年版大纲中的第五章“信息化战争”不感兴趣；女生居多的院校对国防教育课程兴趣较低；实行混合式翻转教学的课堂，学习者难有实质性参与，讨论水平低。当然，高校国防教育师资也会进行教学反思：为什么这么重要的内容，他们不感兴趣？为什么这些内容与他们所学专业有不同程度的关联，他们熟视无睹？为什

① 王卫华：“教育现象学何以研究教育体验”，《复旦教育论坛》，2013 年第 5 期，第 58—62，91 页。

么课程如此重要，职能部门和院系要求“砍”掉？此外，多数人认同一个设定：包括大学生在内的民众对国防军事知识和技能的掌握和运用，有助于提升国家防务水平。类似设定，在理论上会得到多数人的认同，却在执行时遭到否定。问题的关键就在于忽视了对象的体验感，存在“体验鸿沟”。因此，探讨高校国防教育师资的基本内涵，把握师资的教育教学体验，首要的是要把握对象体验。这种体验的好坏，关键在于是否符合规范。或者说，当前情况不怎么符合规范，有必要对包括各种标准和框架在内的量化体系论证推敲。扼要来说，规范产生体验，体验决定了师资的内涵及其发展。

（二）高校国防教育的多向度动态认识

产生规范性失衡，原因在于思维和认识层面的长期的单向线性认识。胡塞尔认为，传统的精确科学中，认识主体将自己与客观世界分离开来，主体具有客观世界不具备的能动性，因而产生了主客体之别。主体会通过各种措施努力避免被客体影响，主体也会保证自己不会产生概念和行为失衡，而且主体的核心信条是客体也不变，任何主客体之间的失范都需及时调整。在经过一系列观察和总结后，形成了一些被认为是相对持久的判断，然后将其运用于教育教学中。

将主客体分离，的确是认识世界的有效办法。然而，任何认识和实验都是假定其他条件不变，这在自然科学中可以相对控制，但在人文社会科学中却较难控制。在教育教学过程中，主体必须要认识到主动利用客体的正向价值，才能产生教育改变，而不被客体影响。可以说，正是客体的变动，才是达成教育教学成效的前提。在高校国防教育教学中也是如此。因此，要改变规范性失衡，就需要改变教学认识论上的单向认识思维。类似于国防教育课程混合式翻转教学的做法，就是相对有效的多向动态性的认识思维。之所以说是相对有效，是因为其成效还受到教风、学风和学校管理等多种因素影响。高校国防教育师资在教育教学中，讲求多向度动态思维，积极引导学习者体验之余，还应追求自身教育教学体验，这是教师职业能力成长的关键。

（三）基于规范性和多向度动态的高校国防教育师资成长

师资成长周期长，从关注个体生存到关注学生，再到关注情境，这是递增的成长过程。在此过程中，体现出上述规范性与多向动态性。关注个体生存，在高校国防教育师资的发展问题上，指的是高校国防教育师资在入职前后，更多地关注到课程授课本身：是否符合大纲要求、是否按照严格的逻辑展开、是否与其他同行授课有较大出入。在经过一定过程后，才会关注到授课的标新立异和在行业内成为佼佼者，但这在本质上还是关注个体生存。追求课程的新异性，依然没有考虑到学生群体与个体，以及全教学情境。只有当高校国防教育师资开始关注学习者能否理解授课内容、学习者能否对授课内容感兴趣并保持学习兴趣和动力时，才能说进入第二阶段。也只有当师资将课程、学习者和学校实际或扩大的外部实际相结合，才能说进入第三阶段。这是高校国防教育师资成长的高级阶段。

高校国防教育师资的成长过程，符合一般的师资成长过程，以规范性和多向动态的观点审视之，在成长过程中，始终包含着对客观世界的合理把握，注重体验，在坚持主客体一致的基础上，动态把握变化的环境，并把自身也作为客体的一部分而相互作用。正如本节伊始所说，“师资”的第三个层次即是教育过程，“过程即体验”，关键是在教育者和学习者的互动过程中营造正向体验。

通过本节分析，可以扼要总结出高校国防教育师资的基本内涵，高校国防教育师资，是指在教育教学过程中能够充分体现广义上的教育学要求，具有多学科背景和军地统合力，关注情境体验和主客体国防成长的高校国防教育教师群体。加强高校国防教育师资建设，关键是要在明确三大特点的基础上，长期性地关注三大价值诉求，动态性地审视师资的规模阈值。

第二节　高校国防教育师资的建设主体

分析了高校国防教育师资的基本内涵后，进一步的话题则是如何建设好高校国防教育师资，以及谁来建设。高校国防教育师资建设之所以长期低迷，主要是由于对师资内涵的认识不清，但更关键的是与由此带来的建设主体模糊和主体缺失有关。从师资的基本内涵分析，便知其理。

广义上的教育学要求，是要高校国防教育师资懂得与国防教育教学有关的教育学、体育学和心理学等相关学科内容。然而，极少有专任教师符合广义教育学要求。在暂不讨论培训效能的情况下，大部分专任教师的教育教学技能是由校内外师资管理部门培训的，但仅涉及到教育学和心理学的部分内容。因此，这是第一个主体模糊和缺失情况。

多学科背景要求，主要是从国防教育课程内容的庞杂角度而言。现实中的高校国防教育专任教师的多学科背景一方面相当缺乏，另一方面也不是有意培养，而是一个自然选择和发展的过程。一些专任教师是在职获得的硕博士学位，一些专任教师暂没获得硕博士学位，甚至还有一些专任教师缺少在职攻读硕博士学位的途径。就现有情况看，多学科跨度也几未见于文理工科之间，更多是在人文社会科学内部，从微观的具体去看，多数专任教师的本硕博阶段的研究相似性大，尽管其获得学位门类不同。因此，对高校国防教育师资的多学科背景要求，在现有培养机制和环境下，几乎难以实现。

关于军地统合力方面，上文论述了六个“力”，但如何有效实现，却需要多重论证。由于军地系统的非完全契合性，在具体问题上，利益并非完全一致。从“国防教育”和“学生军事训练”概念的共同存在上，可见一斑。理论上而言，前者包括了后者。从文件制定主体上看，下发至各高校的军地联合文件的抬头一般是“国务院、中央军委”、“教育部、中央军委国防动员部、政治工作部”（2016 年军改之前为解放军总参谋部、总政治部）和“教育厅、省军区战备建设局”等。因此，提高高校国防教育师资的军地统合力，需要进一步厘清各方职责权利。

探讨高校国防教育师资建设，不能忽视教师、院校（培养院校、用人院校和军事院校等）、国防教育学术性组织和军地机构主体的力量。先从教师主体谈起。

一、高校国防教育教师

高校国防教育存在一个认识误区，即是谈到师资建设，一定是教育行政部门和院校的任务。师资水平高低，的确与其有关联。但教师在师资内涵发展过程中起内因性作用。因此，应注重发挥教师在高校国防教育师资质量提升中的基础性作用。为此，要特别注重教师的“双向多元”建设①。对高校国防教育教师而言，内在性的提升自我教育教学效能，做到“学与术”的综合，做到既能适应教学，又能从事国防教育社会服务，还能有效衔接军地多方，提升主体价值，应从以下几方面着手。

（一）增强“全领域”教学能力

“全领域”指的是在国防教育课程内容方面，高校国防教育教师首先

① 应雄：“‘双向多元型’师资建设：地方本科高校转型发展的关键”，《教育发展研究》，2015 年第 19 期，第 40—46 页。

能够教授好国防教育理论课程，并能熟练教授一门或一门以上的国防教育技能课程，就如体育教师既可以教授理论课程，同时也能教授体育技能课程。由此，才能增强国防教育在高校的活动空间和话语权。目前的高校国防教育课程内容体系的确出现了多种多样的国防教育技能课程，处于课程大发展的萌芽状态，从 2014 年开设至今的全国学生军事训练营的训练项目中可以窥之。在 2018 年第五届全国学生军事训练营的项目中，包括了军事五项、机器人、识图用图和无线电频谱管控等项目。如果高校国防教育教师继续囿于理论教学领域，而不在技能教学领域有所突破，势必会弱化队伍的专业性，一个直接的结果就是体育教师进入这一领域。然而，从高校国防教育师资专业化建设角度看，这不是一个好现象，正如国防教育教师教授体育课程一样，本质上都不利于双方发展，扰乱各自发展轨迹。之所以会如此，根本上是因为国防教育与体育教育存在区别。

除了“理论和技能”的全领域之外，就理论课程本身而言，高校国防教育教师也要拥有“全领域”能力。这主要指的是在理论课程教学中，某一教师只能讲授某一内容，而对其他内容了解甚少或基本不了解。在师资专业化程度较低的当下，这种情况非常多。这也是为何强调多学科背景的原因之一，前文已提到过国防教育课程内容庞杂性特点。问题的关键在于相当多的教师止步不前，在有“配合”的情况下，不愿意去接触和学习不熟悉的教学内容。诚然，“全领域”并非要求教师在所有教学内容上都是专家型研究人员，但至少应能满足基本教学。唯有如此，才能更好地把握课程体系。今后，无论大纲如何修改、修改周期长短如何，构成国防教育课程的内容依然众多，国防问题的综合性决定了课程内容的庞杂性。因此，提升高校国防教育师资水准，就教师主体而言，首要任务是要提升包括“学”与“术”在内的双向的“全领域”教学能力。

（二）培育问题分析能力

高校国防教育教师的问题分析能力，包括对教学内容的问题分析能力和教育教学过程中发现的教学问题的分析能力。2007 年至今，大多数高校的国防教育课程内容未有大改，但现实环境却已发生变化，甚至是根本性改变。高校国防教育新教师和专家型教师的知识结构未能及时顺应环境的变化而更改，对课程内容的把握较差，问题意识不够。以南海问题中的声索国为例，2015 年，外交部正式承认纳土纳群岛属于印度尼西亚。此声明在国防教育课程内容中的直接影响就是原先南海声索国的“六国七方”变成“五国六方”。但至今，仍有教师依然坚称“六国七方”。无独有偶，有关钓鱼岛问题，国内相当多的自媒体理解有误，但相当多的教师照搬照抄至课堂，造成不同程度的负面影响。

随着社会发展的多元化和加速化，高校新生群体特质已潜移默化地有所改变。然而，高校国防教育课程教学却没能对此做出调整。综合性大学和专门性大学、“双一流”高校与其他高校、本科和专科高校的学生，都有着各自的质的规定性。根据近五年教学观察，大一学生对国防教育课程的关注度有所下降。这与近年高校公共课程过多，学业压力较大有关，但教师不足则是根本原因。类似问题，应进入高校国防教育教师的问题视野。此外，2012 年至今，在线开放课程建设如火如荼，也有一些国防教育（或军事理论）在线开放课程，但在不同的课程管理模式下，学生反应大相径庭。对此类问题，教师也应当及时关注，但事实却相反。

（三）提升学术交流能力

分析高校国防教育课程的学术性，也应从两个角度考量：国防教育教学的学术性和国防教育课程内容的学术性。前者是教育学（或国防教育学）内容，后者则是诸如国际关系学、军事学和历史学等内容。多年来，这两方面的学术性并没有提升，学术低端化或学术缺失是不争事实，可从国防教育学术研讨会、参加研讨会的人群特点和研讨成果分析。

全国性国防教育学术研讨会，以 2017 年 7 月在中央财经大学举办的首届中国国防教育学年会为代表，2018 年 7 月在吉首大学举办了第二届中国国防教育学年会。各省市级的国防教育学术研讨会，主要由各地区组织。以江苏省为例，每年均有 1—2 场国防教育学术研讨会。然而，研讨内容依然停留在示范课教学；在探讨如何教方面，仅限于教法。

国防教育学术会议无论是全国性抑或是省市级学术研讨，参会人群的属性差异极大，主要人群为高校国防教育教师、体育教师、思政教师、保卫学工等行政人员、图书出版人员、其他专业学科教师等。由于学术语境不同，甚至部分人员并不具备学术条件和学术研讨力，导致研讨会上常是老生常谈的问题。而其他学科的学术研讨会一般不会如此。

从研讨成果看，一般是报告和论文，但多数报告却是工作报告和经验总结，甚至是工作预案，不符合学术报告的基本要求。提交的学术论文也同样存在把工作经验、报告和预案作为论文的情况，且有相当多的论文不符合学术范式和学术规范，查重率高，观点不明。大多形而上地提出要建立国防教育学学科，但少有从微观视角探讨国防教育学学科建立的方方面面。对国防教育学的学术认识，大多数参会人员忽视了国外国防教育，由此也带来了学术探讨上的国际性缺失问题。从而导致国防教育学学科缺少学术积淀，难以创生也就在情理之中。

因此，欲提升高校国防教育教师水平和师资层次，必须要从根本上认识到高校国防教育教师的主体性。以提升高校国防教育教师的“全领域”教学能力为基础，扩大教师队伍；以增强“问题分析”能力为纽带，提升教师的教学感知力和教学效能感，夯实教师的教育教学主体意识；以扩展“学术交流能力”为重点任务，把高校国防教育课程提升到学术高度上审视，突破单一的课程限制，迈向专业和专业化发展道路，为国防教育学学科创生打下坚实基础。

二、高校

作为高校国防教育师资个体，其教育教学水平高低，既取决于业务能力的自我提高，也取决于包括高校在内的外部力量支持。而作为群体的高校国防教育师资的教学科研水平，则更加取决于外部力量的影响。在突出强调高校办学自主权的今天，高校权力越来越大，领地范围也越来越宽。然而，高校“不由自主”地警惕着高校国防教育师资“爬进”领地，在迫不得已的情况下，宁愿让高校国防教育师资“骑墙”。结果，师资真的采取“骑墙战术”：当利于教师个体的“好”发生时，教师选择转行；当利于教师群体的“好”（如主管部门的利好政策）发生时，教师群体会选择与高校“谈判”。无论是高校“骑墙”，还是师资采取“骑墙战术”，从根本上看，都是高校未能在高校国防教育师资建设过程中摆正地位。

（一）以创新思维理顺校内机制

“打扫干净屋子再请客”，这是新中国外交工作的指导思想。只有“打扫干净屋子”，请的“客”才能待的顺心。现实的高校国防教育师资招聘中，存在三种情况：一是为了应付上级军地单位联合检查，或是上级国防军事单位、教育行政部门的单独检查，而临时招聘高校国防教育师资，这是多数高校的招聘初衷；二是院校党政领导班子，尽管没有上级督评要求，但能意识到师资建设的必要，而招聘或选聘教师；三是基础较好的院校，如西安交通大学等高校，从师资建设的正当出发，梯次性地招聘教师。不管是哪种情况，至少在形式上，使得高校国防教育师资尽可能的满足上一节提到的第二个层次涵义。但问题的关键是，近十多年招聘或选聘的、仍在国防教育教学岗位的教师，是否与其他学科教师一样“享用”正常的工作氛围，能够在校内机制下共同发展。答案基本上是否定的。

其主要表现在六个方面：（1）招聘或选聘时明确为教学岗位，但最终是非教学岗位；（2）招聘或选聘时已明确为非教学岗位，但在具体工作中，安排大量的教学任务，却不能领取相应的课时酬劳，或被要求与其他非教学岗位同事平分酬劳；（3）无论是何种岗位，所在的二级单位并非院系类教学单位，而是行政职能部门或体育部、基础部等直属单位；（4）即使是安排在院系类教学单位，如人文学院、马克思主义学院等，却无法保证专业发展空间，或需长期兼行政杂务，处于学院边缘；（5）教务、人事、社科部门无法按照教师标准对待，在教师评价、评奖评优、课题申报和职称安排等方面予以忽略，或选择性忽视；（6）校内整体话语权缺失，缺乏意见反映渠道，成为事实上的“无人孤岛”。

以上六个方面，是当前已有的师资存量基本都会遇到的棘手问题。解铃还须系铃人，问题解决的关键依然是看院校本身的安排。关于这点，后文将详细论述。

（二）以开放思维认识高校国防教育师资属性

“夫冰炭不同器而久，寒暑不兼时而至，杂反之学不两立而治”①，事物性质决定了事物位置。“冰炭”“寒暑”和“杂反”尽管是辩证统一的三对矛盾，但在特殊的环境下，却是对立转化存在的。在实际的高校国防教育师资建设中，存在一对本质并非对立，但却被实践成对立的概念：高校教师和人民武装工作者。对那些被明确为教学岗位的高校国防教育教师而言，这种对立带来的问题更多；对那些被明确为非教学岗位的高校国防教育教师而言，这种对立带来的问题则相对较少。但无论是教学岗位还是非教学岗位，这种对立都造成了工作的障碍和困惑。高校教师是相对于高校职员而言的，却同属于高等教育系统；人民武装工作者是相对于军人而言的，同处于国防建设系统中。两个系统是相对独立的系统，长期以来，提到人民武装，就是“双拥、征兵和人防”等事务性工作，但却非教学工作，而高校国防教育教师本身也是人民武装工作者。由此形成的认识误差，直接导致院校经常将高校国防教育教师想当然地理解成非教学人员，即使已经确定其为教学岗位。然而，人民武装领域也存在着教育教学活动。因此，高校，特别是高校领导层，要从高校所属的社会大系统角度，把握高校国防教育师资的特殊性，从军民融合和国防建设视角，审视高校国防教育师资的综合属性与价值。

---

① 出自［战国］韩非子的《韩非子·显学》。

高校除了要为国防教育师资提供基本的工作环境之外，少数高校还承担着培养高校国防教育师资的职责，是培养后备师资的中流砥柱。对具备培养资质的院校而言，在后备师资培养方面，以开放的思维认识师资属性，一是要加强与国防军事单位的合作，合理借助校外力量做好后备师资培养，二是要利用好校内多学科优势，在师资培养中突出上文提到的多学科背景特点，满足院校国防教育实际需求。对军校而言，要主动加强与后备师资培养单位的力量整合，弥补高校在后备师资培养方面的力量不足。

（三）以协同思维对待高校国防教育师资发展

在后备师资培养方面的军地院校协同，本质上是协同思维的一部分。同样，军地院校以协同思维对待高校国防教育师资发展，就是要为高校国防教育师资的专业化发展培育环境，使得高校国防教育师资的专业化成长在正常轨道上。以协同思维对待师资发展，主要是指高校能从以下两个方面促进师资的专业化成长。

一是在学校发展与师资发展上协同。客观上看，学校发展的本质是师资发展，师资发展是学校发展的基础。正所谓“大学之大，非大楼之谓也，大师之谓也”。师资质量始终是学校发展中的永恒话题。但落到高校国防教育师资发展上，从实际情况看，一方面，学校没有过多关注专业化提升；另一方面，高校国防教育师资的专业化发展，似乎的确不能对学校发展起主推作用。因此，这一协同的实质，是学校发展的同时，不忘高校国防教育师资发展，而非造成师资发展的“悬崖”和“断裂”，从而导致课程教学的弱化。

二是以军民融合促进师资协同发展。长期以来，高校国防教育师资专业成长缺少宽阔的社会平台，造成“自娱自乐”和“自我封闭”式发展，实际上是“萎缩”。然而，正如在第一章中提到的那样，高校国防教育师资发展的制度语境之一就是军民融合战略。高校要以协同思维，为高校国防教育师资服务军民融合创造必要条件，如人员结构调整、经费落实、机构调整和安排等方面。江苏省在落实国办发［2017］76 号文件时，提到有条件的高校要建立学校军民融合协同发展机构。其根本目的是希望在“民参军”和“军转民”的过程中，发挥高校国防教育师资的多重价值，以此促进师资专业化发展。

三、国防教育学术性组织

经过几十年的建设，现在有着各类推动高校国防教育开展的团体。如各省成立的国防教育工作委员会、省高教学会国防教育研究分会、军事课教学指导委员会，以及由中央财经大学和吉首大学于2017年发起的中国国防教育学联盟等，这些组织大多是高校间自发组织的联合体。尽管诸如工作委员会的机构，并不完全以学术为主导，但也承担了一些学术活动。从历史唯物主义的视角，遵循发展的眼光，也可称之为国防教育学术性组织，在师资发展方面承担了一些作用。

（一）促进各高校国防教育师资的深度融合

江苏省军事课教学指导委员会曾设想建立江苏省国防教育虚拟教研室或军事理论虚拟教研室，其设想的渊源就是省内专职教师过少，不利于形成合力，各自为战难以发挥出整体效应，在各自校内处于事实上或可预见的“边缘化”地位。因此，为发挥合力，形成有力团队，其设想依靠江苏省高教学会国防教育研究分会的力量，建立虚拟教研室，并逐步增强对教育行政部门和省军区主管部门的话语影响力。类似的想法，也在其他省份出现过，从预期效果看，的确比“各自为战”的效果要好。虚拟教研室的本质部分就是学术联合体。因此，建立或加强国防教育学术性组织建设，是有效加强高校国防教育师资建设的关键之一。

各高校国防教育师资，可以在虚拟教研室等学术组织中，就国防教育课程教学和各自院校的发展障碍做充分交流；可以在课程教学中，立足地域联系，形成有效支援，增强群体间的相互了解；可以在日常交流中，形成优质师资的集聚，为后备师资培养打下伏笔；还可以此影响教育行政等主管部门的决策，为师资发展建立话语权，从不同程度上保证高校国防教育师资与其他学科师资处于相对平衡的发展境地，从根本上形成各自学校师资发展的良性循环。

（二）在主管方与院校之间形成纽带

由于高校办学自主权的日益增加，诸如职称评审等方面的权力，已大都下放至高校，一方面，促进了各高校自主发展，增强了办学活力；另一方面，也减轻了教育行政部门的压力，使其可以更多地关注院校整体发展和外部环境的优化。但在高校国防教育教学方面，“主管方”显然还包括国防军事单位。然而，国防军事单位和高校不属于同一系统，难以对高校进行实质影响，尽管教育行政部门和国防军事单位联合下发的文件，高校也会在不同程度上执行，但更多的是执行教育行政部门的指令。这并不是说国防军事单位的意见不重要，甚至在国防建设领域，有时当以国防军事单位的意见为主，而教育行政部门仅是从教育系统的统一性角度予以配合。现实情况则是，高校大多“不买账”。即使在征兵工作方面，高校也表现出应付。有效改变这一情况的措施之一，就是重视学术性组织的力量。

学术性组织可以影响高校国防教育师资，官方压力和学校抗力之间也需要缓冲地带，以保证官方权威和行政机制的有效，也为高校“反应”提供了基本的“反思”时空。这也是部分高校近年来调整对国防教育学术性组织看法的原因之一，当然，也与高校服务社会以及强调智库建设等外部环境有关。由此，部分省份的高校国防教育师资培训班，已交由研究会、学会和教学指导委员会等学术性组织或部分带有学术性质的组织承办。这是提升师资整体水平的途径之一。

（三）增强国防教育学术研究氛围

国防教育学术研究氛围低下，要提高国防教育学术研究氛围，关键还是要看师资本身，但师资的内在动机也需要外在动机的激发和配合。就目前情况看，高校难以为高校国防教育师资的学术研究氛围提供动力。因而，要强化和巩固师资的内在动机，主要寄希望于高校外的学术环境。然而，国防军事单位的学术组织与高校国防教育学术组织之间缺乏畅通的交流渠道，从军事学术刊物几乎不会刊登地方师资的文章中可以窥见一二。因此，有效增强高校国防教育学术研究氛围，只能依托现有的如上所述的学术性或部分带有学术特性的组织。虽然目前并不能对现有的国防教育学术性组织的效能给出较好的评价，但至少在功能预期上，可以实现增强学术研究氛围的目的。

当然，从现有的国防教育学术性组织或准学术性组织的运行来看，需要厘清教学与学术的区别与联系，防止单纯地把学术等同于教学，以此促进学科创生和学术水平提升。教学包含学术，教学学术是学术的一部分，学术对教学有提升和促进作用，但教学不等于学术。不区分二者，会降低国防教育的学术性，同时也会致使二者的有机联系变成机械联系，导致国防教育学术在低层次徘徊。同时，必须重视学术活动设计和常态安排，仅依靠年会和论坛等难以实现学术水平的跨越式发展和发挥后发优势。只有设计“网格化”的学术联系，在现有学术基础上，培育学术区域和学术单位，才能从根本上促进国防教育学术的有效展开。

四、教育行政部门

从理论上看，教育行政部门对高校国防教育师资建设有着直接责任和推动力。因此，教育行政部门的建设价值和作用，要从根本上予以重视。从当前的教育行政体制看，直接的建设主体是教育部体卫艺司和各省（市、自治区）的体卫艺处。按照属地管理原则，各地体卫艺处直接管理各高校国防教育，体卫艺司较少参与对各高校的直接管理。教育行政部门对高校国防教育师资建设的管理，形式上是行政命令，因而具有第一位的管控力。

（一）督评高校国防教育师资建设

依靠高校自觉，建设国防教育师资，对大多数高校而言并不现实。即使有教育行政部门和国防军事单位的要求，多数高校依然处于应付状态。院校国防教育师资建设同样不能仅靠教师努力，处于边缘化的高校国防教育师资很难在院校中争取到合适的行政和学术权力。因此，只能结合国防建设和政治安全需求，依托教育行政部门与国防军事单位。尽管现实情况不乐观，但并非说这种依托不重要或没有价值。从院校“应付”，可见其作用力。如江苏省2011年开始的军事课督评，直接推动了一些院校建设国防教育师资。2012年的督评再次带动了院校对高校国防教育师资建设的重视，尽管部分高校的重视仅落实在文件上，但也与后备师资补充不足有着很大关系，南京师范大学、南京航空航天大学、南京理工大学等院校就是始终无法补充到博士层次的师资，南京医科大学康达学院等院校连硕士师资也补充不到。但总体来看，相比此前有所进步。

教育行政部门督评高校国防教育师资建设，主要是从师生比、师资待遇、团队建设等方面进行。现实中也存在一种声音：对高校国防教育师资建设的行政指令，是否越俎代庖，干涉了高校办学自主权。实际上，这是对行政指令和办学自主权的误读。高校办学自主权，不是强调高校不承担应有的社会责任和国家要求，忽视社会大系统对高校分系统的能量互通要求。对高校的行政指令是高校正常发展的条件之一，有利于高校保持正确的政治方向。突出强调高校国防教育师资建设，正是对师资建设弱化的政策补救。

（二）促进院校国防教育正规发展

院校国防教育的正规发展，需要教育行政部门的干预。之所以表现的不太正规，根本上看，还是教育行政部门的正常干预过少。

尽管1985年军训改革以来，大学生要接受军事训练是国家要求，但在相当长的一段时期内，相当多的高校没按要求执行。2007年后，部分高校才开设了理论课程。即使在近年，由于军改等原因，少数高校由于无法对接到相应的承训部队而暂停军事技能训练，部分高校至今不能落实国防教育课程进人才培养方案的要求，教育行政部门也未进行有效干预。这些均是干预过少的表现。

由于国防教育是在体育、卫生、艺术之后，进入体卫艺行政部门的工作范围，部分导致国防教育的话语权不强。因而，当教育行政力量忽视了国防教育后，行政指令自然而然也就减少。对比体卫艺部门下发至高校的有关国防教育的文件数量与有关体育、艺术的文件数量，就可以清晰地发现有效干预过少。

特别要指出的是，当院校未按既有文件要求建设高校国防教育及其师资时，且当教师群体请求教育行政部门督评时，出于教育行政部门与院校的“现实关系”考虑，以及具体负责人在教育行政部门的“地位”等原因，也难以看到相应的有效干预。这也造成高校在感受不到应有压力时，有意无意忽视师资建设。因此，教育行政部门的有效行政干预，是促进高校国防教育师资建设的关键。

（三）协同执行国防军事单位要求

教育行政部门行政指令过少的可能原因之一，在于教育行政部门的部分人员未从根本上意识到高校国防教育对国家防务建设的作用。即使其分管国防教育工作，也难以从行动上落实。在少数省份的确存在这种情况，表现为教育行政部门和国防军事单位在高校国防教育工作方面存在分歧，由此造成相互间的工作障碍和阻力，严重影响属地高校国防教育师资建设。从根本上看，教育行政部门的国防教育职责，是国防军事单位围绕国防建设任务，对院校做出的任务分解，由教育行政部门协同执行。教育行政部门则是结合任务分解，立足属地高校实际，协调推动。既不是由教育行政部门搞“一言堂”，也非国防军事单位把高校当成“自留地”，而是在教育和国防建设实际之间取得基于防务需求的最佳平衡点。因此，教育行政部门要协同执行国防军事单位的要求，但也不是完全执行国防军事单位的要求，因为国防军事单位对院校的了解，相比于教育行政部门要差。因此，教育行政部门的协同执行也是协调执行。但协调执行并非是选择性执行，更不是不执行，至少要保证基本的执行领域，这就包括高校国防教育师资建设领域。

因此，教育行政部门促进高校国防教育师资建设，根本是要回归教育行政部门的“本位”，不缺位、不越位、不窜位。

五、国防军事单位

现代国家多是文官制度，国防单位属于政府架构，如国防部属国务院架构。军事单位则属于军事系统管理，与政府系统相互区别。因此，国防单位和军事单位属于不同的归口系统。但从国防教育的特点和属性来看，围绕高校国防教育师资建设，可把国防单位和军事单位归为一类主体。

（一）督评师资符合国防建设标准

在各建设主体各自为战的情况下，师资建设实质上处于无序状态。直接结果就是高校国防教育师资的教育教学水准始终在低层次徘徊，师资质量好坏完全依赖师资主体的自觉，但师资主体的自觉并不必然导致正向结果。由于国防教育教学内容的多学科特性，单纯依靠师资主体的自觉，不能保证师资能够掌握诸多教学内容，特别是与国防军队建设有关的内容。由于军地系统的相对独立性，师资难以掌握全面的知识体系，仅靠盲人摸象式的个体或群体自觉，难免差强人意。因此，高校国防教育师资的教学水准能达到何种程度，如何达到这种程度，怎样评价是否达到了规定程度，都离不开国防军事单位的作用。当然，国防军事单位并非是单凭主观和非体系的安排，而是需要相应标准来判定。因此，建立一套适切的标准体系，既是教育行政部门的任务，也是国防军事单位的内在职责。

当规定的标准体系形成后，国防军事单位应联合教育行政部门等主体，对高校国防教育师资建设进行标准督评。一是督评师资是否达到规定要求；二是督评高校是否为师资建设创造了基本条件。因此，目前由教育行政部门和国防军事单位联合推行的高校国防教育督评制度是题中应有之义。但教育行政部门由于是属地高校的主管单位，可能存在着“庇护”。因此，围绕推进高校国防教育，探讨国防军事单位对教育行政部门的督评规则，也是必要的课题。若是考虑到军地系统的相互独立性，甚至在不同程度上存在着事实排斥情况，是否可以考虑基于国防部门的政府性，将国防部门的价值有效设计和放大，以此平衡教育行政部门、高校和军事单位的相互关系，或许是可能的路径。就当前而言，应在各级国防教育办公室机构基础上，探讨相应建设机制。

（二）为师资建设提供创造性平台

在督评师资建设符合国防建设标准的基础上，国防军事单位应进一步为师资建设提供创造性的发展平台。考量其他学科，其师资发展已内化到专业发展和学科发展中，少有需要单独考虑师资发展的情况。这主要是由于这些专业的师资教学素质与其学术素质紧密结合在一起，在客观层面上，即使在教学中，这些少数专业教师教学水平较低，一般也与其教育教学能力有紧密联系。换句话说，在这些专业的师资建设中，几乎不用考虑教师教学内容与科研内容的脱节。但在高校国防教育师资建设中，学术研究氛围不够和水平低下，因此，高校国防教育师资的科研情况并不能和教学过程形成良好匹配。教学水平的高低，一方面同样取决于教育教学能力，另一方面也依靠教师自觉。然而，教师自觉需要上述建设标准加以规范，同时也要国防军事单位提供创造性平台。

创造性平台之一，是将经过处理的优质国防和军队教育教学资源，提供给高校国防教育师资。现实中，高校国防教育师资在教育教学过程中的阻力之一在于缺少准确详实且可持续的素材供给，即使是一些敏感度低的教学内容，由于地方院校积累极少，而军校的相关教学和研究积累多，从而也需要军校等国防军事单位支持。对于那些敏感度相对不高，但专业性较强的内容，如现代战争理论等，存在着同样情况。创造性平台之二，是要在国防军事单位学术人员和高校国防教育师资间形成共建，以此支持创造性平台之一的实现。结合当前高校国防教育师资的学历层次整体低下，且缺少硕士、特别是博士培养点的现实，可以探索如何形成包括共建关系在内的培养制度。创造性平台之三，则是要在以上基础上，创造军地融合的学术平台，使得军地隔阂在研究内容趋同环境下，打破壁垒。

（三）影响和管理高校等建设主体

国防军事单位在与教育行政部门协同督评高校时，也应加强高校的内在积极性，促进督评效果。较为有效的做法是开展高校领导国防教育培训班，国防大学开展的高校领导干部国防教育培训班起到了重要作用。各期培训，基本上是分管国防教育的校领导参加，尽管培训周期短，但对高校领导来说认识上有较大提高，甚至是质的提高。火箭军学院、陆军装甲兵学院等军校也对高校处级干部开办了相应培训班，对提升院校中层干部的国防教育意识也起了较大作用。但就当下整体情况看，院校主体意识依然不明显，动机依然不强烈。因此，必须进一步影响和管理高校等建设主体。

区分“影响”和“管理”，是因为部分国防军事单位对高校没有管理权，即使与教育行政部门协调，也以后者为主，由后者发出要求。如装备部门与多数高校无业务来往，即使是与少部分工科院校也仅是业务联系，无上下级关系。因此，谈不上管理，但可以通过项目影响高校，因而有必要区分“管理”和“影响”。事实上，如上文所述，最适切的管理单位，应是国家国防教育办公室。

六、其他主体

除上述师资建设主体外，对高校国防教育有一定的管理和影响力的主体，还包括各级宣传部门和全民国防教育委员会。这些主体在实际的高校国防教育师资建设中，表现不多，但并非不重要。

（一）从党管武装角度促进师资建设

“坚持党指挥枪，而不是枪指挥党”，这是我国国防建设和军队建设的重要宗旨。“坚持党指挥枪”，根本上是要反对“军队国家化”言论。我们的武装是党在革命战争年代的枪林弹雨中成长起来的人民民主专政的有力支撑，是实现民族崛起的可靠保证。武装工作始终围绕党的要求进行，是不变的宗旨。高校武装工作，以及处于高校武装工作范畴中的高校国防教育师资建设也概莫能外。因此，在国办发［2017］76号文件中，明确提出“坚持党管军训”的基本原则。

从现有高校国防教育师资建设的实际来看，高校外部的主体——政府和国防军事单位的影响逐步加大，党口部门的影响相对较少。即使各级党委宣传部门提出一些要求，但高校的执行力度不够，难以形成持续性效力与合力。但党委和政府部门的齐抓共管，无论如何是一个有效办法，这也是76号文件提到的五大原则中，首条即是“坚持党管军训”的原因之一。

（二）凝聚其他政府部门的可能支持

党委部门在加强自身建设中，可以有效督促政府提高执政效能，从党建视角，对各级政府形成有效监督和制约。此外，各级全民国防教育委员会是由各级政府相关部门共同组成的机构，是促进全民国防教育建设的议事单位。这是上述六类主体无法实现的情况，它们更多的只能在自身领域具有一定的强制力和执行力。因此，至少在当前，各级全民国防教育委员会是在政府职能疆域内，促进国防教育开展的唯一的综合性机构，与宣传部门相互支撑。

一个不争的事实则是各级全民国防教育委员会对各类文件落实情况欠缺督查。以文件执行文件的现象较为明显，难以受到执行主体的事实认可。下文对此有所分析并提出解决策略。但无论如何，各级全民国防教育委员会是推进包括高校国防教育师资建设在内的全民国防教育发展的有力结构体。随着全民国防教育和高校国防教育的建设和发展，也会有其他主体产生。无论是哪种主体，理论上都对高校国防教育师资建设具有相应作用。

第三节　建设边界的形成和扩张

厘清了高校国防教育师资的基本内涵和六类建设主体后，基本明确了在促进高校国防教育师资内涵有效形成过程中各类主体的基本作用。显然也发现了各类主体存在“作用重叠区”或“作用效能叠加区”。正是在类似的共性区域，才能形成建设合力促进师资建设。也正因为存在诸多共性空间，高校国防教育师资建设的多领域、多主体优势才能展现。然而，通过上述分析，也清晰地发现各主体在共性场域上未事实形成有效建设合力。因此，一个重要的理论任务，即在上述分析基础上，弄清各类主体之间在有关高校国防教育师资建设上存在的相互边界关系。只有从理论上弄清各自的位置和关系，发现共同的边界区域，才能在实践中发挥各自的叠加效应。

为了论述不凌乱，也不与前文重复，下文将围绕高校国防教育师资建设的目的体系展开，探讨在实现目的过程中，各主体如何形成建设的边界区域。

一、实现师资建设的标准化、均等化和国际化

高校国防教育师资建设的标准化主要是从师资常态建设角度而言的，是要在充分论证和设计上，实现师资建设质量的可控。即使是不同类的培养单位和师资的不同来源高校，其师资建设基本标准应相接近，也就是说，创设一套所有高校国防教育师资都必须达到的基本标准。均等化建立在标准化基础上，是高校国防教育师资整体质量至少不低于其他学科师资，确保与其他学科师资处于同一对话平台。国际化则是以均等化为基础，只有实现均等化，高校国防教育师资整体具有国际对话水平，才能实

现形式上的国际化。内涵上的国际化则需要高校国防教育师资与国外同行保持交流。因此，标准化是均等化的前提，均等化促进再标准化，同时借由标准化上升至国际化。在高校国防教育师资建设的标准化、均等化和国际化过程中，可探讨各主体的共同边界区域关系。

（一）关于师资招聘的边界区域关系

标签效应是人力资本理论的基本概念。作为后备师资主体（T－p 主体），招聘时应展现与国防教育教学有关的标签，这些标签是 T－p 主体逐步形成的，使其在人力市场被鉴别。至于如何从无标签发展到有标签和多标签，则是 T－p 主体在边界区域外的事务。因而，在边界区域关系上，T－p主体要拿出标签。在职前教育阶段，培养单位外的高校主体（U 主体）对标签形成没有主要责任，但要鉴别标签。学术性组织（S 主体）无需鉴别标签，在职前教育阶段提供学术环境。教育行政主体（E 主体）、国防军事单位主体（NM 主体）与其他主体（M 主体）不需要协助扩展标签和鉴定标签，而是监管 U 主体是否有效对待标签涵义，但 U 主体可邀请这三类主体共同鉴别标签。边界区域关系如图 2—1。

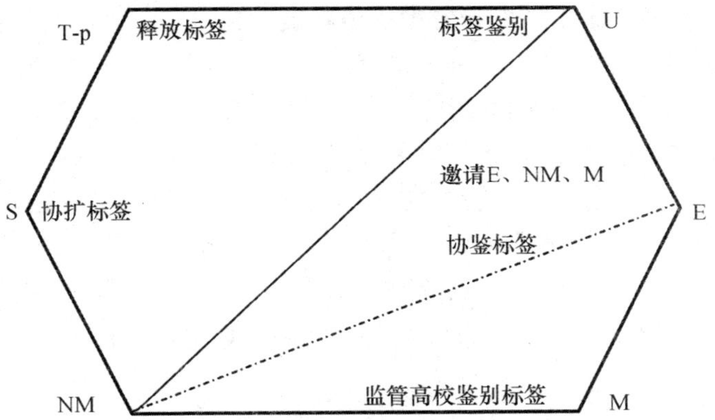

图 2—1　师资招聘时的各主体边界区域关系

（二）关于师资培训的边界区域关系

从 T－p 主体转入高校国防教育正式师资（T 主体），代表标签鉴别的完成。T 主体就转入扩展标签，只有当师资重新遴选（如跳槽、跨区调动等）时，才会再次释放标签。在职后阶段，U 主体已完成鉴别，为 T 主体的标签扩展提供本分协助，只有当师资在校际间重新遴选且有高校接收时，才会启动鉴别。S 主体在职后培训中也可提供学术环境。E 主体、EM 主体和 M 主体则需协助扩展标签内涵，监管 U 主体是否有效对待标签涵义，防止师资退化。在校际间师资重新遴选时，接收 U 主体邀请，合力鉴别标签。边界区域关系如图 2—2。

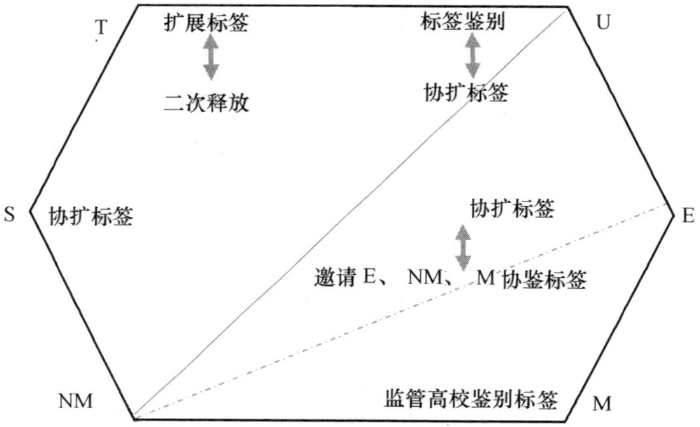

图 2—2　师资培训时的各主体边界区域关系

（三）在师资学术性成长方面的边界区域关系

无论职前职后，在要求提升师资教学能力时，对其科研能力的要求也同步存在。否则，就无法做到均等化和国际化，也与第二节对师资主体的具体分析相左。标签包含教学和科研，相对教学而言，科研水平的提升，并非是 T－p 主体和 T 主体能决定。师资学术性成长，主要是 T 主体（包括 T－p 主体）、S 主体和 NM 主体共同促进，形成边界区域，U 主体、E 主体和 M 主体的作用大小依次递减。但在 T 主体、S 主体和 NM 主体之间，各自对学术提升的贡献大小有所区别。同时，U 主体、E 主体和 M 主体的作用特点也有不同。

由图 2—3 可见，师资学术性成长主要依靠 T 主体和 S 主体的合力，由于国防教育的国防军事学科背景，同样离不开 NM 主体，但学术内容不限于国防军事学科，还包括其他学科，更重要的是如何建立自身学术规范。因此，T－S 区域的面积大于 T－NM 的区域面积。当然，S 主体和 NM 主体之间也存在基于国防军事学科的学术联系，共同促进 T 主体的学术性成长。U 主体之所以处于 T 主体和 NM 主体的线上，也是基于理论和现实的考虑，上述对师资属性的探讨，已经说明此点。由于 U 主体和 E 主体属于从管和主管关系，因而区域面积大于 U 主体和 NM 主体的区域面积。从制度设计上看，今后 U 主体也应接受 NM 主体的单独督察，因而也存在较多

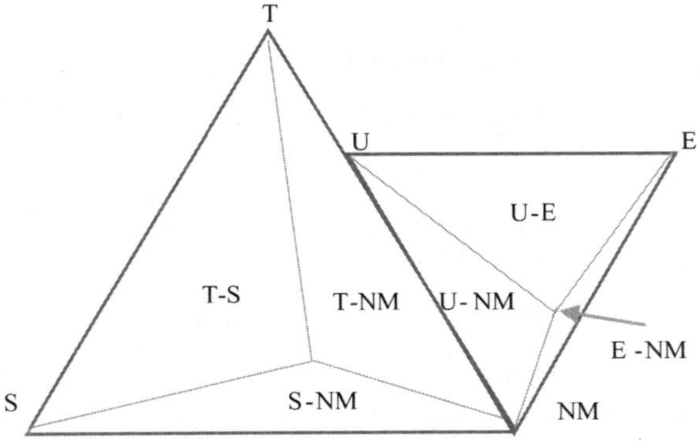

图 2—3 师资学术性成长中的各主体边界区域关系

的面积区域。E 主体和 NM 主体之间基本只存在工作交集，在日常管理上相对独立，因而面积最小，但共同指向 U 主体，U 主体需要同时对 E 主体和 NM 主体负责。

二、实现教育过程的持续力、等效力和国防力

国防教育过程的持续力是高校国防教育教学的关键。所谓持续，一是形式上的持续创新，二是内容和内涵上的持续发展。形式上的持续创新，就是要在军事技能训练、讲座和报告的基础上，创新国防教育形式，如增加实践教学和现地教学项目，增加专门性的、适应未来国防和战争要求的理论和技能课程与项目。等效也是在各个教育阶段和过程上的等效，不会出现成效退步，这是纵向的比较过程；等效也是从大部分教育对象的实际改变和提升角度而言的，能满足效果的正态分布，这是横向的比较过程。只有增强了教育过程的持续力，等效力才会相应提升。单纯依靠传统形式和内容，只能从面上形成等效力，但难以形成质的等效力。因此，成效退步与否，与当时当地的安全形势与任务有关，彼时的成效在此时不一定有真正成效。如“新三打三防”和“旧三打三防”，在不同时空内的实质等效力不同。从这个角度上讲，即是要实现教育过程的国防力。教育过程始终以国防需求为导向，立足于国防动员的本质和要求，实现教育与国防的有效衔接。这也是第一章中的第四个制度语境。

可以看出，在国防教育过程的持续力、等效力和国防力综合实现和提升的过程中，本质上是要对教育内容和教育形式实现共同创新，以此促进教育与国防的内在融合，也可对各主体的边界区域关系做探讨。

（一）在教育形式创新方面的边界区域关系

之所以要实现形式创新，根本原因是环境变化。“环境”是对国防教育过程所依托的外界存在的模糊统称。环境的变化，主要表现为：国防内容增多，如无人机、机器人在现代国防和战争中的大量应用；国际间接触越来越多，信息量越来越大，如两国防务部门的密切接触、两军常态化军演等，两国在低敏度领域的务实合作及其范围扩大；教学环境的变化，如AI教学手段的扩展应用，是对90年代的电化教学等的形式拓展；此外，还有师资整体素质的提升等。国防内容增多，要求将理论课程和实践课程提到更高位置，确定好相互的比例关系。国际间接触信息的增多，要求提供更多相互交流的机会，如国际间访学和增进相互了解的项目，教学环境的变化，要求提供更多的现代教育技术资源，满足学习者的感官学习和替代学习需求。

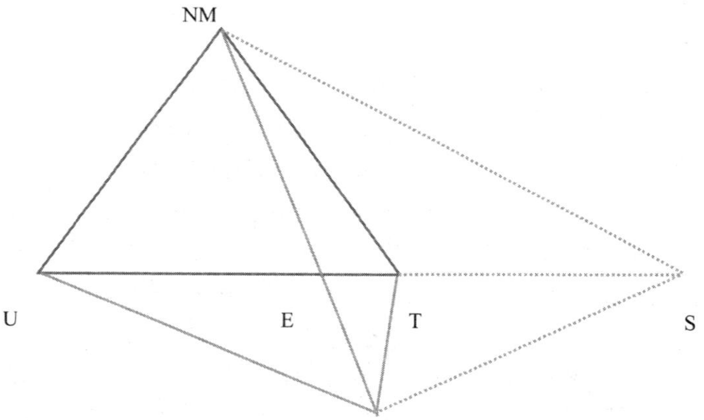

图2—4　教育形式创新方面的各主体边界区域关系

在创新教育过程形式的问题上，各主体对应关系如图2—4所示：（1）U主体、E主体、T主体和S主体处于唯一的关键轴上，表明教育形式创新的关键在教育和学术研究的范畴内，无论NM主体和M主体是否依托党和军队系统，关键还得看教育学术系统的反思和执行；E主体与T主体对应了更多的边界区域，表明二者是形式创新与改革的关键主体，U主体和S主体相对次之。（2）NM主体、E主体和M主体都属于校外权力督管部门，因而是次关键轴，表明了校外权力部门的引导和规范价值；E主体处于中间，表面NM主体和M主体的作用主要通过E主体实现。（3）T主体与 E 主体尽管处于同一关键轴，且对应的区域数量关系相同，但 T 主体与 NM 主体、M 主体能形成边界区域，E 主体却不能，表明 T 主体与 E 主体的属性之别，T 主体更多的是形式执行者，E 主体则是制定者。（4）形式创新的基础在于 E 主体和 T 主体的直接沟通，也就是说，在广义的高校国防教育管理过程中，T 主体能否在接受 U 主体管理的同时，创造性地开辟单独渠道，与 E 主体保持直接沟通。这与前文提到的设立“省级虚拟教研室”有异曲同工之处。

在区域面积，即各边界关系强弱方面：S 主体对应的虚线被作为单独部分，S－NM 的区域面积大于 S－M，表明前者的边界区域关系强于后者；实线部分的关系强弱上，U－NM－T 的区域面积最大，表明今后可以加大国防军事单位对高校与国防教育师资的影响力度，以弥补教育行政部门的督管力量不足。

（二）在教育过程内涵创新方面的边界区域关系

逐渐生变的“环境”要求在高校国防教育内涵上也应有所创新。只有做到同步内涵创新，才能实现持续力、等效力和国防力。内涵革新实质在于改进教学内容。如当前的军事技能训练内容，能否适应未来战争和防务需求，是否在可预见时期内与新兵训练科目相衔接；理论教学内容是否在保证理论性和思想性的同时，把主要国家的变动情况反映到课程与教学之中；理论教学、模拟教学、实践教学是否做到相互配合；技能课程能否体系化，理论课程能否系列化，实践教学能否有规模、有针对；等等。诸如此类，都是对教育内涵与内容的改进。边界区域关系如图 2—5 所示。

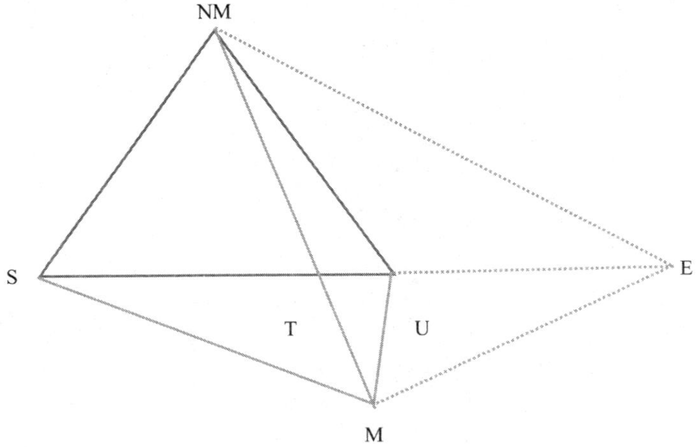

图 2—5 教育内涵创新方面的各主体边界区域关系

与上述边界区域关系不同的是，唯一关键轴的四个主体位置发生了变化：（1）E 主体的作用相对变小，构成独立区域，这与其职能有关；（2）NM 主体、T 主体和 M 主体处于次关键轴，表明在内涵创新上，三者直接关联对内涵创新的功用；（3）U 主体替代形式创新中 T 主体位置，表明 U 主体要提供更多空间给其余四方，因此，NM 主体与 M 主体需督管 U 主体；（4）S 主体的作用被放至更高位置。

在各边界关系强弱上，S－NM－U 的区域面积最大，表明可增强 S 主体对 U 主体的影响，以此弥补国防教育的弱势地位，以校外学术带动校内学术的提高。

（三）在教育与国防内在融合上的边界区域关系

自孙中山先生在《建国纲要》中提出“国防教育”以来，国防教育成为国家政治、安全和教育领域的重要话题。但国防和教育如何有效融合，即国家防务知识和防务能力如何通过教育的手段、机构和资源有所增加与提升，始终是关键课题。国防教育的内在表现机理，应成为国防教育学学术研究中的重要话题，形式结合只是内在融合的前提，不是最终结果。从预期看，教育与国防的内在融合，应在形式与内涵创新的基础上实现，能被有效感知。本质上是国防教育能始终独立的服务于国家间防务竞争，而不是高等教育的附庸；是国防教育能有独立的、包含意识和技能在内的教育内容，而不是高校思想教育的附属。从此意义上讲，高等教育只是国防教育的展现场所之一，高校只是国防教育活动的依托机构之一，只是借助于高等教育过程，实现国防教育的目的。边界区域关系如图 2—6 所示。

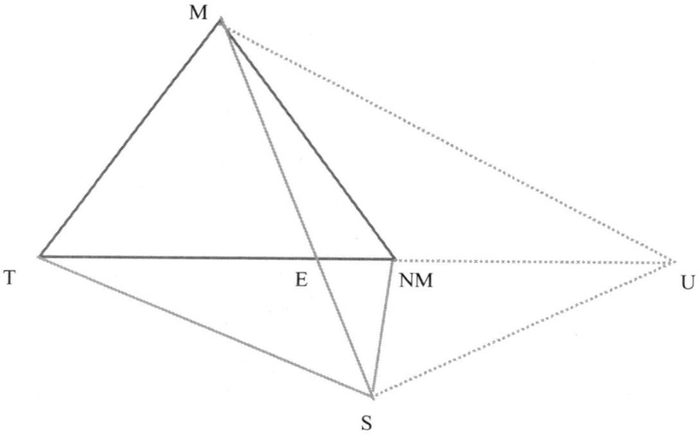

图 2—6　教育与国防内在融合上的各主体边界区域关系

唯一关键轴的主体位置也发生了变化：（1）U 主体的作用相对变小，基于的考虑是在既往融合中，U 主体整体上未表现出基本的促进力，因此，需依托 E 主体、NM 主体和 T 主体的作用，并赋予 T 主体更多自主权，要实现这一点，必须依靠 T 主体、NM 主体和 M 主体的相互作用，因而其对应的区域面积较大；（2）在融合过程中，S 主体与 NM 主体不分伸伯，S 主体如上表述，更多表现出智库价值，因而其对应的区域面积也较大；（3）M 主体、E 主体和 NM 主体处于区域核心，表明要实现有效的内容融合，需要外部权力部门合力；（4）无论如何，U 主体的作用被放至最后，更多考虑的是另外五个主体的边界区域及其关系。

三、实现师资职责的溢出效应、补充效应和全民效应

高校国防教育师资是在高校机构内开展国防教育的主体之一。《中华人民共和国国防教育法》规定：学校国防教育是全民国防教育的基础……小学和初级中学可根据需要聘请校外辅导员……高等学校、高级中学和相当于高级中学的学校应当将课堂教学与军事训练相结合……从理论和现实层面看，中小学国防教育需要在高校国防教育师资达到上述规模阈值前后，对之协助，以弥补中小学师资不足。可将这种协助称为“溢出效应”，是高校国防教育师资在学校范围内的溢出。当中小学拥有相应师资时，高校国防教育师资的“溢出”则是“补充”。因而，可被称之为“补充效应”。针对社区或社会国防教育，由于在制度安排上，已有相应的国防教育讲师团等，因而可将高校国防教育师资在社区或社会范围内的协助称作“全民效应”。实现三大效应的关键在于师资在高校外的顺畅流动。由于涉及高校外的组织，因而多了“组织主体”（O 主体）。

（一）在学校国防教育范畴内的边界区域关系

学校国防教育范畴内，即在大中小学内开展国防教育，主要是高校国防教育师资的“外溢效应”和“补充效应”。由于国民教育各阶段相对独立，要实现两种效应，单纯依靠教育系统并不现实。此外，大中小学国防教育同样受到国防军事单位等主体督管，只是中小学变成 O 主体的一部分。当然，与其他社会组织仍然有所区别，仍然属于国民教育系统的组成部分，因而单独论述，并同样以“O”代表中小学教育组织。边界区域关系如图 2—7 所示。

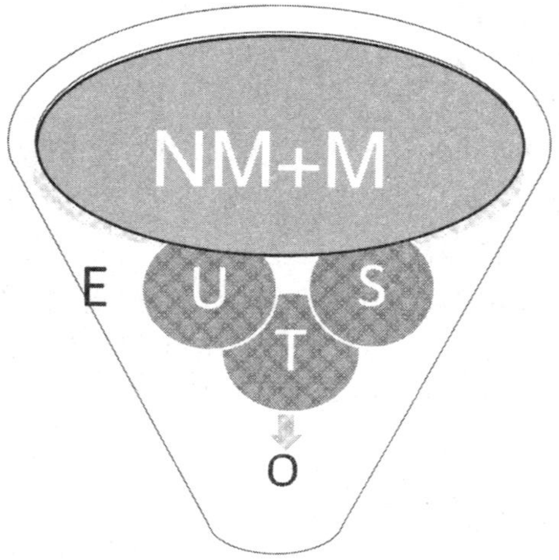

图 2—7　学校国防教育范畴内的各主体边界区域关系

在 T 主体对中小学国防教育“溢出效应”和“补充效应”的问题上，如图所示：(1) E 主体是基础组织单位，各主体都被囊括在内，表明要依托高校国防教育师资增强中小学国防教育，关键是看 E 主体；(2) NM 主体和 M 主体也处于教育行政部门的组织引导下，也就是说，E 主体要依托高校国防教育师资做好中小学国防教育，必须主动借助 NM 主体和 M 主体的力量；(3) 在实现上述前提之下，NM 主体和 M 主体可以对 U 主体和 S 主体形成影响，并通过 U 主体和 S 主体影响 T 主体。也就是说，高校国防教育师资要促进中小学国防教育开展，不是自发行为，而是在 E 主体的统一设计下进行，但 E 主体并不直接与 T 主体接触，而是借助 NM 主体、M 主体、U 主体与 S 主体的影响。最直接对 T 主体起“溢出效应”和“补充效应”的是 U 主体和 S 主体，才能使 T 主体对 O（中小学）主体产生效应。

（二）在全民国防教育语境中的边界区域关系

在第一章分析中，谈到全民国防教育中高校国防教育师资的作用，并指出全民国防教育与高校职能的关系，也分析了高校国防教育师资的“正当”所在。因此，要做好全民国防教育，就不能离开高校国防教育师资的支柱作用。但前提是要在全民国防教育语境中，帮助建设高校国防教育师资，也就是说，建设高校国防教育师资不单是高校之责。但在全民国防教育语境中，各主体建设逻辑如何，却是这里要弄清的问题。边界区域关系如图 2—8。

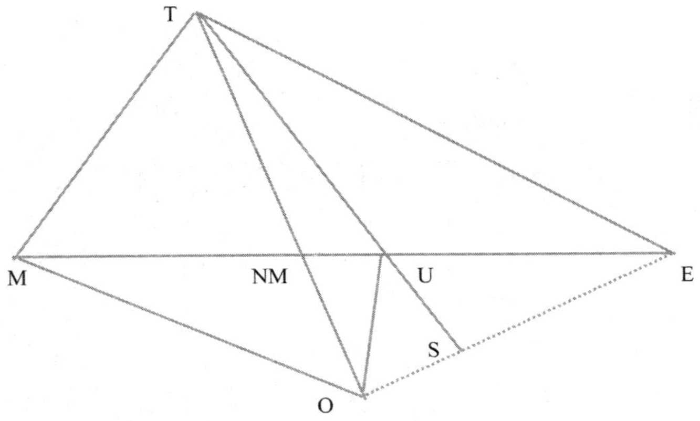

图2—8 全民国防教育语境中的各主体边界区域关系

需要指出的是，“O”不单指上述中小学，而是包括中小学在内的其他社会组织，如企业等。在全国国防教育语境中，各主体在高校国防教育师资建设中的边界区域关系自图2—8可以看出：（1）E主体与O主体的联系相对虚化，这主要是由于全民国防教育并非E主体的主要职责，而主要是NM主体和M主体的职责，但E主体也是全民国防教育的组织单位之一，因而与NM主体、M主体和U主体处于一条轴上；（2）T主体与O主体是教育者与学习者的关系，其直接纽带是NM主体，表明NM主体的直接协调角色，间接纽带是M主体和U主体，表明二者的支持作用，对U主体而言，这是服务社会的体现；（3）S主体仅与T主体有直接关系，表明在全民国防教育语境中，S主体对T主体的建设价值相对较小；（4）相反，O主体的地位提升，对应关系较多，表明在全民国防教育语境中，O主体是师资素质提升的“主战场”，可以增强师资的内涵与外延。

借助于分析高校国防教育师资建设的三类主要目的，在较浅显的层次上尝试理顺了六类主体的各自边界区域关系，从中大概可以看出各主体在师资建设上的主价值。此外，在促进师资的职能创新、师资多学科背景的实现和师资赖以存在的国防教育机构发展问题上，各主体依然存在相应的建设合力，后文将详细论述。下一章将是在弄清师资建设的制度语境和基本内涵与各主体关系的基础上，探讨高校国防教育后备师资培养。

第三章
国防教育研究生教育质量保障体系

前两章对高校国防教育师资建设的制度环境和六类主体的边界区域关系做了较为充分的论述，也就是将师资建设的外部环境和内在逻辑都做了交代。接下来将分别探讨师资职前培养和师资职后培训。本章先讨论前者。

后备师资培养是所有学科发展的基础性问题之一。缺乏后备师资，学科将出现人才断裂；忽视后备师资建设，学科将无法维系。因此，成熟学科在建设时，始终依托学科培育人才梯队。在高等教育实践中，一些专业被撤销，一是专业不能适应社会需求，二是师资队伍建设滞后，难以保证专业培养规模和质量。另一种情况则是，经过长时间培育的某一研究方向，由于主导人员退休或其他各种原因导致的退出，直接致使研究方向消亡，人才断裂是关键原因之一。因此，要发展高校国防教育，师资建设是重中之重，特别是培养后备师资。

高校国防教育后备师资，可以被称为国防教育研究生（下称 NDE 研究生），探讨其培养问题，主要是探讨建立其教育质量保障体系。

第一节　国防教育研究生教育质量生成规律

1985 年第三次全国普通高校军训工作改革试点以来，参训高校逐年增多。在总结成功经验的基础上，自 2001 年起，教育部、解放军原总参谋部、总政治部（以下简称三总部）联合规定军事技能训练为在校大学生必须课[①]。2002 年，三总部规定在校大学生必修军事理论课，且不通过者不

① 2001 年 5 月 29 日教育部、总参谋部、总政治部《关于在普通高等学校和高级中学开展学生军事训练工作的意见》，国办发［2001］48 号。

予毕业①，使高校国防教育统合了军事理论教学和军事技能训练，这给本就匮乏的高校国防教育师资提出了更为严峻的挑战。按照《2003—2005 年全国学生军训工作发展规划》要求②，“普通高校……具有硕士学位的军事教师比例要达到军事教师总人数的 20% 以上”。在此背景下，东南大学等六所院校在高等教育学专业下开设了硕士层次的国防教育研究方向，2003 年下半年开始招收在职硕士生，2005 年开始招收全日制硕士生。近年来，由于高校对国防教育师资的需求较大，个别高校开设了硕士层次的相关专业。南开大学军事学军事思想专业是普通高校中唯一的军事学硕士点，自 2007 年开始招收第一届军事思想专业硕士研究生，年均招生量为 3—5 名，在研究生二年级进入武警天津总队进行为期三个月的军事训练，以提高军事素养。至 2015 年，共招收九届研究生，2016 年暂停招生。部分毕业生进入院校相应岗位。吉首大学 2014 年率先设立国防军事教育学硕士点，同年底成立国防教育研究院，2017 年首批毕业生进入各大院校，专职从事国防教育教学。目前，全国普通高校中虽然没有培养博士层次的国防教育师资，但这并不影响我们将高校国防教育后备师资称作 NDE 研究生，研究生本身就包含硕博两个层次。

相比于 2005 年以前，虽然这一工作取得了突出成绩，但也存在诸多问题，最为根本的是 NDE 研究生教育质量问题，其实质则是要在现有质量基础上，利用既有经验逐步探讨建立 NDE 研究生教育质量保障体系，促进 NDE 研究生教育工作走向专业化、科学化。体系建立原因有三：（1）总结既有教育经验，是尊重十多年来 NDE 研究生教育工作历史的表现，任一研究领域、专业、学科等教育工作，质量保障体系是衡量其成熟与否的关键性指标之一；（2）国防教育是历史性话题，有国就有防且必有防，国是全民国，防是全民防，高校国防教育师资建设严重不足，全民国防教育师资则更不足，因此，规模性的国防教育师资培养必将是和国防同时存在的话题，总结现有经验，探索建立保障体系，开展好后续教育工作是题中应有之义；（3）高校国防教育要适应信息化战争和“大国防”理念的需要，体现出时效性和实效性，就要在形式、内容、目标、方法和途径等方面都要做出相应调整，且调整周期呈缩短趋势，这对一线教育者素质要求有较大的提升，因此，必须探讨建立 NDE 研究生教育质量保

① 2002 年 6 月 24 日教育部、总参谋部、总政治部《关于印发〈普通高等学校军事课教学大纲〉的通知》，教体艺［2002］7 号。

② 2003 年 6 月 20 日教育部、总参谋部、总政治部《关于印发〈2003—2005 年全国学生军训工作发展规划〉的通知》，教体艺［2003］8 号。

障体系。

质量是一种多维度概念，国际标准化组织[①]对质量的定义为：“反映产品或服务满足明确或隐含需要能力的特征和特性总和”。质量概念用公式可以表示为“组织的业绩行为或效果（产品）/顾客的期望值（需要）”，教育质量作为质量的下位概念，同样具有多种界定。NDE 研究生教育质量保障的重点是对 NDE 研究生进行全方位、全过程和全员的管理和监控，其观察对象既包括整体教育质量水平，也根据当前实际，关照个体教育质量水平，相应的教育质量应是个体和集体的总集。为此，NDE 研究生教育质量可被界定为以下三个方面：（1）教育质量是整体概念。有两种整体含义，一是质量是整体教育对象的质量；二是质量取决于教育条件、过程和结果三方面的统一。其中，教育过程质量包含了教学活动本身和 NDE 研究生教育管理两方面的运行质量。（2）教育质量是个体概念。一方面，个体必须质量达标才能有整体质量，另一方面，教育质量是 NDE 研究生教育活动（结果）满足特定消费者（高校、社会、政府等）现实的或潜在的需要的特性的综合。（3）教育质量是 NDE 研究生教育机构活动达到既定教育目标的程度，即 NDE 研究生教育质量是衡量 NDE 研究生教育活动价值的尺度。

质量保障的本质就是对质量进行监控、管理和引导，以及为质量提供各种条件从而达到质量要求所采取的作业技术或活动，是对质量形成全过程实施的监督和控制。而教育质量保障则是为充分实现教育质量目标要求而专门设计和实施的教育质量管理的结构、程序、过程和活动，属于教育质量管理的范畴，并作为一个管理环节提供教育质量保证。NDE 研究生教育质量保障则是指 NDE 教育者（部门）为保证和提高本单位或全国 NDE 研究生教育质量而专门设计和实施的教育质量管理的结构、程序、过程和活动。NDE 研究生教育质量保障体系是质量保障的基本工具，包括质量保障体系的确立、文件编制、实施运行和认证注册四个阶段，共 16 个步骤[②]（本书重点不在于引用 ISO 族标进入本保障体系，只探索 NDE 研究生教育质量保障体系的基本内容）。

---

① 国际化标准组织（International Organization for Standardization，缩写为 ISO）成立于 1947 年 2 月 23 日，是世界上最大的具有民间性质的标准化机构，也是联合国经济社会理事会和贸易发展理事会的最高一级咨询组织。

② 江彦桥等：《高等学校教学质量保证体系的研究与实践》，外语教育出版社，2002 年版，第 20 页。

一、NDE 研究生教育质量的内涵

研究 NDE 研究生教育质量生成规律，首先要搞清质量的内涵，内涵决定规律研究的起点；然后需要弄清影响质量的基本要素，要素决定规律的运动节点或单位，进而探讨质量的生成机制，这是规律的基本运动线路和表现形式。NDE 研究生教育质量的内涵可从目标定位、分解体系和测量评价三个角度阐述。目标定位指出质量的发展方向，具有包容性；分解体系规定了质量承担者的具体层级关系，具有逻辑性；测量评价是对目标定位和指标体系的衡量。

（一）NDE 研究生教育质量的目标定位

“目标定位”和“目标”是相互联系又相互区别的概念。“目标”是对某一活动相对严格的界定，“目标定位”体现出某一活动的总体方向，相对而言，具有宽松性，用在性质还不完全清楚的行为上比较合适。因此，采用“目标定位”比“目标”更适合研究主题。NDE 研究生教育质量的目标定位主要有以下三个方面。

1. 强调“个群结合式”培养

“个群结合式”人才培养应成为 NDE 研究生培养的第一基调。当培养一支或者一种专业队伍时，多数人的假设是：优质个体必然带来优质群体。然而，从个体向群体的发展过程，并不必然遵循这条海市蜃楼般的定律。坚持这一伪定律，只看到个体的显性存在，而忽视个体的隐形存在。比如，一个教学科研能力都较强的 NDE 研究生，在工作中却不一定能促进所在单位的国防教育发展。因此，这不是纯粹优质个体，纯粹优质个体只能在优质群体中产生。然而，大多数犯了非此即彼的二元对立错误的人不能理解这种说法。因为优质群体和优质个体从来就不是平行或者先行后续的关系，而是螺旋演进的代谢过程，群体从来就是缩小的个体，个体从来就是放大的群体。“个群集合式”的质量目标定位要求教育者要将个体质量目标置于群体质量目标中考虑，以群体质量审视个体质量，在量化说明个体质量的同时，必须量化说明群体质量。“个群结合式”的目标定位可被表述为“特定背景下符合高校国防教育和全民国防教育要求的 NDE 研究生”。

2. 强调“双师型”培养

NDE 研究生培养的初衷是为解高校国防教育师资严重匮乏的燃眉之急。从实际情况看，现有培养规模难以达到高校国防教育师资规范化和规模化建设要求。这就表明，应调整当前教育质量的目标定位。如果着眼于既往，而不以战略眼光调整，不仅将导致该类研究生教育的弱化和萎缩，更会导致全民国防教育缺乏有力师资，反过来孤立高校国防教育，使得其缺乏全民国防教育作背景依托，独木不成林，易摧之。因此，NDE 研究生教育质量的目标定位不仅是能从事高校国防教育教学，还要能从事全民国防教育教学，是能在高等教育和全民系统中同时发挥作用的“双师型”NDE 研究生。

3. 强调“领军式人才”培养

各行各业都有“领军式人才”，也都注重培养“领军式人才”，无论是 NDE 研究生的优质个体还是优质群体，都存在领军式个体和领军式群体概念，这两个概念是“个群集合式”中个体和群体的下位概念，双师型培养目标定位更是需要领军人才。从战略角度出发，如果当前教育质量目标定位不注重培养“领军式人才”，同样会导致培养萎缩和弱化，出不了“领军式人才”的领域无论理论上多么让人信服，都难以弥补实践缺陷，必然会让位于其他实践。NDE 研究生“领军式人才”的培养必须以“个群集合式”和“双师型”目标定位为基础，要在培养过程中突出培养，在应用过程中突出应用。

（二）NDE 研究生教育质量的测量评价

NDE 研究生教育质量的测量评价包括测评主体、方法和程序等。测评主体主要是上述建设主体。这里扼要介绍测评方法和程序。

1. NDE 研究生教育质量的测评方法

NDE 研究生教育质量的测评可分为定性测评和定量测评，还包括定量测评与定性测评结合的模糊评价法，此种方法较适合 NDE 研究生教育特点，因为相对其他类别研究生教育，NDE 研究生教育涉及军地多方，因为更适合模糊评价。它是借助模糊数学概念，对实际的综合评价问题提供一些评价方法，以模糊数学为基础，应用模糊关系合成的原理，对一些边界有重叠、不易定量的因素定量化，通过构造等级模糊子集把反映被评事物的模糊指标进行量化（即确定隶属度），然后利用模糊变换原理对各指标进行综合评价。其基本原理是：首先确定被评价对象的因素集和评价集；再分别确定各个因素的权重及相互隶属度向量，获得模糊评价矩阵；最后把模糊评价矩阵与因素的权向量进行模糊运算并进行归一化，得到模糊评价综合结果，最终确定评价对象所属等级。

2. NDE 研究生教育质量的测评程序

其测评程度主要分为五个步骤。第一，确定测评方及人员关系。测评方及人员关系的确定与测评的等级和侧重点相关。NDE 研究生教育主要涉及三级管理方——院校、院校所在省级军地部门和国家级相关部委，与上述边界区域关系的变动类似，测评方不同导致测评主体不同，其余相关方的地位也不尽相同。此外，现今越来越强调社会测评，测评人员关系更偏向社会机构[1]。第二，明确测评背景，建立测评体系。针对特定的 NDE 研究生教育质量测评背景，明确测评目的，选择测评方法，建立清晰科学的测评体系。第三，搜集测评资料。对反映 NDE 研究生教育质量的各种材料进行重点搜集，如测评某一 NDE 研究生的教育质量，应广泛搜集该生入学以来的各种材料，如针对 NDE 研究生群体教育质量进行测评，则应在上述测评基础上，集中搜集能够反映整体质量情况的材料。第四，分析测评资料。根据 NDE 研究生教育质量的目标定位及质量测评体系，对所搜集的资料进行各种方法学意义上的分析，形成关于该次测评的基本印象。第五，做出价值判断。根据 NDE 研究生教育属性，对当时当地的 NDE 研究生教育质量做出基本的价值判断。

二、影响 NDE 研究生教育质量生成的要素

质量生成是产生质量能效的关键，是在成熟的教育管理体系下，教育者、学习者、教育影响三方不断互促，最终体现在学习者达到或超越既定目标。NDE 研究生教育质量来自于三要素有机配合的生成过程和结果，影响 NDE 研究生教育质量生成的要素可概括为教育主体类和载体类因素。

（一）教育主体因素

从微观来看，教育主体因素主要包括学习者因素和教育者因素。其中，教育者因素又可分为教学者因素和管理者因素。

1. 学习者因素

符合教育要求的学习者是生成高质量 NDE 研究生的必要而非充分条件。按照培养初衷，NDE 研究生是解决高校专职国防教育师资紧缺的“先头部队”，这对学习者素养有一定要求。

（1）性别因素

高校国防教育师资性别构成比应在男比女 5∶1 左右为宜[2]。之所以如

---

① 李安萍、陈智栋：“美英研究生教育质量评价体系的构成及其启示”，《当代教育科学》，2010 年第 7 期，第 42 页。

② 徐东波：“普通高校国防教育方向研究生培养中的问题与对策研究”，《理工高教研究》，2010 年第 5 期，第 83 页。

此，一是由于思维定势。人类集体潜意识认为，军事、国防领域主要是男性作业范围，尽管西方神话中智慧女神雅典娜也是军事策略女神，和男性战神一样力挽狂澜。在我国传统军事文化中，战争、军事、国防领域更是男性天地，即使有花木兰从军，也是女扮男装，力趋男性化。二是符合教育实际。国防教育涉及多门学科，高校国防教育师资不仅要具备基本的军事常识，更要对政治、历史、经济、文化等各领域有所了解。相对而言，男性在这些领域的兴趣范围较女性宽。可见，在教育质量的准备状态上，NDE 研究生必须在性别构成上被恰当安排。

（2）学科背景因素

理论上，高校国防教育师资知识储备要广博，整体队伍应做到学科结构合理，学缘结构多元化①。但经验并不总是符合逻辑②，由于依附高等教育学专业，除女生多于男生外，在本科学习背景上倾向于教育学学科，使得 NDE 研究生群体学科背景较为单一。NDE 研究生的学科背景构成应以军事学、教育学、理工类、经济社会类为主。这些学科更接近于高校国防教育实际。

（3）知识及技能储备

性别因素及学科背景因素是较为浅层因素，知识及技能储备则是影响 NDE 研究生教育质量的关键性因素。性别因素只是从社会学意义上假设男性有更多的相关知识及技能储备，学科优势假设也是从逻辑上论证了优势学科的合理性。但最后都必须落实到 NDE 研究生的实际知识及技能储备上。

那么，需要哪些知识及技能储备？这不是问题的关键，因为教师通晓的越多，表达技巧越好，就越受学习者欢迎，一句“上知天文、下知地理”就是对高校国防教育师资的较好阐述。因此，只需划出大致的领域范围即可，对照上述学科背景期望，我们可以将 NDE 研究生知识及技能储备划分为“军事、教育、理工、经社、哲学、历史等”相对的序列体系。问题的关键在于如何对是否具备这些知识及技能做出鉴别。

综上所述，NDE 研究生群体可被界定为以男性为主体，以军事、教育、理工、经济社会类学科为背景，具有相当知识及技能储备的学习者团体。

2. 教学者因素

NDE 研究生教育工作的教学者是 NDE 研究生教育质量的直接决定因

---

① 吴温暖：《高等学校国防教育》，厦门大学出版社，2007 年版，第 212 页。

② ［美］约翰·S. 布鲁贝克著，王承绪等译：《高等教育哲学》，浙江教育出版社，2001 年版，第 43 页。

素，“良师出高徒”，对应 NDE 研究生的教育目标定位，教学者应具备如下基本素养：

（1）军政素养[①]

NDE 研究生培养突出军事性和政治性，NDE 研究生在从事军事课教学工作中也要突出军事性和政治性。因此，作为教学者，必须具备更高的军政素质涵养。

军事素养。NDE 研究生教育工作对教学者从军人形象到军事经验都提出了较高要求，这是教学者承担 NDE 研究生培养工作的基础。首先，教学者必须具备系统的军事知识，主要包括系统的国防和军事理论、军事高技术、战争的一般知识及信息化战争等方面知识。其次，教学者必须具备训练有素的军事技能，包括规范的军事动作、熟练的军械技术、准确的野外操作技能、娴熟的单兵战术及分队战术技能。第三，教学者必须具有一定的军事经验，可通过服现役、预备役以及其他形式的军事训练等途径建立和丰富自身军事工作直接经验。此外，教学者还应具有标准的军人形象，在行为动作、作风纪律和意志品质等方面给 NDE 研究生做好表率。

政治素养。首先，教学者要具有坚定的爱国精神，在情感和理性层次均要做到突出表现，才能更好地培养 NDE 研究生的爱国精神，主要包括对祖国和人民忠诚，维护国家和人民的利益和尊严，注意国格和人格形象等方面。其次，教学者要具有深刻的国防意识。教学者要精通国防法律法规，动态跟踪相关国防政策、方针等理论和实践问题，切实履行国防义务，通晓国防历史，做到融会贯通，以史为鉴，使得培养出的 NDE 研究生不仅具有政治感，更具有在此基础上的历史感和立体感。第三，教学者必须具有坚定的政治信念。“战争是流血的政治，政治是不流血的战争”，教学者要深刻理解政治和军事、国防、战争的辩证关系，坚定信仰马克思主义，自觉拥护党和国家的路线、方针和政策。

（2）高学历通才

学历是指人们在教育机构中接受教育的学习经历或曾在哪些学校毕业。当今社会，学历已成为选拔人才、衡量人的素质的重要条件。知识和技术含量较高的行业，特别是教育和科技领域，对人员学历都有一定要求。NDE 研究生教育工作的教学者一般应具备博士研究生及以上的学历和学位。相对而言，学历层次高，标志着教学者接受高等教育的系统性越深，从而对人才培养及成长规律认识更深。同时，也是顺应高等教育机构

① 全国学生军训办公室：《学生军事训练概论》，解放军出版社，2007 年版，第 186 页。

对其成员的整体学历要求，使得培养工作在一个较高的对话平台进行，方便教学开展。但是，高学历仅是一个方面，在学科呈现出综合和分化双重趋势的今天，专门人才呈“批量生产”状态，对于NDE研究生培养工作的教学者而言，更多的是需要综合型、通识型人才，即对各学科领域都有基本了解，并熟练掌握某几门学科或学科中的某些领域。这一方面可以对报考NDE研究生的人员进行初步甄选，更加客观和科学，另一方面也更能胜任教学。因此，在界定教学者时，也要考虑教学者的学科背景，做到学科背景多样化、学缘结构合理化、性别构成特色化。

（3）综合能力

首先，教学者要具备精湛的授课水平。理解培养内容，从概念到范畴，从专业术语到基本原理，都能够深入浅出地讲授清楚。规范撰写研究生教案，掌握授课艺术，解答教学问题，驾驭课堂气氛。其次，具有良好的指导训练能力。这也是军政素质的良好体现，教学者要理解技术动作，掌握教练方法，懂得训练心理，重视训练效果。第三，教学者要具有组织管理能力。理论上，NDE研究生具有不同的学科背景，男生多于女生，且在指导训练过程中需要统筹协调各单元。因此，教学者必须具备组织管理能力。

在当前NDE研究生培养工作中，教学者也是管理者的核心组成部分，且管理者应当具备和教学者等量齐观的综合素质，或者说管理者是更高水平的非一线教学者。因此，有关教育主体因素中的管理者因素在此不作赘述。

综上所述，NDE研究生培养工作中的教育者应是集军政素质和综合能力为一身的高学历通才，NDE研究生培养工作中的教学者团队应是由背景多元、学缘合理、性别构成恰当的教学者组成。

（二）教育载体要素

教育载体因素主要包括学科归属、课程及教材设计、就业去向等三个方面。其中，课程设计是更为突出的载体因素。

1. 学科归属

“从教育意义上可以把国防教育认为是思政教育，从教育规律上可以把国防教育归为教育学，从教育内容上又可以把国防教育归到军事学。”[①] 实际上，学科论意义上的国防教育存在两种解释：作为高等教育学下的

① 柳艳鸿：“军地院校国防教育方向研究生培养比较研究”，《高等教育研究学报》，2009年第4期，第37页。

研究方向；军事学科里作为战略学下的专业。这就导致当前 NDE 研究生教育工作底气不足，学科归属是培养工作的根本指南，涉及到培养质量的根本取向。如果归属于教育学，在质量定义上强调教育含义；如果定义为军事学科，在质量定义上强调军事色彩。涉及到此类研究生培养工作者的职称评定等，若被定义为军事学科则与普通高校的定义相左，容易被边缘化。这些均间接或直接的关系到 NDE 研究生培养工作。因此，学科载体是需要亟待解决的问题，从目前看，多数学者认为，普通高校国防教育的学科归属应该界定为与高等教育学平行的二级学科，称为国防教育学。

2. 课程及教材设计

课程设置上，由于主要依托高等教育学招生，其课程体系并不能很好体现出 NDE 特色，必修课和选修课搭配不符合目标定位。就东南大学来看，国防教育课程体系仍以高等教育学课程设置为模板，仅 2009 年在专业必修课中设了“国防教育学”新加课，NDE 研究生只有通过选修课才能接触军事教研室开设的相关课程，对于部分 NDE 研究生，甚至选修课中军事课程所占比重也低于其他类课程。划设至学科中心后，相关课程更是缺失，因而，基本素养并没有得到很好养成。教材建设上，由于国防教育学还处于学科酝酿阶段，尽管近些年出版了一些国防教育著作，但总体上仍不成系统。就培养过程看，几所高校均没有成熟的教材体系。要进一步摆脱高等教育学课程体系的限制，可以暂时维持在此专业下招生，但应增加国防必修课内容，在选修课上增加相关课程的比重。各培养院校要共同调研论证，确定较为一致的课程体系，并在课程体系基础上共同编撰配套教材，保证 NDE 研究生培养在课程和教材建设上的科学有效性。

3. 就业去向

质量体现在应用中，如果应用环节不到位，将导致学而无用，再好的质量也无法展现，如果 NDE 研究生认为学无所用，则导致学习动机不足，也就谈不上教育质量。因此，就业去向是教育载体的关键环节。制约目前 NDE 研究生就业去向的原因主要是：军事理论课作为法定的公共必修课在相当部分高校并没有得到认真落实；开设军事理论课程的高校，多将此门课程安排给其他专业师资兼职讲授，一方面减少学校人员编制，另一方面增加教职工课时待遇，在数量上，极大地减少了对军事理论教师的需求。导致需求不旺的关键性因素则是：目前 NDE 研究生培养工作仅停留在硕士层次，而多数院校新设教学岗位要求博士学位，以提高整体师资层次。以 2010 年长安大学军事教研室招聘专职军事教师为例，要求应聘人员须博士学位获得者，历史学专业。2017 年南京理工大学做出了相同要求。这反映出目前 NDE 研究生教育工作在硕士层次的不足之外，还反映出部分院校对当前此类研究生教育质量的信心不足。

综上所述，学科归属、课程和教材设计及就业去向是教育载体中三个联系紧密的关键因素。正因为学科归属不清，才会导致课程及教材建设处于低水平，教育者和学习者动机均不足，造成培养质量得不到认可，一定程度上影响就业去向。

（三）影响教育质量生成因素的层级分析

层级分析即对上述影响 NDE 研究生培养质量的教育主体和教育载体因素的重要性进行相对意义上的等级排列分析，并对这些因素进行简单的逻辑推理，以进一步明确各因素及相互关系。一般而言，学科归属、教育者、学习者、课程与教材和就业去向的重要程度依次递减。简单分析如下：

1. 新思维看待学科创生是根本

高校国防教育当前处于课程建设阶段，按照传统学科创生观，这是走向国防教育学学科创生的必经环节。然而，学科创生本身沿着两条道路前行：理论道路和实践道路。课程建设终究处于学术范畴内，顺延着理论道路前行，反映的是学科的内涵式发展。但学科的外部影响力或称为社会影响力的直接来源不是内涵式发展，而是外延式发展，即顺延着实践道路，外延式发展的实践道路要求在学科尚未建立前，做好学科创立的实践性探索，从马克思唯物主义观点来看，这也符合实践是检验真理的唯一标准的科学论断。学科创立的实践性探索首先要求明确相关人员的职称申报、课题申请等实际层面相关。如果单纯等待理论上的完备建立，将不符合全民国防教育发展实际。因此，国防教育学的学科创生必须采用新思维，跨越式发展。只有这样，才能反向促进课程与教材的建设发展，才能解决相关人员的窘境，包括促进 NDE 研究生教育质量的提升。

2. 完善课程与教材建设是依据

课程与教材建设受学科创生的引导，教材建设受制于课程建设。有无课程体系或课程群，群和体系有没有与之相符的教材系列，直接决定了教育者和学习者教什么和学什么的问题；课程体系或群的合理性，教材系列的科学性，直接决定了教育者和学习者教和学的科学性和质量高低。前者为源，后者为流。课程建设要围绕学科归属定位和教育目标定位，学科归属定位决定了课程建设在何种范围内进行，教育目标定位决定了课程能否有效。同时，课程建设需要教育者和学习者共同研究并由教育者最终决定建立什么样的课程体系或群，教材建设则必须在课程体系或群逐步确立的过程中，在某一门课程确立的前提下才能进行相应教材建设。教材建设需要教育者根据课程实际编写。采取体系和群的概念，一方面是因为培养工作需要一整套课程运作才能实现目标和价值；另一方面，体系概念反映出课程的相对重要性，群概念反映出各课程不是固定不变的，而是处于流动状态，反映出单一课程间的界限并非严格划定，符合 NDE 研究生的教育目标定位。

3. 教育者是主导

教育者的主导作用具有三向性特点：第一，在学科创生过程中，教育者是学科创生的主导者，特别是在理论创生的过程中，教育者通过自身学术涵养及 NDE 研究生教育实践，建立理论基础，丰富理论内容，提高理论科学性。在实践创生过程中，教育者通过自身影响力，力促实践性举措从设想到实践。这些均是其他人员不可替代的过程。第二，在课程和教材建设中，从课程体系和群的探索建设到教材编写修订，更是离不开教育者的主导作用。课程和教材建设的质量决定于教育者主导作用效能的有效发挥。第三，学习者的学习效果除自身努力外，更需要教育者指导。由于国防教育学尚未建立，学习者自学途径少，学习资源不丰富且方向性不明，如果没有经过多年探索实践的教育者指导，NDE 研究生教育质量必然不高。即使是在 NDE 研究生的就业去向上，教育者也处于主导地位，高校国防教育师资现实需求量尽管较少，但是知晓 NDE 研究生教育的人不多。因此，教育者在 NDE 研究生就业去向上可以发挥院校和 NDE 研究生之间的导向桥梁功能。

4. 学习者及其就业去向是落脚点

质量以两种方式存在，一种是静态的质量存在方式，即没有显现的质量，一种是动态的质量存在方式，即质量状态能够得以现实衡量。NDE 研究生教育质量以现实衡量就是要求学有所用，能够在一线国防教育教学岗位上。尽管说学科创生、课程和教材建设与教育者比学习者及其就业去向重要，但质量落脚点却在于此，重要等级排列是依据先行后续关系而定，但系统论视野下的组成部分缺一不可。教育质量高低受到教育者选择学习者的影响，对适合的 NDE 研究生特质的了解，是质量从无到有的关键。就业去向作用有三：是学科外延式创生的外部写照，无论是职称还是课题，均需一线人员操作完成；是课程和教材质量的效验器，就业去向对口间接表明用人单位对课程和教材质量的认可；是对教育者价值存在与否及价值大小的直接衡量。

三、NDE 研究生教育质量的三级生成机制

质量生成是从无到有、从低到高的过程。NDE 研究生教育质量也遵循着质量生成的基本规律，从基本质量生成到核心质量生成，再到外部质量生成。NDE 研究生教育质量三级生成机制是对上述影响教育质量生成要素的进一步综合。在整体意义上，每一要素都参与到每一级质量生成中。因此，强调 NDE 研究生教育质量三级生成机制，就必须明确每一生成过程都是各因素有机参与的过程，都是各因素螺旋叠层式互相生成的过程。三级生成机制是建立 NDE 研究生教育质量保障体系的最核心概念，可以说，保障体系就是围绕如何促成生成机制的完全建立和保障其过程的通畅。

（一）基本质量生成过程

基本质量生成过程分为要素匹配和课堂教学两大部分，这一过程是 NDE 研究生教育质量形成的初级阶段。

1. 要素匹配

制导原理中有地形匹配和景象匹配两大制导形式[①]，即如果现实地形或景象与既有存储特征相匹配，则继续按原定轨迹，倘若不匹配，则修改既有弹道轨迹。借用这一基本原理，若将导弹飞行过程看成是 NDE 研究生培养过程，将导弹攻击目标看成是质量目标或设想，将各要素看成是地形单元，各要素组合看成是地形单元的特定组合，将各要素恰当结合看成是预定存储特征，则要素匹配成为基本质量生成过程中的一个专业术语，即教育过程中各要素结合实况与理想状态的匹配，要素匹配度即指现实状况与理想状态的偏离程度，二者呈反向关系。欲达到理想中的要素匹配度必须考虑如下三点：

（1）师生匹配

“名师出高徒”这一古训暗含着一种推理：什么样的师傅带出什么样的徒弟。但这句话的关键是“出”，为什么会出？怎么出？能出么？仔细分析，一个“出”字暗含的却是一种双向选择过程。选择的标准则是名师与高徒的心理匹配和知识匹配程度。心理匹配是指 NDE 研究生与其指导者心理上的接近程度，对这种接近程度的认识很大程度上在于双方的短期互察，甚至是第一印象。心理匹配的吻合率很重要，如果发生匹配错觉则会导致师生情感难以培养，研究生教学不同于本科生大班教学，一对一的指

---

① 李有祥：《军事高技术与信息化战争》，东南大学出版社，2010 年版，第 59 页。

导必须要求师生在心理上做到相互认可。与心理匹配同样重要的是知识匹配，即师生间知识背景、知识态度及本学科专业或方向学习的一致性。在心理匹配的基础上，师生必须在知识上做到匹配，即做到生对师知识水平的认可，以及师对生培养潜质的发现。心理匹配和知识匹配对于 NDE 研究生教育质量而言，是关键性的第一步，只有 NDE 研究生和导师相互认可，才能进一步明确具体质量方向和标准。

（2）师师匹配

如果说师生匹配更多强调的是师生之间的一致性和吻合性，那么师师匹配则更多强调师师之间的衔接性和契合性。师师匹配主要包括学科背景的衔接契合、人际关系的张力和合力。首先，NDE 研究生教育不同于其他，由于国防教育仍处于学科创生阶段，涉及众多学科知识，因此在 NDE 研究生教育中，需要尝试并形成基础学科背景，需要教育者学科背景的多样性，如需要教育学、军事学、政治学和历史学等。如果教育者学科单一化，则会导致质量萎缩。因此，在质量形成的初始阶段，必须重视好指导者自身的学科交叉匹配，营造合格有力的指导团队。其次，师师之间要形成双力——张力和合力，即形成竞争与合作共存的指导局面。过于强调张力，会形成恶性竞争，造成 NDE 研究生学习范围狭小，指导团队不紧密，形不成整体质量，而这种整体质量正是单个质量存在的基础。过于强调合力，会造成 NDE 研究生教育中的“柯立芝繁荣”，看似融洽的指导团队实则一盘散沙，也缺乏凝聚力，学习者学习范围由于得不到有效指导而形同前者。

（3）生生匹配

生生匹配的道理如同师师匹配，也包括学科背景的衔接契合与关系的张力和合力。不同的是，生生匹配要在男女结构上做到合理。首先，学科背景的衔接契合需要指导团队有意设计，做好规划。事实上，对于个体培养潜质的分析，无论如何离不开教育对象全体。因此，必须在强调个体培养潜质的基础上，分析团体培养潜质，反促个体潜质提炼。同时，学习者学科背景的衔接契合需要搭建相互学习的平台，这一平台也是学习者关系中张力和合力发挥作用的平台。作为学习者，必须正确了解这种张力和合力共同形成的学习动力，作为指导者及指导者团队，也要对这种双力做到清晰认识，并恰当运用。

要素匹配中的三种匹配是相互关联的，这种关联通过双力进行，在个体和团体概念上运作，形成四类力的类型，即个体之间的张力、个体之间的合力、团体之间的张力和团体之间的合力。NDE 研究生教育质量就是以这种双力原理为基础逐步得以生成。

2. 课堂教学

课堂教学是指 NDE 研究生教育中理论课程教学，主要采用室内讲授方式，以学习国防理论为内容。

（1）理论课程体系及教材质量

理论课程体系及其教材体系是课堂教学的两大依据，高培养质量必须以经过论证的理论课程体系为其基础依据之一，而经过论证的课程体系必须要有与之配套的高品质教材体系。反观现实，以东南大学为例，NDE 研究生理论课程体系由学位课和选修课组成，学位课包括一门国防教育学课程，但是所有高等教育学专业硕士必须学习。同时，对于 NDE 研究生选修课设置，并没有相关引导规定，造成 NDE 研究生部分课程体系特色不明。这反映出两大问题：当前 NDE 研究生课程体系安排仍处于探索阶段，这是有利方面；当前 NDE 研究生课程体系的引导缺失，这是不利方面。因此，必须强制规定 NDE 研究生的学位课和选修课中国防教育课程所占比重，进一步明确国防教育课程构成。同时，对于当前已经开设的国防教育课程，要重点提升其教材建设质量。

（2）课堂督导评价

课堂教学质量除受课程教材质量制约外，还受制于课堂督导和评价的制约。当前 NDE 研究生教育以微小规模培养，处于起步阶段，决定了课堂质量易受忽视，同时缺乏有效的督评机制。因此，在基础质量生成阶段，必须突出重视课堂教学的督评。依照督评原理，NDE 研究生及其教学者和管理者三方均是督评主客体的结合。在实际 NDE 研究生课堂教学中，存在三种督评对应关系：教师和管理者对 NDE 研究生的督评；管理者对教师的督评；学习者对教师和管理者的督评。这三种对应关系存在特殊部分，即教师可能也是管理者的一部分。因此，必须注意处理这种情况。同时，根据 NDE 研究生实际培养目的，应将管理者的范围扩大至校外，这样既避免教师即管理者的弊端，又突出 NDE 研究生教育的地位。

（3）课后导引和监管

NDE 研究生课后学习是课堂学习的延伸。由于当前多数 NDE 研究生对于 NDE 学科领域知识知之甚少，单纯课堂教学并不能满足教育者期望，难以达到既定教育目标。因此，重视课后引导和监管直接影响课堂教学质量。课后引导和课后监管是两个不同的概念。在课后引导中，主要是教学者根据所带 NDE 研究生的特定情况，制定较为合适的课后学习课程计划，课后引导的基本立足点有三：课堂学习课程的有效性、学习者素养、课堂和课后课程的匹配性。课堂学习的有效性决定学习者素养提升的预期程度，而课后课程之所以要具备和课堂课程的匹配性，是因为二者的共同连接点是学习者，必须考虑到学习的连续性特点，中心指向必须朝向学习者。在课后监管中，除了作为课堂督评的延伸之外，更重要的是对课后引导的监管，引导是否科学，监管起着关键作用。在此，监管者主要是管理者。

（二）核心质量生成过程

如果说基础质量是NDE研究生质量的隐形存在形式，那么核心质量则是NDE研究生质量的显性存在方式，核心质量主要通过如下两个途径形成：

1. 充分的NDE实践

因为核心质量是显性存在方式，所以必须在质量形成中，重视显性形成，即强调给NDE研究生以充分的实践，主要包括：军事训练实践（军事理论和技能实践）、本科生教学全过程实践和相关NDE实践（社区或全民国防教育等）。通过军事训练实践，增强对于所学课程的理解和实际掌握力，是NDE师资职前教育的关键组成部分，NDE教育者必须高度重视给NDE研究生创造军事训练实践机会。对于军事理论实践，可将部分本科生军事理论课程交由NDE研究生授课，或者积极联系外校，创造长效实践平台，教育者特别是教学者随堂指导。对于军事技能实践，由于多数高校军训时间集中在入学伊始，因此，必须在重视开发既有的技能实践机会的同时，强调在社会中为NDE研究生创造技能实践机会，如民兵训练、企事业单位军事技能训练等。军事技能课相对于理论课而言，时间较短，因而过程也较短，NDE研究生比较好掌握技能教学过程，而理论课由于持续时间较长，从准备到考核的全过程，NDE研究生如不精心学习，就难以做到全过程掌握。因此，在NDE实践中，教育者必须帮助NDE研究生更多地参与到理论课中去。校外NDE实践是NDE研究生增加实践机会的又一途径，同时，也为今后走出高校，参与社会国防教育提供了一个良好的职前训练平台。

2. 完善的质量拓展平台

基础质量生成，包括上述NDE实践，只是将NDE研究生完全看成是一个职前学习者，作为NDE研究生教育者，在完成基本质量生成过程后，必须重新审视NDE研究生，适当适时将其看成是在职学习者。从这一角度出发，NDE研究生的质量提升范围和手段就大为改观，一系列的质量拓展平台便得以显现。结合当前实际，主要有以下两种质量拓展方式：NDE研究生论坛、参加各级各类相关培训班。NDE研究生论坛为NDE研究生提供了和同类研究生交流的平台，增加了相互了解。其他学科研究生培养均有类似性质的交流平台，部分学科研究生交流平台更为多样，且呈现出定期、高规格、高影响力的特征。各级各类国防教育师资培训班是国家和各省、市、自治区为提高本行政区域类国防教育师资教育教学水平而开设的短期班，NDE 教育者应积极为在校 NDE 研究生争取培训机会，一方面拓展 NDE 研究生的受教育经历，另一方面增加和在职人员的沟通。

3. 信息化质量生成平台

首先，课程体系和教材体系质量再高，都避免不了时效性差的弊端。各课程和教材的实际应用必须要有具体的及时的信息支撑。其次，课后导引的重要内容就是培养 NDE 研究生的信息收集、处理、分析能力，必须具备对于信息的及时掌握能力。第三，充分的 NDE 实践乃至各种质量拓展平台所产生的各种信息，如不综合考虑必将难以发挥最大功用。借用信息化战争中信息连接各个作战节点从而增强作战能力的原理，如果通过一套完整的信息化平台，将各相关因素通盘考虑，信息化、自动化、智能化连接，将大大增加 NDE 研究生的教育力量。这是核心质量生成中的核心内容，是上述两大途径效力发挥的基础。

（三）外部质量生成过程

基本质量和核心质量生成过程是 NDE 研究生的“成品”，但正如质量定义所表述的那样，“满足需要”成为最基本的内涵，“成品”不一定是“适合品”，人才产品和工业产品的区别体现于此，人才“成品”必须打造成人才“适合品”。这种“满足需要”和打造的过程便是外部质量生成过程。

1. 岗前培训

NDE 研究生岗前培训是指 NDE 研究生进入普通高校，担当国防教育重任，接受所在学校组织的相关培训过程。NDE 研究生岗前培训是高校对新进人员培训的组成部分，是熟悉所在学校特点，了解所在学校国防教育历史、现状和发展趋势的直接途径，是进一步搞好工作的基础性步伐。通过岗前培训，NDE 研究生形成了在本单位今后工作的基本构想和思维图式。其岗前培训的组织者是所在学校，执行者是所在学校资历丰富的教师、所在区域的相关专家（地方院校和军事院校专家）与其他相关人员，培训内容主要是 NDE 教育教学知识、本校 NDE 教育教学情况和今后 NDE 教育教学发展趋势等，实际上是对职前学习的挖掘和巩固与对本单位 NDE 教育情况的了解。

2. 个体性发展下的单位帮、扶、带

前文所述“个群集合式”教育目标定位强调的群体性，主要靠基本和核心质量生成阶段完成。在外部质量生成阶段，主要强调的是个体性，淡化“标准”，凸显“适切”，着重“领军式”目标定位。因此，从群体特性中走出，发展个体特性，百家争鸣、百花齐放，便是外部质量生成过程中的亮点。强调个体性便要求充分的实践平台，但是与核心质量生成阶段的实践不同，这里的实践产生了操作性定义上的变化：NDE 研究生此时已走出校门，成为某高校一线师资，通过岗位锻炼和经验丰富的老同志帮、扶、带，提炼已有质量，生成适合本单位需求、适合自身发展特点、适合国防教育时代要求的独一无二的 NDE 工作者。

3. 区域国防教育特色

当前，多数高校均处于“大学城”“高教园区”和“科教园区”等高校聚集地，形成了所在地域的高校特色，这种高校特色是所在区域高校整体高校校园文化的反映，在存在微小差别的基础上，形成了较为广泛的同一性。这种同一性也体现在国防教育特色上，它是一种中性特色，既存在于促进本区域国防教育发展的方面，也存在于消解本区域国防教育发展能力的方面。它处于客观存在的境况，无论是否被意识，均存在并产生潜移默化的影响，这种影响正如学风对学生的影响和教风对教师的影响，也作用了 NDE 研究生。因此，在外部质量生成阶段，除重视上述两方面，某种意义上要更加重视区域国防教育特色的中性影响，最大程度减小消极因素，增加积极因素对 NDE 研究生的保质增质作用。

第二节　教育质量保障体系的理论基础

NDE 研究生教育质量保障体系的现状是理论基础的现实依据，在此基础上，理论基础的合理性得以建立。就体系而言，体系要素是保障运行过程中的活动节点，体系目标直接体现了 NDE 研究生教育质量保障体系最本质的内涵，而体系运行原则是对运行过程调节的着眼点，体系运行方法是对各保障措施的分类综述。

一、构建 NDE 研究生教育质量保障体系的合理性

一般而言，事物存在的合理性可以表现为对对应事物（行为或活动）存在现状的顺应，也可以表现为对现状的同化。就本研究来看，由于现状存在诸多不足，合理性表现为对现状的同化，即在对现状的分析基础上，指出对应事物（保障体系）建立的必要性和可能性。

（一）NDE 研究生教育质量现状

由于 NDE 研究生是为高校培养，在质量参考点上可以选择教学、科研和服务社会为标点（对文化传承创新暂不论述），当前 NDE 研究生教育质量现状如下：

1. 关于 NDE 研究生教学能力

当前，在职 NDE 研究生已停招。对全日制 NDE 研究生而言，大多没有课堂实践机会，缺少充足的给本科生授课经历。但大多数全日制 NDE 研究生希望能够有适切的实践机会，以提高自身国防教育教学能力。NDE 研究生导师月均指导 NDE 研究生参加课程实践教学次数也较少，难以提供足够的实践机会。在既有的少量实践教学中，也不能够提供等量的指导次数。在 NDE 研究生教学中，实践教学水平低于课堂教学水平。NDE 研究生在课堂实践中，对课堂教学的把控力较差。

2. 关于 NDE 研究生科研能力

对东南大学 2005—2009 届 NDE 研究生科研能力调查后发现，平均每位 NDE 研究生发表论文 2.27 篇，其中在职研究生生均发表论文 2.77 篇，全日制研究生生均发表论文 1.45 篇，全部所发论文，核心仅占 4%。全日制研究生发表论文数较在职研究生发表论文数少，核心论文发表率略高于在职研究生。单从论文量上分析，由于在职研究生需参加职称评定，而全日制研究生多没有论文发表的压力，故发表量低于前者。通过进一步调查，全日制研究生中存在论文发表的不均衡现象。

在参与导师课题方面，由于相关原因，NDE 研究生多为外围参与，但对培养 NDE 研究生科研能力起到了一定作用。由于现有培养机制无法为 NDE 研究生提供课题申报机会，当前 NDE 研究生没有申报相关课题的经验。

在全民国防教育背景下，由于社区（社会）国防教育始终处于起步阶段，高校国防教育与社区国防教育之间在理论和实践上均有一定脱节。因此，NDE 研究生几乎没有参加社区（社会）国防教育的实践经历。

对当前 NDE 研究生教育质量可做简单总结：教学能力有待提高，科研能力发展潜力大，社会服务途径有待拓展、能力有待加强。

（二）构建 NDE 研究生教育质量保障体系的必要性

1. 是遵循三级质量生成机制的必然选择

NDE 研究生教育质量从基础阶段走向外部阶段，是完整、高质量的成长基本规律，正如上所述，各要素是这种规律的参与节点，规律本身是基本路线。因此，三级质量生成机制可以看成是运动员，运动员不能同时是裁判员，必然要求有裁判员的存在，运动才能更加公平、科学和可持续，裁判员具有全程、监控、引导、界定和资质等特性，而教育质量保障体系是教育质量生成过程中天然的裁判员和监督员。NDE 研究生教育质量保障体系不仅可以对各个影响 NDE 研究生教育质量的要素进行静态判断，即对参与要素的资质进行审核；还可以进行动态监控，即对被允许参与的要素运动过程进行督导。不仅如此，它还能对各生成阶段进行阶段调控，衡量某一阶段的目标达成情况，从而保证每一阶段都能够完成既定任务，实现整体目标。

2. 是提高 NDE 研究生教育层次的题中之义

从方向培养进入专业和学科培养，是 NDE 研究生教育前景。从方向到专业和学科的过程，是研究人员规模从小到大、质量从低到高的过程，质量成为其中必须逾越的鸿沟，很多研究领域正是由于研究人员质量和研究质量得不到发展才导致原地踏步。NDE 研究生教育如果不能跨过这一难题，也就始终走不进学科领地，必须多方寻找可能途径。之所以说构建 NDE 研究生教育质量保障体系能够提高教育层次：一是因为一套科学合理的保障体系可以促进当前教育质量的提升，从而提升研究人员质量，为学科创生培养新生力量，进一步促进学科创生；二是虽然保障体系不是学科创生最为关键的方面，但现在构建保障体系可为后续保障体系的发展提供宝贵的历史借鉴，这里绝对存在先行优于后行的道理。此外，及时构建保障体系，也是凸显当前 NDE 研究生教育地位的外部标志之一。

3. 是增强高校国防教育师资力量的必由之路

NDE 研究生主要是为高校国防教育师资发展而设计的，因此，从理论上讲，NDE 研究生应从事一线国防教育教学，NDE 研究生教育质量的重要性不言而喻，它直接关系到高校国防教育教学质量高低。当前 NDE 研究生教育是“领军式”人才的第一梯队，还只是“星星之火”，能否呈现“燎原之势”还要看是否具备烈火的资质。这种“火”和“势”的呈现，就是 NDE 研究生高质生成的过程和表现，必然强调如何促进和保障高质生成，问题就演绎到上述两个小点。因而，保障体系的重要性又和今后高校国防教育师资质量紧密联系在一起。其重要性不仅体现在教育过程本身，还体现在教育对象的功能释放方面，成为连带整体的关键性因素。

（三）构建 NDE 研究生教育质量保障体系的可能性

1. 教育质量保障体系的通用理论

教育质量保障体系是一个较为久远的话题，经历长期的发展之后，存在较为通用的基本理论，这些基本理论是在提炼各专业与学科和研究领域的质量保障过程中形成的最简练的基本原理，因而具有广泛的适用性，如运用ISO质量管理体系和运用全面质量管理理论（TOM）进行保障体系建设，NDE研究生教育质量保障体系显然可以加以运用。主动运用这些基本原理，一方面可以增强NDE研究生培养的专业性，融入与其他类别保障体系的对话平台，主动吸收先进保障经验；另一方面可以缩短体系构建的探索期，适时建立较为完善的保障体系。相反，对这些基本理论的忽视，只能导致NDE研究生教育质量保障体系自我艰难探索，难以促进自身更新发展，难以更好地顺应NDE研究生教育工作。因此，通用理论是保障体系构建的一个有力因素，容易产生后发优势。

2. 其他类别研究生教育质量保障体系的借鉴意义

除了基本的通用理论之外，还有其他专业、学科和领域的质量保障体系的经验借鉴，同时还存在各种关于质量保障体系的比较教育学的研究，这些研究成果均对NDE研究生教育质量保障体系具有积极重要的意义。这两类借鉴作用所发挥的作用是不同的：专业与学科和研究领域的质量保障体系由于拥有历史发展脉络，有从无到有，从有到高效的发展历程，因此其借鉴价值主要表现在学科发展史和行为学上，这种借鉴表现形式相对单一，方向清晰，只要是清楚特定情况便能得出借鉴价值所在；而比较教育学意义上的保障体系研究由于比较的着眼点差别很大，需要研究者更加积极地挖掘分析，如存在国别（地域）比较研究、特征比较研究等，尽管存在借鉴难度，但是与前者一样，都对NDE研究生教育质量保障体系从各个角度提供了各自价值。

3. NDE研究者的推动作用

人是生产力中最活跃的因素。在构建NDE研究生教育质量保障体系的过程中，作为NDE研究人员必然发挥出至关重要的作用。对于保障体系构建具有推动作用的人员主要包括NDE研究生、NDE研究生教育者（教学者和管理者，其中管理者包括高校内部和相关管理部门的管理者）、其他一线国防教育工作者等。他们各自的作用主要是：NDE研究生作为质量保障的主要对象，是保障体系的最直接目标，具有最直接能动性；NDE研究生教育者作为保障体系主导者，是保障体系的执行者，也具有最直接能动性；一线国防教育工作者作为保障体系的外部参与者，是保障体系的部分评价者。他们共同使得NDE研究生教育质量保障体系从理论构思走向实际构建。

二、NDE 研究生教育质量保障体系构建要素与目标

（一）NDE 研究生教育质量保障体系的构建要素

NDE 研究生教育质量保障体系具有三大构建要素：动力要素，提供了保障体系构建的源泉；环境要素，为动力源泉的表现提供了基本场所，也是保障体系发挥作用的场所；评估要素，是对保障体系质效做出评价的过程。

1. 动力要素

对应人类文化的三大组成部分，NDE 研究生教育质量保障体系的构建动力要素主要表现为三个方面：作为物质文化部分的经费动力、作为精神文化部分的人员动力和作为制度文化部分的制度动力。在保障体系的构建过程中，首先要解决这三大动力源的实现问题。人员动力是体系构建过程中最活跃部分，主要是指教育主体因素，突出是指教育者因素，这种动力的大小程度则是指人员素质高低，显然，只有素养高的人员才能建立高效的保障体系。因此，在保障体系的酝酿过程中，要首先考虑人员素养问题。经费动力是保障体系构建过程中一个最直接的制约因素，教育过程是公益性实现和公共产品价值展现的过程，长期效应是其本质内涵，在构建过程中，需要多方协调，必然带来成本问题，需要充足的经费支持，因此，经费应成为体系构建者考虑的问题。在构建过程中，人员和经费问题的良好解决需要相关人员支撑制度和经费保障制度，因此，有关制度拟定成为体系构建的骨架保障，当体系构建基本完成后，这些制度便成了体系的必然组成部分。

2. 环境要素

NDE 研究生教育质量保障体系需在一定的环境下运行，即使是在体系的最初酝酿阶段，也需要良好的环境作为运行平台，三大动力源的作用发挥更是需要良好的环境。NDE 研究生教育质量保障体系的环境因素涵盖面广泛，涉及到 NDE 研究生教育工作的方方面面。从系统论角度看，本体系所要求的环境要素分为三大环境子要素：院校环境要素，即 NDE 研究生的直接教育单位和直接培养过程环境；区域环境要素，即以各个相对独立的培养协作区为单位的中观教育环境；大环境要素，即实施宏观管理的最高相关部门的间接教育活动。各级环境要素均具有相对独立的动力源，以 NDE 研究生教育工作为纽带，三级环境共同按照各自运行目标达成体系保障目的。因此，各级环境要素对于各自目标的达成情况成为体系健康运行的基本保证，这种目标的实现追根溯源就是要创造能够让三大动力源积极

互动的条件，大环境要素要特别注意协调区域环境要素和院校环境要素之间的关系，注重处理好区域环境的承上启下作用，做到三级环境的运行顺畅。

3. 评估要素

NDE 研究生教育质量保障体系必须注重评估在体系建设中的积极作用。评估什么，用什么评估，谁来评估，评估后怎么办，为什么评估……一系列的问题构成评估的全部要素。评估什么即评估对象问题，在体系构建中，主要是评估动力源与环境因素从产生到协调运转的基本情况；用什么评估即评估手段问题，主要依靠全过程、全方位、全时空的网络信息化平台评估与实地调查相结合的办法，增加评估的时效性、实效性和准确性；谁来评估即评估主体问题，应倡导全员评估理念，即与 NDE 研究生教育工作相关的人员都可以参与评估中去，但在结果权重上做到区别处理，如缩小学习者评估结果的权重和增大教育者评估权重；评估结果怎么办即结果处理问题，对于保障体系的评估结果应将之反馈到环境要素中去，按照结果归属级别分门别类地让各级环境要素处理，以各自位置协调处理；为什么评估即评估目的问题，主要是在体系构建初期和体系运行中保障体系顺利进行，为什么评估统括上述各个评估组成部分。

（二）NDE 研究生教育质量保障体系的构建目标

NDE 研究生教育质量保障体系的最终目标是实现 NDE 研究生教育工作的良性发展，但是这一目标陈述过于笼统，结合上述分析及下文将要叙述内容，笔者认为 NDE 研究生教育质量保障体系的构建目标主要有下面三个内容：

1. 突出三大目标定位

保障体系的目标应当同教育目标定位具有相似性。因为体系本身也是教育工作的组成部分，所以作为保障体系的构建目标必须体现 NDE 研究生教育的三大目标定位。首先，保障体系应注重保障“个群集合”，在个群衔接制度设计、个群质量的区别保证和最终实现个群质量一体化的过程中提供三大构建要素方面的保障支撑。其次，保障体系应注重保障“双师”定位，在不同师资类别的角色转换中提供费用和激励措施，注重保障院校和社会沟通体制的畅通，保障实现“双师”作用所必备的素质培育过程的良好实现。第三，保障体系应注重“领军”定位，要提供从领军人才选拔、培育到岗位安排，再到职后潜力挖掘一整套过程中所需的资金、师资和制度的各种保障。界定此构建目标时，必须注重及时、充裕的动力支持；必须注重分级保障，即针对特定级别的环境要素施行相应的措施；必须对构建目标的实现过程和程度进行全程评估，即必须以构建要素审视此构建目标。

2. 优化三方参与因素

在保障体系的构建过程中，一系列的资金、制度、教育教学环节均以人员的有序流动为存在依据，人员流动性的有序与否从根本上决定了保障体系能否建立、建立后能否有效运行和能否实现构建目标这三大带有基础性的目的，反向理解，在酝酿保障体系的构建目标时，必须注重人员的有序流动性，即注重优化 NDE 研究生教育过程中的三方因素，将教学者、学习者和管理者的良性互动程度考虑进体系构建目标中去。界定此目标时，仍需以构建要素审视。在动力源要素中，注意三方因素在动力源系统中所处的动力作用大小，以此作为参与权重考量，在各个分动力源中注重优先顺序差别；在环境要素中，注重在院校级以上环境中，管理者占据绝对主导地位，因此，在优化过程中，提供合理的优化方案，适当淡化教学者和学习者因素，即注重管理者的分层分级和层级越高管理者地位越突出这两个基本特征；在评估要素中，保障体系也应当做好评估的导向工作，使得三方在评估过程中能够符合实际，实事求是。

3. 实现三级质量生成机制

教育质量保障体系的关键语是“质量”，因此，作为体系本身，必须保障质量的实现过程，才能实现体系构建目标，在 NDE 研究生教育过程中，就是保证 NDE 研究生教育质量的生成过程，即保障质量的三级生成机制顺利实现，从基础质量生成到外部质量生成阶段，保障体系必须渗透到各阶段。基础质量阶段，保障体系要保障要素能够良好匹配，主要通过入学前的考察实现，因此，保障的关键点就是保证考察的科学性，同时，保障课堂教学质量，可以在体系下专门探讨课堂教学质量保障体系的建立问题。在核心质量生成阶段，既要保障实践机会也要保障实践过程的全程监管，素质拓展和信息化平台是保障体系的重点也是最难保障的部分，涉及方众多，且呈分散化特点，因此，可以另外单独探讨。在外部质量生成阶段，岗前培训容易保障。对于帮、扶、带，由于过程和时间拉得过长因而必须以其他间接途径予以保障，而区域国防教育特色对 NDE 研究生教育质量的促进作用则更是天马行空，同样需要间接途径进行保障。

综上所述，三大构建目标本身又可分为细小众多的构建分目标，部分分目标可以清晰保障，但是也有些分目标需要通过转化或增强其他分目标保障水平来弥补不得已淡化本目标保障的办法进行，从而实现整体保障过程，实现 NDE 研究生教育质量保障体系的构建目标。

三、构建 NDE 研究生教育质量保障体系的基本原则和手段

（一）构建 NDE 研究生教育质量保障体系的基本原则

NDE 研究生教育质量保障体系的基本原则，本质上即为该体系的基本特征，是衡量该体系价值所在的典型观测点，也是与其他类型保障体系相区别的辨识点。

1. 目标导向性原则

本原则是指 NDE 研究生教育质量保障体系构建应以三大目标定位为导向，不应偏离之。教育质量保障体系的实质是通过系统理论及系统控制实现教育质量内涵的不断达成乃至超越预期，而系统控制应该具有明确的控制参照点，一般系统理论应具体到特殊系统理论之中，建立明确的特殊系统理论——NDE 研究生教育质量控制系统理论，以此进行控制活动，这里的控制参照点即 NDE 研究生教育质量的三大目标定位，也即依照三大目标定位纠正质量生成偏差实现质量控制。所以，NDE 研究生教育质量保障体系应以目标导向为基本原则之一。在执行本原则过程中，可能会遇到目标定位的冲突问题，如“个群集合式”和“领军式”之间就面临着极可能存在的冲突，“领军”强调个人，对“集群”有一定程度的忽视，这是 NDE 研究生教育过程中不可避免的问题。此时，有两种处理办法：一是依据 NDE 研究生教育具体目标，判断培养主要能适应高校国防教育环境的中级或高级人才还是适应社会国防教育的中级或高级人才；二是依照 NDE 教育者对三大目标定位的充分理解做出合乎实际的决策。但不管情况如何变化，保证体系均应以三大目标定位为处理参照点。除此之外，还应以其他两大构建目标为导向。

2. 整体参与性原则

本原则是指 NDE 研究生教育质量保障体系构建既要注重统括全体参与要素，也要将各个参与要素有机组合成一个整体参与到保障过程中去，而非只见树木不见森林。首先，保障体系构建应做到全员参与。这里的“员”可以理解为“人员”和“物员”。要求全人员参与比较好理解，即要求教育主体要素的全员参与，也包括教育单位外的管理者及其他相关人员的参与，保障体系必须对后者予以高度重视，因为后者容易受到忽视，“全物员”参与是在全人员参与的基础上调动各种物质、制度因素的体系活动过程，这里的“物”也应扩大理解为包括制度、法规等在内的类似事物，全人员参与也是全“物”参与的前提。其次，保障体系应做到全员全状态参与。即要求全员能够以较为灵活的方式，适时、适度、适地地参

与，强调全员参与的策略性和时机性。NDE 研究生教育质量保障体系并非各要素的简单集合，而是各要素及三大构建要素按照教育单位拟定目标、相关部门确定目标和社会对 NDE 研究生的教育期望目标，按照一定规则组成的集合体，它是以全局观点协调处理要素关系及部分要素在特定时间段的组合关系，达到最优化体系功能状态，从而符合前文所述的质量公式。以本原则为导向，在体系构建过程中，各参与要素相互联系、制约和依赖，从而形成一定的结构和活动规律。

3. 相对独立性原则

本原则要求保障体系顾及到两个领域内容的相对独立处理。首先，保障体系要考虑到影响教育质量的两大类要素的相对独立性，由于 NDE 研究生教育处于尝试探索阶段，对于各个教育要素的关系及其协调处理存在不同程度的模糊概念，保障体系不能简单将各个要素杂合处理，而应在理清基本思路的前提下仔细考察各个参与要素，考察各个要素在体系中承担的责任、体系应该给予的保障侧重点和保障程度，对于教育主体类要素作为“人”的概念和教育载体类作为“物”的概念的关系做出基本辨别。对于单一要素本身也要做到相对独立处理，如学习者的三大特性，必须做相对独立处理，才能明确体系保障的具体对象，不至于产生模糊感。除此之外，应同时考虑到上述三大构建要素的相对独立性，三大构建要素是在一定程度上对各个影响因素进行整体处理的结果，动力要素处于环境要素之中，且不断地在评估背景下发挥效力，各要素均具有相对独立运行特性。其次，保障体系应注意各个分体系的相对独立性。内部保障体系、外部保障体系和内外保障体系的联动处理，不应在有意无意中产生混淆，三个部分必须明确各自体系范围。在构建保障体系的过程中，必须注意到上述三类情况，简言之，要对各个要素和分体系做到独立基础上的联合和联合指导下的独立。

4. 可测可行性原则

本原则要求 NDE 研究生教育质量保障体系必须具有两大基本特征：能被测量和切实可行。首先，可测性原则反映出保障体系在实际运行过程中的两大特点：与环境融合和全时段运行。NDE 研究生教育质量保障体系是在一定的环境中运行，环境本身处于不断的变化运动之中，因此，必须不断根据实际情况提高保障体系的功能，保证其效用正常发挥，以便更好地适应环境变化的运动规律，提高 NDE 研究生教育质量实效；保障体系涵盖 NDE 研究生教育工作各个环节，从生源遴选、实际招生、考核考察、培养过程、鉴定调整到最终质量完成，都在保障体系的功效之下，从而显示出保障体系的全时段运行特点。两大特点要求保障体系必须可被测量，只有可被测量才能使评价体系有效，为监督、改进体系提供依据。因此，在体系构建时，必须以可测性为基本原则之一。其次，可测性一定蕴含着可行性，因为体系可测是体系可行的前提条件，但从可测到可行，体系本身要有转化能力，可测是对体系本身的可测，而可行则是体系在实际运行过程之中，还涉及到其他参与要素，因而这种转化不是必然的，可测是可行的必要而非充分条件。可行性要求保障体系能够恰当科学的处理各影响因素及其他方面影响。因而，可行是实现可测的最终完成标志。

（二）构建 NDE 研究生教育质量保障体系的基本方法

NDE 研究生教育质量保障体系的基本方法是指为实现保障体系目标而采取的工作思维或实现体系目标的力量形式，教育保障理论是在教育评价学、测量学和管理学相关理论的基础上发展起来，其方法也是借鉴这些学科相关方法，本体系基本方法也是如此。

1. 行政方法

构建教育质量保障体系的本质是教育管理问题。而教育管理问题是非常复杂的动态过程，其核心指向为教育行政，教育行政与教育的国家化联系在一起，随着教育国家化，便产生了各种教育行政机关，进而产生各种教育行政行为①。依照 NDE 研究生教育工作中的实际特点，也可分为宏观、中观和微观的行政行为，行政方法是较常运用的保障方法。因为任何组织都必须通过行政方法完成各种事务，实现各种预期设想。教育行政行为具有三大基本特点：由教育机关做出，按照教育系统层次，以服从、强制、垂直管理为工作特征；是教育行政机关履行职责的行为，重心是对教育事务进行领导、组织；具有行政学意义，产生各种行政学效果。由此可见，教育行政能够在教育活动中统一思想、认识和行动，通过教育行政组织机关贯彻方针和政策，要发挥保障作用，体现指挥、控制和协调过程及效果，必须通过行政系统中介，运用行政方法。显然，NDE 研究生教育质量保障体系其本质是教育管理活动，必然要求教育行政方法的灵活运用。事实上，在体系构建的实施过程中，如果缺乏行政命令，保障体系无以建立。

2. “契约”方法

契约是两个以上人员或单位相互间达成在法律上具有约束力的协议。契约的最初表现形式是个人和个人之间的约定，随着社会体系的不断发展和功能的不断完善，契约进一步演绎成多种形式，在个人和组织之间形成了四对基本契约关系，且随着国家作为政治主体的发展历程，契约成为一种制度性的文化，一部分凝结为法律，另一部分凝结为章程等形式。在 NDE 研究生教

① 吴志宏：《新编教育管理学》，华东师范大学出版社，2000 年版，第 143 页。

育质量保障体系中，积极运用“契约”方法就是正确看待法律和章程在保障体系中的建设性作用。一方面，保障体系要以《中华人民共和国教育法》《中华人民共和国高等教育法》和《中华人民共和国国防教育法》等相关法律法规为基础；另一方面，保障体系要遵循《普通高等学校军事课教学大纲》等教学制度安排，同时还要遵守所在院校教育教学制度。保障体系要正确看待两种制度形式及其与保障体系的关系：法律法规是保障体系的基本依据，也是保障体系运行效力的重要来源；学校制度章程是保障体系的重要相关，其一部分融入保障体系之中，一部分因保障体系而得以产生发展；保障体系对待前者要遵循，对于后者要不断审视变换，以保障体系目标不断更新保障体系外在表现形式。“契约”方法也具有行政方法的强制特点，但后者是多变的强制性，而前者是相对静止的强制性。因此，在运用“契约”方法时，要综合考虑这两种特点的强制性，进而考虑方法的综合运用。

3. 经济方法

人才培养需要一定的人力、财力、物力投入，NDE 研究生教育也必须投入一定的经济资源才能产生相应的社会行为。在从计划经济到市场经济转变的过程中，姑且不论教育市场化或市场化教育，但就市场体制下的教育具有市场特性一论就必然成立。从 NDE 研究生学科建设、课程与教材建设、就业建设、教育成效等方面考虑，以经济刺激作为激励和制约的方法是可行且必须的。因此，必须注重经济因素在 NDE 研究生教育中的各种作用性质。在以经济方法构建保障体系的同时，也要注意教育经济资源的利用效率问题，以效率考核各种参与要素，这同样是保障体系能否发挥最大功效的着力点所在。根据范先佐教授的观点①，考核利用效率有三种主要方法：（1）产出配合法。投入一定，以产出特性反映效率。（2）投入配合法。产出一定，以投入特性反映效率。（3）混合法。以不同的投入产出的不同配合方式、内容、数量及其关系程度，反映不同的利用效率。NDE 研究生教育保障体系同样可以借鉴这类评价办法对体系保障效率进行考核评价。

第三节 教育质量保障体系的构建与实施

一、NDE 研究生教育质量内部保障体系构建

内部质量保障体系是高校自我保障，根本目的在于自查自纠，促进质

① 范先佐：《教育经济学》，人民教育出版社，1999 年版，第 262 页。

量提升，实现教育目标定位，其保障途径可总结为“两体系、一制度”。

（一）建立导师负责、区域高校参与的质量管理体系

这一体系包括三个主要内容：导师负责制，区域高校参与制，导师、NDE 研究生和区域高校三方联动制。

1. 导师负责制

“导师负责制”概念由来已久，目前的 NDE 研究生教育工作也是实行导师负责制，主要是指 NDE 研究生从正式入学到毕业离校这段时间导师对 NDE 研究生的学习和生活起主要指导作用。而本研究所指导师负责制在时间跨度和负责内容上远超过传统导师制概念。

（1）全程负责

质量是时间的连续体，时间具有一维不可逆性，要求 NDE 研究生教育质量保障体系在具体实施中注重时间因素对质量的影响。导师全程负责制下的时间观分为入学前、学校学习和职后（职后阶段将在第四章中具体分析）。

a. 关于入学前

导师应有挑选权：在挑选标准制定上，导师所在二级单位可在和导师或导师组共同商定的前提下制定基本挑选标准，导师以基本标准为依据，可以增加补充标准组成完整的挑选标准，最终标准仍由导师确定；在挑选行为上，导师根据标准，直接和本科培养单位联系，实地考察挑选，确定备选人员，给予报考权，导师所在二级单位可享有建议权，研究生管理部门只能在职能范围内提供建议，二者不可越俎代庖，这里就避免了备选考生不符合导师要求的现象，增大了选择自由度。导师应掌握考核权：国防教育学学科未创生前，考核内容应由导师或导师组和相关专业人员共同确定，避免了考核内容不符合教育实际的现象，这里主要是指以高等教育学等作为考核知识的不足之处；当学科创生以后，应创建基本考核内容，由导师根据学术倾向自行增加内容，形成适应导师需求的不同考核内容，避免学术上的近亲繁殖，增加学科发展多样性和发展的多元化。

b. 关于学校学习

导师应掌握绝对指导权：对于 NDE 研究生的指导，导师应充分把握这一权力，以便形成合乎导师需要的教育质量，这种绝对指导权在动态上表现为只有导师才能具体且连贯地对所属 NDE 研究生进行相关指导，在静态上表现为这种指导具有一定的指导制度，以便对动态进行规范和约束。这种绝对应理解成制度内的绝对，在制度之外，导师不必然享有绝对指导权，其他相关个人或组织根据自身意愿在不违背制度规定的情况下可以对 NDE 研究生进行相关指导。导师应履行绝对监管权：在享有绝对指导权的

同时，导师应充分履行绝对监管权，和指导权对应，既表现在动态上也表现在静态上，这种监管权的充分履行的根本要求就是导师对 NDE 研究生绝对负责，而不是放任不管或时管时不管。绝对指导权和监管权主要表现在对 NDE 研究生的学校学习的指导和监管，为不泛化影响质量因素的范围，对于学校生活中的指导和监管，导师不必然享有绝对权，只具有相对的指导权和监管权，最终实现与否以及实现程度完全由导师和 NDE 研究生共同确定。

（2）全景负责

全景负责是指导师要对 NDE 研究生从教学到科研再到社会服务等方面的全景式的深层次负责行为，增强 NDE 研究生的行为履行能力。

a. 关于教学能力培养

国防教育教学是高等学校教学任务的组成部分之一，国防教育教学任务落实及其质量实现的关键在于国防教育师资。NDE 研究生导师必须明确这一基本道理，以高度的责任心对待 NDE 研究生教学能力的培养。首先，明确教育目标定位。导师应在明确教育定位的前提下，制定所属 NDE 研究生教学成长计划，动态性、计划性和稳妥性地接近乃至达成目标定位。以质量的指标体系为参考依据，定量制定出教学成长计划。以相应测评办法对计划的科学性和实现情况进行科学测评。其次，最大程度优化质量参与因素。导师应对影响 NDE 研究生教学能力的相关主体和载体因素要有深刻的认识，协调二者在 NDE 研究生教育工作中的运行情况，以全程负责观对待教学能力培养工作。第三，明确三级质量机制中教学能力生成原理。三级质量机制是质量的综合提升机制，包括教学、科研和社会服务三个主要方面，并没有独立的教学能力质量生成机制，导师要根据实际情况，以三级质量机制为基本依据，制定出适合特定对象的教学能力质量生成机制。

b. 关于科研能力培养

科研能力培养是 NDE 研究生教育中一个突出问题，高校国防教育目前处于较低层次状态，急需相关高级人才促进本领域的科研工作，NDE 研究生作为本领域的前沿人才，必须具备相应科研能力。首先，科研理论培养。处于创生阶段的国防教育学没有独立的科研方法体系，因此，必须借鉴相关领域的科研理论体系，如教育学和军事学科研方法论，导师应有意识地给予 NDE 研究生相关指导，可通过开设国防教育学科研方法论讲座、课程等形式。科研理论培养是 NDE 研究生科研能力的基础部分，是进行科研实务的前导阶段，导师应通过各种渠道完善自身科研理论体系储备，不断改进探索。其次，科研实务能力培养。科研实务能力是科研理论掌握程度的检验，是 NDE 研究生从事实际科研活动的演练阶段。主要有以下两种方式：一是课题式。通过导师课题，吸纳 NDE 研究生进行课题外围或深入研究，培养 NDE 研究生对于课题研究的熟悉程度，了解相关知识；二是实习式。在 NDE 研究生教育中，有一定时间段要求的集中实习，导师可根据实习情况，提供科研任务，如对实习过程中某现象的调查分析等，对理论课考试中部分问题考生答案趋同化的研究等。

c. 关于社会服务能力培养

社会服务能力培养是教育目标定位中的重要方面，也是 NDE 研究生在实际教学过程中融入高校的必备能力。NDE 研究生社会服务能力就是要求 NDE 研究生能将自身知识转化为社会影响力，兼职或专职从事全民国防教育工作。首先，组建以导师为核心的讲师团。国防教育讲师团是当前比较通行的国防教育专家服务社会的办法。在各高校国防教育讲师团组成人员中，导师基本上都包含其中，这为培养导师的社会服务能力提供了平台，但是国防教育讲师团的服务能力并不能满足全部社会需求，因此必须积极开拓其他形式的讲师团，可以以国防教育讲师团为基础，通过导师带领 NDE 研究生组建子国防教育讲师团，按照片区划分，既扩展了国防教育讲师团的社会服务能力，也提供了培养 NDE 研究生社会服务能力的新途径。其次，组建共培机制。共培机制涉及到下文所讲内容，如区域高校、院校之外的单位等，他们都是影响 NDE 研究生教育质量的因素，关于社会服务能力的培养必须要统括这些因素，作为全景负责观下的导师必须在其中发挥核心地位。

2. 区域高校参与制度

本研究秉承的思想之一就是 NDE 研究生教育超越所在学校范畴，成为全社会的共同责任，区域高校必然成为 NDE 研究生教育质量的重要影响因子，当前培养院校呈点状分布，在各自点状附近，有片状高校存在，整体构成面状分布。因此，区域高校成为内部质量保障体系中重要的一环。

（1）提供 NDE 研究生实践基地

在核心质量生成机制中，必须给 NDE 研究生以充分的实践平台，NDE 研究生实践平台来源多样。正如上文所说，参与社会国防教育过程也是实践平台的一种，但无论如何，社会国防教育给予 NDE 研究生综合素质提高方面的作用相对于高校国防教育提供的素质提升平台而言略显不足，主要表现在社会国防教育实践平台系统性不强、时间不固定、平台硬件不良等方面。因此，高校实践平台成为主要的 NDE 研究生实践基地，一方面，NDE 研究生所在学校是实践基地的组成部分，这在导师力所能及的范围之内；另一方面，周边高校也是实践基地的构成部分，而且是主要构成部分，这主要是由于单个高校不足以构建完善的实践平台，生态多样性不够，容易导致NDE研究生教育质量内部萎缩，利用周边高校作为NDE研究生实践基地，既可以加大NDE研究生的影响范围，又可以巩固导师负责制效果。

（2）为NDE研究生培养提供实际素材

NDE研究生培养按照既定的培养计划，课程体系基本固定，强调培养的理论性特征，对于实践性特征的凸显必须要求外部素材支持，在国防形势多变的背景下，国防教育形势也处于变动之中，相对应的NDE研究生培养过程也必须随之调整。这种素材提供包括以下两个方面：一是，即时的学生国防意识和能力情况。通过这种情况的提供，NDE研究生对了解教育对象的状况发展有清晰的认识，NDE研究生导师能够通过对这种情况进行国防教育学角度的分析，提供相应的解决思路，既能促进NDE研究生的教学能力，又能促进NDE研究生的科研能力。二是，即时的一线国防教育师资质量状况。通过对一线国防教育师资质量的分析，明确自身前进方向和具体路线，对由高到低纵向数轴上的国防教育师资质量特征进行定量和定性的表述，对照NDE研究生自身质量上升计划，制定出具体对策。在这两种素材提供中，必须严格结合导师负责制实行。

（3）为NDE研究生提供价值实现平台

NDE研究生价值体现在价值功能的逐步释放中，这种功能释放必须具备释放的基本载体。根据NDE研究生教育目标定位，载体应以高校为主，提供价值展现平台，积极引进NDE研究生，促进本校国防教育发展。为此，区域高校必须从根本上改变当前进人要求，在学历要求上适应NDE研究生培养实际，不走“假、大、空”人才路线，高校党委和人事部门要高度重视本校国防教育师资专业化、专门化发展。区域高校为NDE研究生提供就业平台，一方面是三级质量生成机制能否继续进行的唯一因素，另一方面是通过保证就业，促进NDE研究生树立学习信心。这既促进了本校国防教育的发展，也为社会国防教育的发展提供了人才保证。

除上述两大制度外，在导师、NDE研究生和区域高校之间存在三方联动制度，融入上述两大制度中。总体来说，在这一质量管理体系中，导师和区域高校以NDE研究生为活动导向组成了内部质量保障体系的首要且宏观环节。

（二）建立课程设置与教材建设的质量审核体系

这一质量体系包括两个主要内容：课程设置质量的审核体系和教材建设质量的审核体系。其中，教材建设质量的审核体系又分为两个内容：教材内容质量审核体系和教材建设的科学性问题。

1. 课程设置的质量审核体系

以概括性程度为划分准则，可依次区分不同的四种目标：教育目的、培养目标、课程目标和教学目标①。课程设置必须围绕这一基本原理进行，其质量高低取决于能否实现四种目标的统一，质量审核的归宿点在此。一方面，课程设置要有明确的课程目标，另一方面，课程目标要承上启下。

（1）明确质量审核主体

课程设置质量的审核主体是对课程设置质量负有直接责任的相关方，在 NDE 研究生培养过程中，这种直接相关方一般而言是 NDE 研究生培养单位，具体审核者是 NDE 研究生培养单位的教育者，包括教学者和管理者。质量审核主体的主要工作内容包括以下几个方面：编制课程设置质量审核手册；建立审核程序文件（AQP）；建立审核工作文件（AWD）；做好质量审核记录（QAR）。

（2）建立质量审核制度

课程设置的质量审核制度是对具体课程设置的质量定性过程的静态反应，是质量审核体系的核心组成部分。质量审核制度在质量审核主体的拟定、确定和实施过程中，主要包括五个关键点：一是明确课程设置质量审核的具体内容。对于 NDE 研究生课程设置质量而言，为增加审核的便捷性，应舍弃第二方审核，而交由第三方审核代理。二是建立课程设置质量审核准则，包括课程设置质量的审核方针、程序和要求。三是收集审核证据，将与准则相关的课程设置状况按照能够证实的记录、事实陈述和其他信息分类，制作成审核证据表。四是得出审核发现，将准则与证据表对照处理，进行初步评价，发现在课程设置过程中可以改进的机会。五是做出审核结论，将审核目标和审核发现对比，做出结果性评价，作为最终审核结果。

2. 教材建设的质量审核体系

（1）明确质量审核主体

教材建设质量的审核主体范围较课程设置质量审核主体范围宽泛，它不仅包括直接的 NDE 研究生教育者，还包括军队院校同行以及下文所述的专门管理机构，这是因为课程设置较为模糊，明确什么样的课程相对而言比较简单，但是作为下位概念的教材建设，带有明显的具体性，从哲学的纯粹理性角度而言，具体性要求精确性，而精确性必然要求充分的外界参与。因此，其参与主体必须要求多样、充分和完整。教材建设质量审核主

① 施良方：《课程理论——课程的基础、原理和理论》，教育科学出版社，1996 年版，第 90 页。

体的主要工作内容和课程质量审核主体的主要工作内容相似，也包括上述四点，但由于参与主体非单一化，因此，需要做好主体间的协调工作。

（2）建立质量审核制度

教材内容是课程设置能否满足教育目标的最终检验工具，因此教材内容是关系到NDE研究生教育工作能否真正实现初衷的最终环节：一是明确教材建设质量审核制度的具体内容，包括质量审核的主体，在特定时间、地点和条件下的主体组合等；二是建立教材建设质量审核原则，包括教材建设质量的审核方针、程序和要求；三是收集审核证据，将与准则相关的教材建设状况按照能够证实的记录事实陈述和其他信息分类，制成审核证据表；四是得出审核发现，将准则与证据表对照处理，得出初步评价，发现在教材建设过程中可以改进的机会；五是做出审核结论，将审核目标和审核发现对比，得出结果性评价，作为最终审核结果。教材内容是教材建设质量的核心，除此之外，还存在教材建设的科学性问题，它既包括上述内容，也包括NDE研究生教材建设能够积极吸收其他学科教材建设的合理经验和是否合乎教材建设的基本原理。

（三）建立教育质量内部督导制度

NDE研究生教育质量内部督导制度是NDE研究生教育单位及所在高校共建的教育质量督导制度，旨在促进NDE研究生基本教育质量和核心教育质量的生成。

1. NDE研究生教育质量内部督导制度的基本组成单位

NDE研究生教育质量内部督导制度为“两级三块”教育质量督导模式。“两级”指的是具体NDE研究生教育二级单位——军事教研室等机构和院校层次——培养NDE研究生的院校。“三块”指的是二级单位进行的内部督导、院校层次研究生院（处）组织的内部督导和院校教育质量督导中心组织的内部督导，从而形成教育质量内部三级督导制度，使得督导无缝对接，构成质量督导的循环圈。二级单位受其余“两块”督导制度制约和监督，研究生院（处）督导对二级单位督导起监控作用，而校级督导中心既对二级单位监控，又对研究生院督导起引导作用。如果以督导原理中的“运动员”和“裁判员”比喻来形容[①]，二级单位是运动员，其余“两块”是裁判员，校级督导中心是最高裁判官。在运动中，运动员也随时进行着自我监控与裁判，这种监控和裁判是无意识的，而这里的运动员即二

① 罗玉萍、李萍丽：《高校内部教学质量保障探索与实践》，山东人民出版社，2007年版，第26页。

级单位进行的督导也是运动员行使对自身裁判员的职能角色，只是从无意识变成有意识。

2. NDE 研究生教育质量内部督导制度的基本内容

首先，关于督导者，对应上述基本组成单位，NDE 研究生教育者是二级单位督导的督导者，研究生院质量及培养科室是研究生院督导单位的督导者，校级督导中心是校级督导的督导者。关于督导对象，在二级单位督导中，NDE 研究生、课程与教材体系、培养过程和考核机制等都是被督对象，在研究生院督导中，除了二级单位督导对象外，还包括 NDE 研究生教育者，而在校级督导中，除研究生院督导对象外，还包括研究生院本身。其次，各督导模块应建立各自内部督导机制，根据影响 NDE 研究生教育质量生成的三大要素和教育质量的三级生成机制，明确各自所属位置和相应责任。总体而言，三大督导模块均应围绕三大要素和生成机制，以此作为自身活动基础，也是在此基础之上的评价和引导活动。

3. NDE 研究生教育质量内部督导制度的基本原则

首先，坚持科学督导和独立督导相结合原则。独立督导要求三级督导单位应相对独立的行使对各自督导范围内的督导权限和责任，各级不能简单越级。除此之外，独立督导还要求三级之外的督导成分——外部督导不应简单代替包办，同时，也应排除三级督导之外的单位和个人的不正常干扰，维护 NDE 研究生教育质量内部督导制度的严肃性、科学性和有效性。当然，在三级督导过程中，也要注意相互协商支持，发挥集体成员的智慧和努力，努力提高督导水平和效益。独立督导应建立在科学督导基础上，应坚持从 NDE 研究生教育及其质量实际出发，在 NDE 研究生教育规律还未弄清的情况下，更应妥善处理，坚持“督为改，导为进”的方针。其次，坚持依法督导和正面督导相结合原则。依法督导主要包括：（1）督导依据合法。以党和国家现行的研究生教育方针、政策和法规为依据。（2）督导标准合法。必须以国家确定的研究生培养目标和高校制定的研究生教育人才培养规格为标准。（3）督导程序合法。督导应按照各级既定程序严格执行，不得越规操作。在依法督导的前提下，应注重正面督导，既看到缺点，更应看到优点，增强改正缺点的信心。第三，坚持全维督导与重点督导原则。全维督导要从根本上认识“教、学、管”，坚持三方督导，对教师的“教”要从备课到课后答疑等五个环节进行督导，对学生的“学”要从入学标准到就业进行全程督导，对管理者的“管”要从教学秩序管理到服务理念进行督导。全维督导的本质要求是进行重点督导，即对三方各自的重心进行关键性导引。在 NDE 研究生教育工作中，“教”中要重点督导 NDE 研究生导师资质，“学”中要重点督导 NDE 研究生入学标准和就业，“管”中要重点督导教育教学考核标准及其执行情况。

二、NDE研究生教育质量外部保障体系构建

（一）建立以军地合作为主、校际联合的质量支援体系

从国防教育学的学科背景可以看出，军事学占据基础学科地位之一，因此必须加强军队系统和地方系统合作，必须加强军事院校和高校的合作；从学科背景的复杂性和当前NDE研究生教育处于萌芽期来看，必须加强高校间的合作。

1. 实现军队系统与地方系统的合作支援

NDE研究生教育目标定位要求NDE研究生必须成为国防教育的中流砥柱，但当前的培养支持系统并不能实现，普通高校NDE研究生教育必须要求军队系统建立军队支持系统。此外，地方各级相关部门必须为NDE研究生培养营造地方支持系统。在上述基础上，真正形成军队与地方对NDE研究生教育的通力支持系统。

（1）军队支持系统

军队支持系统涉及面广，包括人员支持、场地支持等。其中最为关键的支持因素是为NDE研究生提供充分的军事阅历平台，它是形成NDE研究生教育质量的基本元素，NDE研究生必须具备军人素质才能完成角色使命。这种军事阅历平台有两种实践方式：第一，在NDE研究生入学初期，按照新兵下连队方式集训三个月左右，形成基本的军人素养，集训完后在军队基层见习政治工作三个月左右，而后回到所在院校学习。第二，以月为单位，每月安排一星期左右时间入军营训练，第一年为体能训练，第二年为见习政治工作。两种实践方式可借鉴地方院校培养国防生模式进行，其核心要旨则是增强NDE研究生的军事素养。这种军事阅历平台的提供会给军队带来一定的管理难度，涉及人民武装部门等军事单位，面临思维、制度和实践层面的诸多困难。因此，须做好统筹协调工作。

（2）地方支持系统

按照NDE研究生的教育目标定位，服务社会是其从事NDE工作中的应有之义。因此，根据谁受益谁投资的经济原则，地方系统应承担相应责任，提供相应支持。地方支持系统主要包括舆论支持、资金支持和制度支持等。首先，地方有关单位应做好NDE研究生教育的舆论导向工作，扩大NDE研究生的影响范围，为NDE研究生教育工作营造群众基础。其次，地方有关单位应在资金上做到相应支持，特别是地方教育和财政系统，应做到计划单列、监督落实、信息反馈和后续改进，在资金分配上，既要考

虑到工作整体，也要考虑到个体，提高人员积极性。第三，地方有关单位应综合调研拟定相应支持制度，形成法规性文件和工作程序，实现支持的经常性、高效性和非个人意志性。

在上述两大支持系统中，必须充分解决合作机制问题，做好军队支持制度和地方支持制度的衔接问题，按照 NDE 研究生的地方归属定位，在两大系统合作中，应强调地方支持系统的主导地位。

2. 实现军事院校对高校的合作支援

军校属于军队支持系统的组成部分，但又有特殊性，即和高校一样，属于教育单位。在 NDE 研究生教育实际工作中，二者更是体现出紧密的关切性，因此予以单列讲述。军地院校合作支援主要是人员支援、课程和教材支援等方面。

（1）人员支援

首先，建立 NDE 研究生教育的军校教员师资库。由于当前 NDE 研究生教育师资处于建设阶段，教育教学能力不足，必须从军校教员中选拔一批能够胜任 NDE 研究生教育工作的教员，建立常设的专家师资库，这些专家师资应由教学经验丰富，能力突出，在军内具有较高学术造诣的教员组成。其次，建立高校 NDE 研究生教育师资进军校进修制度。国防形势变化莫测，国防教育也面临诸多困惑，高校 NDE 研究生教育师资应向军内专家学习，以提高相关教育教学能力。进修制度应考虑常态化建设，并制定进修细则，可实行军内教员对高校 NDE 研究生教育师资的导师制，特殊条件下可在此基础上将师资库与进修制度结合起来，形成“三方小组”制，即军内教员、高校国防教育师资和 NDE 研究生教育导师组，提高培养的针对性。第三，建立 NDE 研究生进军校学习制度，此制度可结合军事阅历平台进行，将进军校学习按照恰当比例，使之成为 NDE 研究生军事阅历的一部分，根据实际情况考虑，如按照军校学习时间占总体学习时间的 10% 等。此制度在设计上应将其与高校学习相衔接，构造成学习整体。

（2）课程和教材支援

NDE 研究生教育在课程与教材上均属于初步发展阶段，课程内容具体不明，教材建设落后影响教育工作。首先，军校要进行课程支援。在课程目标上提供指导，同时避免课程设置军校化，应符合高校 NDE 研究生教育工作实际；在课程内容上提供指导，按照相应的组织和选择原则，合理安排课程的类型和结构，在课程实施、评价和课程探究上应基于地方特色做出军事、军队和军校色彩的解答和指导。其次，军校要进行教材支援。当前 NDE 研究生教育在课程建设不足的情形下，教材建设更是处于落后地位，几所培养高校自行编写的高质量 NDE 研究生教材偏少，且各自为战，整体教材建设效益不佳。因此，军校要组织专家为高校 NDE 研究生教育工作编写科学的教材，并在充分研究的基础上加以改进，将军校教材作为 NDE 研究生教材使用。

3. 加强培养高校间的合作

高校合作包括当前几所培养院校间的合作，也包括和有能力进行或者有个别学者可以提供智力支持的高校合作，这两类合作的性质不同、内容不同、方式也存在差别。

（1）当前培养院校合作模式

首先，应从理念上明确当前培养院校合作模式的重要性。当前培养院校，在“高校教师”计划停招前，并非都从事全日制 NDE 研究生培养工作；在“高校教师”计划停招后，除继续培养全日制 NDE 研究生的高校外，有的停止了培养工作。因此，要通过“三大基本手段”开始或继续保持全日制 NDE 研究生招生规模和质量，必须保证既有培养经验能够做到共享，建立 NDE 研究生教育基本理论，加强当前院校的培养合作显得尤为紧迫。其次，要明确院校合作模式的基本内涵。当前培养院校的合作其性质是 NDE 研究生教育先导力量的内涵式提升，是对先前 NDE 研究生教育工作的反思和今后构想；其内容主要是在当前培养院校内以 NDE 研究生教育工作为合作内容，形成 NDE 研究生教育的原始校群，如建筑学类的“老八校”，建立培养品牌和荣誉；其方式应强调培养院校“全通道”式交流。

（2）与其他院校合作模式

首先，应从思想上明确与其他院校合作模式的积极意义。在未来高校发展过程中，随着整体高等教育水平的提升，个别院校办学资质可能会跃升，或在既有的办学资质上稳步提升办学能力，从而能够承担 NDE 研究生教育。在具备这种资质之前，可能在某一领域处于领先地位或具有学术大家。重视这种情况，既能够促进当前院校培养工作，又能够以当前院校培养工作带动具有 NDE 研究生办学潜质的高校，形成未来的集群式发展模式。其次，要明确与其他院校合作模式的基本内涵。其性质是 NDE 研究生教育力量的外延式提高；其内容是以当前培养院校带动后来者，后者促进前者；其方式应为“核心—发散”式，“核心”即当前培养院校之一，“发散”即围绕在某一培养院校周边的具备潜质的高校或专家。

（二）建立教育质量外部督导制度

它是 NDE 研究生教育单位之外的相关教育主体为提高 NDE 研究生教育质量而建立的督导制度，旨在促进 NDE 研究生教育质量外部生成机制的实现。

1. NDE 研究生教育质量外部督导制度的基本单位

NDE 研究生教育质量外部督导制度的基本单位构成相对复杂，包括政府、院校和社会及军队四位一体的体系。政府由于行政层级的划分，又分为国家级、省市级政府督导。而院校也包括潜在用人单位院校和区域高校联盟（大学城、高教园区等）。对区域高校联盟应作广义理解，当前培养院校及今后培养 NDE 研究生的院校应根据具体区位条件组建 NDE 研究生教育高校联盟。最为复杂的是社会单位，由于主体不明，责任不清，难以界定。这里借用贾云生教授的“五位”国防教育体系概念①，界定社会单位为社区、农村和企业三者。军队督导包括所在军区战备建设局等相关单位督导。上述内容只是明确了四位一体的外部督导制度的基本构成。在执行中，应明确执行结构，具体包括：由国家教育督导组和省市教育督导组组成政府督导体，职责范围对应相应教育行政权限；由用人单位的国防教育机构和区域高校组成的联合国防教育机构组成院校督导体，根据各自对督导的理解组织督导；由社区、农村和企业人民武装机构及个人组成社会督导体，根据本区域和本单位情况进行相应督导；由省军区有关单位联合行政区内军校组成督导体，依照军队对地方支援体系的内容进行督导。四位一体的外部督导体系应由下文所述的专管机构统一协调外部督导的相互事务关系。

2. NDE 研究生教育质量外部督导制度的基本内容

首先，在督导的基本着眼点上，主要有三大督导层次：第一，对管理层面的督导，主要督导 NDE 研究生教育单位对 NDE 研究生教育目标定位的理解、对三级质量生成机制的实践和对国家教育方针、相关政策和法规的执行情况，参与并讨论 NDE 研究生教育发展规划，检查和评估研究生教育的实践环节，督促学校和二级单位依法办学、按规律办学。第二，对导师层面的督导，主要是对导师负责制进行督导，一方面以教学、科研、社会服务质量对导师素质进行督导，另一方面对导师培养 NDE 研究生的过程进行督导。第三，对研究生层面的督导，主要对研究生的学业过程进行督导，包括 NDE 研究生学习计划的制定、学分情况及学位论文和就业等方面进行质量督导。其次，在督导范围上，除听课、课堂评价和提高办学水平上，还应对学校 NDE 研究生整体教育工作进行督导，包括 NDE 研究生教育理念、教育定位、学科专业规划、课程建设和师资队伍等方面。

3. NDE 研究生教育质量外部督导制度的基本原则

首先，坚持全员督导原则。NDE 研究生教育质量外部督导制度是整体

---

① 贾云生：《新时期国防教育理论与实践》，四川大学出版社，2007 年版，第 67 页。

督导制度的重要组成，离开外部督导，内部督导会无序。因为NDE研究生教育资源需要外部支持。外部督导也要坚持四位一体督导理念，凝聚共识，缺一不可。其次，坚持全过程督导原则。内部督导由于督导者本身就执行或完全参与实际教育过程，因为相对容易进行全过程督导，也就基本不存在全过程督导概念。而外部督导由于督导者并非具体教育过程执行者和完全参与者，容易忽视全过程，表现出对部分环节的督导，忽视其余环节。第三，坚持全维督导。即对上述督导内容的全面把握，不仅要督“学”，也要督“教”，更要督“管”，将三方完全纳入外部督导范围。第四，坚持主次原则。外部督导者在外部督导系统中的地位不尽相同，依照各自职责权限处于不同督导点上。就某一督导过程看，由于存在各种影响因素，督导主次关系有所不同，因而要注意在单一督导过程中的主次关系。即使是在整体督导过程中，由于各督导体的社会角色不同，其参与督导的责任也应有所区分。

（三）建立高校国防教育师资认证与评审制度

“国家实行教师资格认证制度”① 和2009年辽宁省率先推行的国防教育教师资格认证制度②，使得国防教育教师在省级范围内成为教师资格种类中的组成部分，在NDE研究生教育工作中，其外部质量保障体系必须注重此类师资认证与评审制度。事实上，早在1989年9月，国家教委在山东师范大学举办了全国高校国防教育师资专业证书教学班③。

1. 建立高校国防教育师资认证制度

建立高校国防教育师资认证制度要从资格认定标准和资格级别等方面考虑。

（1）高校国防教育师资认定标准

美国心理学家麦克利兰在《测量胜任力而非智力》中提出“胜任力”概念④，但我国在实际应用中的“胜任力”涵义大多是指英国的“胜任力”涵义，即对工作基本标准（最低要求）的胜任力。笔者认为，正是因为遵循英国式概念导致当前部分教师资格条件处于偏下水平。因此，在国

---

① 《中华人民共和国教师法》，中华人民共和国主席令第15号（1993年10月31日第八届全国人民代表大会常务委员会第四次会议通过）。

② 辽宁省人民政府：《辽宁省全民国防教育实施办法》第五章第四十五条，http://www.ln.gov.cn/zfxx/jrln/ttxg/201001/t20100108_474916.html。

③ 吴温暖：《高等学校国防教育》，厦门大学出版社，2007年版，第223页。

④ David McClelland. Testing for competence rather than for “intelligence” ［J］. American Psychologist. 1973（28）：1-4.

防教育教师资格方面，应遵循美国式概念，即强调“胜任力模型”概念：基准性和鉴别性胜任力——绩优者优先说。为达到这一标准，高校国防教育师资申请人一般应经过两大阶段：一是职前教育阶段。在国家认定的NDE研究生培养院校学习，获得教育教学基本知识以及在导师的监督指导下进行本专业教学实习的机会；二是获得国防教育教师实习资格。申请人完成了第一阶段的准备工作后，需要通过考试获得实习资格，它使申请人获得了约一年时间的课堂教学机会。在这一年中，获得实习资格的教师还需要参加导师计划或专业发展培训活动，然后才能获得教师资格。

（2）高校国防教育教师资格级别

上述内容是所在省级别的通用教师资格证书申请条件，省级以上应有国家级高校国防教育教师资格证书，从而形成两级教师资格系列。国家教师资格证书的鉴定由国防教育委员会负责。申请国家国防教育教师资格证书必须具备以下条件：拥有经过认证的具备NDE研究生教育资质的学校颁发的硕士及以上学位证书；有三年以上高校国防教育教学经验和一年以上社会国防教育经验，且经过省级单位证明，任教学校应为教育部备案院校；拥有省级国防教育教师资格证三年以上。具备以上条件的申请人，须填写申请表及准备相关材料，在规定的日期前，将申请材料提交到国防教育委员会国防教育处。省级国防教育教师资格证书只能在本省范围内及其他认可本省资格标准的省份使用，国家国防教育教师资格证书可在除港澳台三地外的31个省、自治区和新疆生产建设兵团使用。

2. 建立高校国防教育教师评审制度

高校国防教育教师评审制度包括初次评审与定期评审，当前我国教师资格制度由于仅注重初次评审而忽略定期评审，社会怨言较大，认为此举对提高教师专业化能力不够。因此，高校国防教育师资必须注重定期评审复核制度，实际上是建立高校国防教育教师的资格淘汰制，形成动态性的资格标准。

（1）初次评审

高校国防教育教师资格初次评审是指那些申请对应教师资格认证的申请人进行的条件审核举措，是扩大高校国防教育教师队伍规模的基本办法。根据认证制度，初次评审分为省级和国家级。在评审者上，省级初评者应为省级国防教育专家，国家级初评者应为国家级国防教育专家。在评审手段上，两级初评应结合定量评价和定性评价，定量评价以经过标准化处理的专业试卷为评价工具，定性评价以座谈方式，国家级初评应重点强调定性评价方式。在具体实施中，应考虑两个“标准化统一”：各省初评手段的统一和省级与国家级的基本统一，做到评审通用化。在初评内容上，两级初评均以专业知识和教学能力为主，只是在程度上有层次性的要求，且注重实践能力的考察。在初评应提交材料上，被评对象应提供随机抽取的课堂录像、规定时间内设计并完成教学计划。

（2）定期复评

高校国防教育教师资格定期复评是指对已经取得对应教师资格且在职的被评者进行的条件复核举措，是增强高校国防教育教师队伍质量的基本办法。根据认证制度，定期复评也分为省级定期复评和国家级定期复评。评审者与初次评审一致，评审基本手段和侧重点也基本一致。但在复评侧重点上，省级复评仍以专业知识和教学能力为主，而国家级复评重点突出专业态度和价值观的测量，专业价值观的测评应通过观察和记录教师在情境问题上的行为表现来测评教师价值观的方法更加可取，这种方法更好地体现了教师的价值与实践之间的关系①。在定期复评上存在的“制度成本”问题②，一方面可通过新的国防教育教师资格制度的顶层设计解决，另一方面可以借用现有的教师资格制度。在定期评审周期上，日本“教师资格更新制”规定十年更新（复审）一次，根据当前及今后一个时间段我国国防教育师资队伍建设情况，可借用日本的更新制相关内容。

无论是进行初次评审，还是定期复评，无论是省级评审还是国家级评审，均要掌握两点：评审标准的系列化统一，具有层级延续性和跃升性；评审专家要对标准做到规范认识，各专家理解一致，做到评审科学化。

三、实现教育质量内部保障与外部保障的体系联动

NDE 研究生教育质量内部保障体系和外部保障体系是 NDE 研究生教育质量保障体系的两大支柱，从系统思维出发，必须将两大体系融合，使之发挥出整体效益。因此，必须探讨如何在既有的内部和外部保障体系之上建立体系联动机制。

（一）设立由相关部委联合指导、独立设置的专门管理机构

在教育管理学中，管理理论从 20 世纪初的古典组织理论发展到 30 年代的人际关系学说，直到 20 世纪中叶出现了行为科学的管理理论。在

① 张俊友：“从‘教师胜任力’的视角对我国教师资格认定的反思”，《江西教育科研》，2007 年第 2 期，第 46 页。

② ［美］彼得·M. 布劳著，孙非、张黎勤译：《社会生活中的交换与权力》，华夏出版社，1988 年版，第 315 页。

NDE 研究生教育中，这些理论均没有得到很好体现，关键问题在于缺乏完整独立的专门管理机构。

1. 建立完善的专管机构

国防教育作为国防建设的重要组成和国民教育的重要构成，决定了其具有影响范围广和涉及领域多的特征。因此，专管机构的建立完善成为首要任务。按照政府机构改革思想，国防教育专管机构应由相关部委联合指导并独立成体系设立。首先，应明确主要相关部委。根据相关法律法规，教育部、国防部和中央军委国防动员部等应成为主要相关部委，在权责划分和配合上均以各自专属职能为依据，以上述法律法规为行动指南。其次，应明确专管机构名称。目前，自教育部至各县级单位，均有国防教育办公室，为增强属地国防教育而设。为增加专管 NDE 研究生教育职能及后续国防教育专门人才培养考量，可充实现有各级国防教育委员会，在国教委下设国防教育处，受上述有关部委联合指导，国教处下设国防教育师资科（下称师资科），专管 NDE 研究生教育工作。

2. 专管机构人员构成及其职能

专管机构人员分为日常工作人员和专家组。日常工作人员应由对 NDE 研究生教育工作具有较深理解的具有 NDE 研究生教育资历和经历的教育者组成。此外，还可包括对研究生教育及其管理具有丰富经验的其他人员，主要负责校外 NDE 研究生教育工作，做好上情下达，对 NDE 研究生教育实际做到充分调研，向专家组汇报教育实际，协调处理与其他有关单位的日常事务。综合来看，应为校外 NDE 研究生教育做好沟通工作，提供相应条件。机构人员还包括专家组人员，由资历更高的 NDE 研究生教育工作者构成。除此之外，遵循大国防思想，也可吸收对国防教育高级人才培养具有独到视角的其他学科专家，专家组主要依据日常工作人员的情况报告，拟定有关 NDE 研究生教育的宏观发展规划和教育政策。

3. 专管机构工作职能

专管机构职能与机构人员职能不同，人员职能是从活动性质角度考虑，而机构职能是从活动内容角度考量。根据前述内容，专管机构职能主要包括：（1）监督 NDE 研究生教育院校落实政策情况。对机构遵照相关部委制定的政策执行情况进行监督考察，如出现不符合政策初衷，应及时进行指导调整。（2）监督 NDE 研究生内部教育质量保障体系运行。在理清顺序和位置的前提下对 NDE 研究生教育院校内部三级督导运行情况进行监督并提出建议。（3）监督 NDE 研究生就业及其发展情况。对 NDE 研究生是否在相应岗位就业、质量是否符合需要以及就业后所在院校或其他类型单位给其提供的发展平台进行评估，并提出相应整改建议。除此之外，还应做好国防教育师资认证评审工作和国防教育学学科建设工作。

（二）建立NDE研究生教育质量内外督导联动制度

它是指将内部督导和外部督导共置于整体督导体系之中，共促NDE研究生教育质量提升。质量提升的含义是“要求质量、认可与创新但约束最小”①，其内涵是指“性能可靠、满足主体需求和独特性”，因而必然要求建立联动制度，该制度可分解为理论联动、学科和专业资格联动和分督导体联动三大部分。

1. 建立NDE研究生教育质量督导理论

应集合当前NDE研究生教育工作者及其他相关人员，共同制定本类督导理论。就目前情况来看，NDE研究生教育质量督导理论处于酝酿阶段，表现为理论少、内容浅、多照搬其他专业质量督导理论。因此，相关专业技术人员应致力于建立适应NDE研究生教育工作的质量督导基本理论，主要探讨本类督导的性质、规模、职能、对象、内容、程序、方法和技术等基本督导规律。在此基础上，据实情拟定出内部督导理论和外部督导理论，在理论上做到内外督导的理论联动。

2. 建立NDE研究生教育质量督导学科和专业资格制度

首先，应建立该类质量督导学科。应在国防教育学学科建立的基础上，同步发展质量督导学科，借助相关机构和人员力量，借鉴相关学科理论和实践知识，进行该类教育质量督导学科体系的建设与研究培训工作，使得该类质量督导的基础理论问题受到关注，并逐步取得相应成果，提升督导队伍素养。其次，应建立督导专业资格制度。应据《教育督导暂行规定》和《关于加强教育督导队伍建设的几点意见》等文件中规定的对督学应具备的条件并结合本类督导实际建立专业资格制度，根据督导者的德、识、才、绩和资历等方面建立梯度合理的职级制度②。通过学科建设和资格统一化建设凝聚人员活动标准，实现内外督导的联动。

3. 建立NDE研究生教育质量分督导体的交流制度

在内部督导体中存在三级督导，在外部督导体中存在四位一体的督导体系，共同形成了七类级别不同的分督导体系，应建立分督导体督导交流制度。其一，建立督导论坛。将日常督导中遇到的情况总结提升为问题，通过“督导论坛”的方式召开专题研讨会，做到凝聚思想、典型研讨和经

---

① ［美］保罗·C. 纳特、罗伯特·W. 巴可夫著，陈振明译：《公共和第三部门组织的战略管理：领导手册》，中国人民大学出版社，2001年版，第244页。

② 王桃英：“教育督导专业化的政策性探讨”，《现代教育管理》，2009年第3期，第62页。

验推广。将成果以论文集等形式出版，形成实物化督导研讨成果。其二，建立信息化交流平台。应在核心质量生成中提到的信息化平台基础上增添督导交流版块，使得各类督导情况能及时汇总交流，减少任务量，提高督导透明度。其三，创办 NDE 研究生教育内部或正规刊物。刊登理论深度足够、反映问题深刻和具有创新性理念的研究成果。

（三）实现教育质量标准与师资认证评审标准的统一

教育质量标准和师资认证评审标准的统一，是对教育质量和师资认证评审标准的规范化认识，有利于明确质量标准，有利于认证和评审标准获得社会认同，有利于 NDE 研究生教育发展。应以“两个统一”作为评价统一程度的参照。

1. 实现教育目标定位与认证评审标准的统一

强调目标定位和认证标准的统一是为认证评审标准提供提纲挈领式的引导，目的在于把握标准方向。首先，认证评审标准要能反映“个群结合式”目标定位。在具体操作过程中，可通过个体测验和团体测验进行，在测验工具选择上可运用小组讨论方式，如编制能反映对自我价值和群体价值有清晰认识的心理测验问卷，或采取无领导小组讨论方式进行非参与式、结构性或非结构性观察。这些操作内容主要反映的是个体对从事国防教育工作的基本情感、态度和价值观。其次，认证评审标准要能反映“双师型”目标定位。在具体操作过程中，可借用对该目标定位的分解体系进行，通过阶段性实地考察和对相关人员访谈进行，主要反映个体对从事国防教育工作的知识和技能内容。第三，认证评审标准要能反映“领军式”目标定位。在具体操作过程中，要运用组织行为学和 HR 理论进行甄别，也可以其他两类定位的操作过程辅助之。主要测量个体进行国防教育工作的全部内涵——知识、技能、情感和态度及价值观。做到以上统一的实质，是对目标定位的审核，也是对 NDE 研究生教育质量的量化。

2. 实现三级质量生成机制原理与认证评审标准的统一

强调质量生成机制与认证评审标准的统一是为提高认评标准的科学性，有利于完善标准，提高被认可度。在师资认证阶段，就已从概念上实现了和质量生成机制的统一，因为认证标准要求申请人必须具有 NDE 研究生学习经历且取得实习资格，所以强调本类统一的实质，是要实现质量生成机制与评审标准的统一。由于初评是对认证标准的审核，因而，统一的实质就是定期复评与生成机制的协调处理，即做到定期复评能够反映质量的生成机制，但由于三级质量生成机制是对 NDE 研究生教育而言，而定期复评对象为参加国防教育工作多年的前 NDE 研究生，二者之间由此出现操作性矛盾，解决矛盾的关键在于从要领上明白三级质量生成机制精髓——强调质量的分级处理和分类提高，可总结为无限质量理论，即在时空范围内，质量无穷无尽。因而，在复评标准上，必须积极运用发展性质量理论。

NDE 研究生教育工作正处于起步阶段，当前培养质量必须受到高度重视，从而夯实工作基础，为后续培养提供借鉴。首先，必须根据教育实际，明确 NDE 研究生教育质量内涵，清晰目标定位；进一步明确各教育主体的权责及其相互关系，完善教育载体建设，做到教育层级关系的明朗化；从根本上认识三级质量生成机制的实质，做到不断更新各级具体内容，适应教育实际，特别注意外部质量生成阶段所需的支持条件。其次，要实时实地对 NDE 研究生教育质量情况进行调查分析，掌握质量动态；对质量保障体系的构建目标和要素要深刻学习，理解要素、目标和目标定位的关系，恰当运用体系的构建原则和构建手段。第三，内部保障体系的“两体系、一制度”和外部保障体系的“一体系、两制度”以及关于内外联动的构想应成为今后保障体系实际构建思路的重要组成。其中，导师负责制、区域高校、课程与教材、军地合作、内外督导、专管机构和师资标准应成为体系构建中必须包括的关键词，可总结为“由专管机构统一协调导师、区域高校和军地教育活动，以课程与教材建设为关键点，内外督导联结的教育质量保障体系”。

第四章 高校国防教育师资职后培训

高校国防教育师资是高校人力资源体系的重要组成，也是高校办学主体的重要组成。在高等教育发展迅猛、科技日新月异的当下，高校国防教育师资与高校其他学科专业师资一样，都应当与时俱进，促进自身专业素质的提升。就高校国防教育师资而言，所从事的工作领域，表现出极大的国家安全与国防意义。安全与防务领域变化万千。对此，高校国防教育师资必须努力增强自身专业素质，以适应不断变化的现实。事实上，高校国防教育师资与其他学科专业师资一样，面对的教育对象群体，从一个较长时间段来看，其特点、生活与时代背景也是逐渐变化的，各学科专业师资所能借用的教育形式、教育手段和媒介显然也在不断推陈出新。因此，高校国防教育师资必须与其他学科专业师资一起，加强职后培训。

有学者认为，中国高校教师职后培训的发展历程起源于20世纪初，先后经历了多个发展阶段：最初的职后培训自主性强、起点高、注重向外学习，但没形成计划、规模和制度；“文化大革命”期间几乎停顿；恢复高考制度后最初八年具有应急性、突击性和短平快特点；20世纪末，高校师资培训网络体系建立并逐步走向规范化、法制化轨道；进入21世纪以来，教师职后培训逐步纳入到终身教育体系中。① 也有学者指出，当前高校教师职后培训理念落后，对实践能力掌握不够；教师职后培训只是一种要求，却没有进入相应的职后培训立法程度，导致强制力缺乏，对院校和教师都构成发展障碍；职后培训机构（如师范院校）间联系不畅，职后培训的师资自身能力不足；职后培训课程设置也流于形式。② 但无论对中国高

---

① 梁玉兰：“中国高校教师职后培训的历史溯源”，《惠州学院学报》（社会科学版），2012年第1期，第102页。

② 梁海波：“专业发展视域下高校教师职后培训模式论”，《继续教育研究》，2016年第4期，第79—80页。

校教师职后培训的发展现状有何不同见解，至少在时间维度上，当前的职后培训条件和机会相比于之前，整体上均有进步和规范。而即使是条件和机会有这样或者那样的不足，对处于弱势和边缘化的高校国防教育师资职后培训而言，职后培训都是必不可少的专业化成长渠道之一。

第一节 高校国防教育师资职后培训的协同机制

诚然，当前中国高校师资职后培训有一些不足之处，甚至将之与国外高校的师资职后培训做横向对比，也并非是厚此薄彼。主要目的是找出职后培训要改进之处，展现职后培训对高校整体人力资源提升的作用。当然，通过对国内外高校师资职后培训的差异进行相应的分析，也可以更有效地为开展高校国防教育师资职后培训提供“他山之石”。因此，在具体分析高校国防教育师资职后培训的协同机制之前，也为了进一步理解机制的内涵，先对高校师资职后培训的国内外情况做扼要介绍。

一、高校师资职后培训的国内外对比分析

首先要说明的是，“高校师资职后培训”是一个相对较为模糊的概念。在一般意义上，也被称作“师资培训”或“师培”。因此，各高校人事部门就有了相应的负责师资培训的职能科室，各级各类教育行政部门，也就有了“师培中心”机构，负责教师培训。在此界定下，高校师资职后培训主要就是师资在完成了学历教育正式入职之后，所接受的各种制度化、程序化、项目化的教育过程。主要包括师资在兄弟高校之间的访问交流，师资参加学校承认并支持的各种培训班或进修班。其教育形式主要是理论教学、实践观摩和操作、项目研讨等。这是一般的情况。而从更宽泛的层面理解，“高校师资职后培训”不仅包括一般意义上的“师培”，还包括专业性会议、政府决策咨询召集、师资通过自身渠道并自由决定是否参与的学习机会，甚至还包括师资的日常自学。为了增强职后培训的规范性和教育效果，从职后培训的终极目的出发，本书对高校师资职后培训的理解，采取第二种，即宽泛意义上的理解。

（一）发达国家高校师资职后培训的基本情况

在第一章对高校职能嬗变的介绍中，简要介绍了发达国家特别是欧洲大学的起源情况。从中可以看出部分发达国家，如英、法、德等国的高等

教育普遍开展较早，形成了相对较为规范的教育机制，包括师资的职后培训机制。其师资职后培训体系基于自身的高等教育传统，因而，形成了一定的程式。

1. 基于教师感受组织职后培训

每一个个体都是独特的，所以，每一位教师也是相对独立且独特的。高等教育的魅力和效力就在于符合认知和规范的多样化。由于发达国家对教师资质的限定标准较为严格，其完善的学历教育体系和学科体系，保证了教师在入职之后基本不需要考虑学历提升。从宽泛意义上的理解来看，其职后培训主要是为了提升教师的内在素质而开展，如学科知识体系和教育视野、教学能力和教师自身愿意关注的有价值问题等。大多数发达国家高校都鼓励教师学术休假，到社会和企业，以及其他国内外高校中相互交流。高校内部的学术沙龙和教学沙龙也是尽可能照顾到不同教师的需求。德国为高校教师职后培训开设的内容十分丰富，主要有学科专业、教育科学和社会问题等。[①] 由此可见，高校鼓励教师脱离地域限制，到校外去获取自身的教育需求。在校内，高校尽可能的满足教师的教育需求，并考虑教师的职后培训感受。日本高校教师职后培训则是围绕专业技能、教学能力、人格与师德展开。

2. 教育形式和教育机构多样

英国高校师资职后培训的短期课程主要目的是为了解决教学实际问题，介绍新经验和新方法，一般是在周末或寒暑假进行；中期课程则是为了帮助教师在某一方面能够获得系统性的认知体系，或干脆就是帮助教师对一门新课程有基本了解，一般利用某学期或学年的时间；长期课程就如中国高校教师的在职学位教育，目的是提升自身学历或对某专业有系统性学习，学习时间一般在两学年以上。英国的大学、多科技术学院、教育行政机构和专业性教育团体都可以对高校教师进行职后培训。在东欧国家，高校教师甚至可以通过网络函授班、夜校等形式进行职后培训。政府也开办了很多专门的教师进修学院和教师培训班。俄罗斯高校内设立的函授部、教师进修学院、夜校部和校长进修学院等，都是开展教师职后培训的主要机构。日本高校教师职后培训空间主要是在校内、大学进修学院和教育部门组织的场所等。

3. 注重对参加职后培训的补偿与激励

教师职后培训对高校自身的发展价值，在绝大多数情况下是显而易见

① 梁玉兰："欧美高校教师职后培训的特色及对我国的启示"，《中国高校师资研究》，2012年第2期，第35—27页。

的。因此，发达国家大都鼓励教师参加职后培训。这些鼓励办法可以分为补偿和激励。所谓补偿，就是对参加职后培训的教师在参加过程中的经济支出，予以相应补偿。所谓激励，就是在教师晋升制度设计和教师任务规定上予以倾斜和照顾。不但对教师予以补偿和奖励，对教师所在的高校也有专门的补偿和奖励。这也显示政策性与经济性共举。在美国，州政府对鼓励教师参加职后培训的高校，实行专项的职后培训补贴；学校则免除教师的教学任务并予以加薪和补偿经济支出；将参加职后培训作为教师聘请和续聘的前提条件之一。[①] 加拿大则是鼓励教师进入产业界，注重教师职业技能和产、学、研的协同发展能力。

（二）我国高校师资职后培训的基本情况

20 世纪 90 年代合校潮流之后，我国高等教育取得了较大进步，在师资的职后培训方面也形成了一些相对稳定的做法。

1. 职后培训内容丰富

针对学校专任教师整体学历偏下的现实，在新进教师学历标准方面，除特殊情况和教学需求外，规定为博士学位获得者。因而，针对已进校的教师且学位为学士或硕士的教师，鼓励其在职取得更高一级的学位。针对新教师普遍缺乏专业教育教学理论的现实，在岗前培训中，增加了教育学、心理学和教师职业道德等课程，以期尽可能提升教师教育教学能力。针对教师自身学科专业水平需要提升的实际，高校借助于各学科专业交流渠道，以国内高校访学等形式，提升教师专业理论和专业素养。此外，高校也进行一般的、旨在提升教师政治素养的党校教育和政治理论教育等。

2. 职后培训体系多样

以单个教师为例，在从院校毕业进入高校任职后，首先要参加岗前培训，获得合格证书后，才能申请高校教师资格。多数高校一般都对新进教师有 2—3 年的教师成长观察期，以校内领导听课、督导听课和同行听课等为主要方式。在观察期前中后，上级教育行政部门的职后培训计划，教师也有机会积极参加。除此之外，各学科专业的学术交流平台，也是教师职后培训的重要载体。因此，形成了“岗前教育—观察期教育—教育行政计划教育—学科专业教育”为一体的职后培训体系。除岗前教育外，后三类职后培训穿插进行，对提升教师能力有着重要帮助。

---

① 陈时见：“发达国家教师职后培训之比较”，《教育科学》，1997 年第 3 期，第 59—62 页。

3. 激励与引导到位

针对教师学历和学位不够的情况，大多数高校积极鼓励教师在校内外取得更高的学位，并在课题申报、工资发放和校内其他待遇等方面，基于各学校的具体情况，有着不同的设计。在制度方案讨论的过程中，基本的考虑就是激励和引导教师。如针对在职攻读硕博士学位的教师，高校一般对其学费予以报销，有的高校依然全额发放工资。

（三）我国高校师资职后培训的改进空间

对比发达国家与我国高校教师职后培训的情况，并非是要评出孰优孰劣。实际上，任何国家的高等教育都和自己的历史传统、政治与社会环境以及教育基础有关。将两者相比较，是为了更好地改进我国高校师资职后的培训工作。

1. 夯实高校师资职后培训中的高校主体地位

高校师资职后培训是教育行政部门、高校和教师三者的共同任务。但教育行政部门在高校师资职后培训过程中，往往只是从本部门角度考量，主要是提供教育机会、发布教育咨询和总结教育结果等，行政色彩浓厚。就当前情况看，难以针对职后培训的全过程予以跟进。高校教师在职后培训过程中的内在动力也相对不足，从待遇等功用主义角度和岗前培训所接受的学习课程中可见一斑，主要是应付心理严重。高校教师对职后培训资源的了解也相对不够充分。在接受职后培训过程中，“放松消遣”心理往往占据上风，甚至是“只见首尾，中间不见踪影”。因此，针对上述情况，高校应切实加强自身的管理主体地位，把教师发展、学科专业发展与学校发展从内在机理上予以统筹考虑。

2. 职后培训中的“因材施教”和“因地施教”

截至2018年，中国高校数量为2914所，在办学层次上，主要分为本科院校和专科院校；在办学规模上，主要分为综合性大学和专门性大学；在办学特点上，主要分为教学型、研究型、教学研究型等。在地域分布上，发达省份与中西部省份的高校数量存在着巨大差距，西部省份内部也存在着较大差距。在内涵发展上，东中西部高校也不尽相同。同一城市的不同本科院校之间，办学质量也存在差别。这并不是要求在职后培训中，面面俱到，但也不能过于统一化。因此，应基于学校办学层次和实际情况提出相应的职后培训框架。东中西部高校的教师职后培训应更加强调与经济社会发展水平相适应，避免产生隔空打牛现象，以此，增加高校教师对职后培训的向心力。从这个角度看，职后培训成效不高的一部分原因，也是教育内容不能吸引参学教师。当然，在“因材施教”和“因地施教”的过程中，也应该根据高校情况和意愿，在不同类别高校之间增加职后培训交流。既包括组织职后培训的经验交流，也包括不同类别高校参学教师之间的职后培训交流。

3. 完善高校教师职后培训机制

机制是一整套程式化的符号与过程。建立高校教师职后培训机制，首先是避免在职后培训过程中的“人治”现象。校长与校长之间、人事处长与人事处长之间，受制于各自的经验和背景，依然存在着较大差别。教师发展意识强的个体，对职后培训的支持力度自然较大。自我规整意识强的个体，对教师的包容性也相对较大。其次，是避免职后培训的弱化。缺乏机制和制度约束的对象，不稳定性也相应出现。而如四季更替的季节机制，则不会让哪一个季节流失。因此，将职后培训作为高校治理的机制之一，有利于让职后培训成为高校人事管理和教师发展的主要工作之一。确立有相关党政负责人联系的职后培训机制及其相应管理规范与制度，是完善高校教师职后培训的必然。再次，制定相应的职后培训奖惩条例。相当部分高校将国外学习经历作为晋升高级职称，特别是正高职称的必要条件，却少有将系列化的职后培训过程作为晋升条件。因此，应从晋升制度上予以引导。此外，“在力所能及地加大资金投入的同时，将供教师们申请的基金项目尽可能与培训项目结合在一起，使基金支持的是培训项目而不是申请者个人”①。当然，高校教师职后培训机制还包括对教育行政部门建立相应机制的要求。

二、高校国防教育师资职后培训与职前培养的一体化协同

职后培训与职前教育统属于教师教育，是培养教师的两大基本过程。一般而言，职前教育也叫教师培养，职后培训也叫教师培训。但在教育学理论和教育学实践发展的漫长历史长河中，一直都把职前培养当成是教师教育，忽视了其职后培训。直到20世纪初，教育管理部门和学校越发觉得职前培养并不能满足教育过程所需之时，职后培训才开始走上议事日程，并进一步发展为教师职业的终身教育。与此同时，在教育理论界，也产生了另一种声音，“加强教师职前培养和职后培训的有机整合，实现教师教育一体化”，并给出关于教师教育一体化的定义，“教师教育一体化，就是基于教师终身学习的理念，有机整合教师职前培养和职后培训，使之成为

---

① 杨红、钟勇为：“高校教师职后培训：欧美经验与我国作为”，《当代教育科学》，2009年第5期，第51页。

一个延续不断又相互支持的整体。教师教育一体化的实质是构建教师的终身教育体系，为教师终身学习和专业发展提供制度保障”。[①] 由于教师教育的职前职后一体化已成为教师教育的主流趋势，且这一趋势与提高教育水平、完善教育制度、增强教育实力关系密切，各国政府和教育界都对教师教育一体化给予了高度关注。作为后起之秀的高校国防教育师资建设，在其教师教育过程中，也必然要顺应这一潮流，才能有效推动自身师资建设。

（一）以职前培养为职后培训的基本线索

关于职前培养，第三章已经重点对如何构建有效的职前培养质量保障体系进行了详细论述。从理论上看，职后培训应基于职前培养的效果，从高校国防教育新任教师的岗前培训开始，重点提升教师的教育教学业务能力和专家型教师能力。

在职前培养阶段，已对 NDE 研究生的从教信念和职业追求做了一定界定和引导。因此，岗前培训主要是对其从教信念和职业追求的再次厘清，帮助其在此基础上，结合自身情况和专业特长，对高校国防教育事业有更清晰的认知和定位，以避免在到岗之后，对工作环境感到陌生而导致的工作排斥，因为各高校的实际情况千差万别，对国防教育的支持力度在实践层面上也是在边缘层面上不尽相同。从这个角度来看，岗前教育除了由高校实施之外，国防教育学术团体、教育行政部门的直接主管单位、国防军事单位和其他主体，即第二章提到的 S 主体、E 主体、NM 主体和 M 主体应在大学——U 主体——的岗前培训之外，联合或部分联合，组织另一个层次的岗前培训，以强化国防教育新任教师对工作的归属感。

在职前培养阶段，同样也对 NDE 研究生的专业水平进行了系统性的培养，在职前培养的课程设置和培养方案上都经过了前期论证，然后予以实施。一般认为，经过有力论证并有效实施的培养方案和培养体系对形成合格的国防教育准师资而言，应该能够达成培养预期。但这并不代表可以忽略入职之后的教育教学业务能力培训。在职前培养阶段，确实是帮助 NDE 研究生形成了进行国防教育教学的系统知识。但这样的系统知识并不一定是系统的、完善的、无可挑剔的，不同的培养单位、不同的用人单位对国防教育教学所需的系统知识有不同程度上的理解失颇。因此，需要取众家之长。此外，在职前培养阶段所接受的系统知识，根本上是关于某一类别

① 肖瑶、陈时见：“教师教育发展理论探索与实践创新”，《教育研究》，2013 年第 8 期，第 149—150 页。

知识的框架认知，而关于这一类别知识的枝末认知，随着时间推移，需要及时更新，并掌握更新方法。关于更新方法，在职前培养阶段有所教授，但职后的教育教学业务能力培训依然重要。

在职前培养阶段，学历教育过程的初始，都是为把NDE研究生培养成合格师资而展开的，其培养方案和体系也是为达成这一目标而设计的。因此，在当下的NDE研究生培养中，军地师资团队成为标配，并重在提升NDE研究生的教学能力、问题分析能力和学术能力。这三个能力也是职后培训过程中所强调的。由于当前高校国防教育师资弱化，培养专家型师资成为当务之急。专家型师资，一方面可以作为师资扩大的后备培养师资，另一方面也是提升国防教育整体话语权的有效途径。结合NDE研究生在培养过程中的目的设计，在高校国防教育师资的职后素质养成中，应充分结合职前培养的目的定位体系，将其进一步扩展至职后培训，放大职前培养效果，真正做到职前培养与职后培训的有效衔接。当然，专家型师资培养并非是机械地要将所有的NDE研究生都培养成专家。关于这一点，在第三节将展开论述。

由此可见，在高校国防教育师资建设中进行一体化协同的本质就是要处理好职业养成的阶段性和连续性，把握职前培养和职后培训的衔接性与支持性。

（二）职前职后的课程一体化

要做到把职前培养作为职后培训的基本线索，除了在上述三个方面予以注意外，还要在更为具体的层面推行一体化协同教育。首要的一体化协同就是职前职后的课程一体化，即构建高校国防教育师资建设的一体化课程体系。实现这一构建，需要师资所在高校、NDE研究生培养高校（与师资所在高校可能存在重叠）和第二章中所提到的相关主体之间的密切协同，以保证课程体系的不重复和高效。

一体化课程体系的核心是保证专业性。提到专业性，绝大多数学科专家都会认同专业性就是对所学学科专业理论知识体系的掌握和实践运用。诚然，如果是专门研究者，这或许就是专业性的绝大部分内涵。但在教育领域，学科专家的专业性除了对学科理论的掌握和运用之外，还包括如何将学科理论和实践体系“精确地”予以教授，即教育教学的专业性。因此，高校国防教育师资建设的职前职后课程一体化，即是专业课程在职前职后的一体化，也是教育教学技能课程的职前职后一体化。

高校国防教育师资建设的职前职后课程一体化的基础是课程内容的职前职后衔接。职前培养阶段的课程、入职之初的岗前培训课程和职后培训各阶段的课程之间应能体现出阶段性、持续性和衔接性。以军事高技术为例，在NDE研究生培养阶段，其课程主要是培养NDE研究生了解基本的军事高技术及其原理、相互间关系和在防务与战争领域中的实际应用等；在NDE研究生入职后的岗前培训阶段，主要是基于在职前教育阶段中习得的相关教学方法，进一步探讨如何教授好军事高技术的相关教学性专业课程；而在职后培训各阶段，主要是围绕军事高技术各具体技术的发展情况展开，以帮助师资明确最新进展，属于前沿性的专业课程教育。各阶段中的主次任务明确有序，如果出现相互重复，包括学科专业内容和教学专业内容的杂乱、重复等情况，则标志着其课程体系的一体化缺失。

课程是实施专业教育的有效载体。课程的本质功能是促进学习者的知识、技能和情感、态度与价值观的提升。高校国防教育师资只有保持对应的教育情感、教育态度和教育价值观，习得相应的知识和技能，才能有效开展国防教育教学。因此，其课程的职前职后一体化协同，也应当包括这些方面的协同。也就是说，无论是职前、职后或是职前职后的衔接阶段，其课程体系内部都应当保证能够满足对NDE研究生和高校国防教育师资有关上述方面的教育价值。此外，在各阶段中的课程内容设计上，有关于知识等的教育，也应有所衔接和一体化。以无线电频谱管控的技能目标为例，职前培养的技能目标是能够掌握其定位和测向能力，岗前培训的技能目标是能够组织学习者定位和测向，职后各阶段的培训目标则是能对无线电器材进行简单的故障维修，乃至于参加国际性专业赛事等。

（三）职前职后的机构一体化

机构一体化，是指将各培养单位和培训单位的功能融为一体，实现功能整合，而非实体整合。高校国防教育师资建设中的一体化协同，其表现形式之一就是机构的一体化协同。

要实现机构间的一体化协同，首要任务就是要在各个国防教育师资培养结构间实现理念协同。关于这一点，在第三章中已有扼要阐述。简单来说，就是培养院校和用人院校等单位能够基于熟练型和专家型教师的培养目标，实现机构间的功能合力，各主体机构的功能理念要一致。其次的任务则是建立协同机制。如需要在职后阶段进一步培训新国防教育师资的教学能力，可以依托专业性的师范类院校展开。师范类院校的教育学师资，帮助其提升教育教学理论水平；师范类院校的国防教育课程可以在有效设计基础上，交由其在专家型师资观察的基础上予以协助完成，教育学师资予以课堂观察，以帮助其提升教学技能水平；新国防教育师资可定期或临时性地前往军校参加研讨活动或旁听军校课程，以提升其学科专业知识层次；国防教育学术组织可在组织研讨会时，放开参会条件，允许新国防教育教师参加一些高水准的会议等，以提升其学术水平。只有建立起机构间的协同机制，才能有效推动职前职后培训的一体化协同。

三、高校国防教育师资职后培训的区域协同

"区域"① 与序言中所提"廛市"有相通之处，有明确的边界和独特的社会经济环境。日常的行政区划，即是对区域的政治和地理界定。因此，讨论高校国防教育师资职后培训的区域协同之区域，也是以行政区划为基调。进一步而言，其区域协同主要为省（直辖市、自治区）、市、县（县级市、区）之间的对应协同。区域协同之所以在高校国防教育师资职后培训中比较重要，主要是由高校国防教育师资的当前存量较少所决定。第六章中将提到"国防教育教师发展中心"，本质上也是区域协同的产物。正因为存量少，后备师资量也不足，因而，区域间的协同才是提升现有师资职后培训的关键做法之一。

（一）区域协同的基本原则

尽管区域协同是降低师资边缘化、提升师资合力的有效做法。但区域协同不是简单的各区域混乱的协同。从功能设计角度出发，区域协同应遵循一定原则。

1. 区域协同的成本有效原则

成本有效，即是时间成本和经济成本的双有效。近几年，部分经费情况较好的高校经常在各兄弟院校间展开交流。从交流调研的角度来看，单次或几次相互间的交流并不会带来成本无效，反而是增进各高校间国防教育及其师资建设成效相互了解的基本做法。但如果在地理范围上距离较远的高校，常态化展开非网络媒介性的交流与合作，其成本则相应变高。两地教师会因此投入较多的时间成本和经费成本。事实上，也存在一种情况，即甲地的 A 高校某位教师的家庭在乙地，乙地有 B 高校，A 高校的这位教师可能就非常愿意与 B 高校协同。

2. 区域协同的发展互补原则

发展互补，即是不同区域高校的国防教育师资存在发展的差异性，能够形成包括师资学历层次、师资性别、师资专业背景等多方面的发展互

---

① 出自《周礼·地官·序官》"廛人"。东汉郑玄注释为："廛，民居区域之称"。

补。发展互补原则的前提是甲地的A高校和乙地的B高校都愿意在高校国防教育师资建设和国防教育教学上有所提高，在师资潜力上也存在提升的可能。发展互补原则的核心是A高校和B高校之间存在着差异性交换。如A高校是国防特色型院校，有军工背景，其国防教育师资在军事高技术和武器系统教学上具有优势；B高校以人文社科研究为主，在军事法学和战略学研究方面具有优势。因此，A高校与B高校就存在着差异性交换。考虑到存在C高校或更多的高校，其简要如图4—1所示：

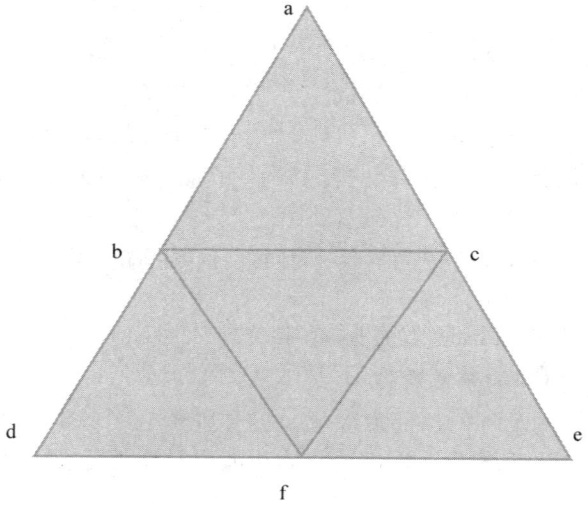

图4—1 高校国防教育师资建设的发展互补

A高校的擅长所在，是adfc区域所示，cfe区域是其不擅长区；B高校的擅长所在，是bdec区域，abc区域是其不擅长区；C高校的擅长所在，是abfe区域，dbf区域是其不擅长区。经过发展互补后，ade区域就是A、B、C三所高校的共同擅长区域，bfc则是三所院校的共同成长区域。遵循成本原则基础上的发展互补，是最经济的协同方式。然而，却不一定最有效。有可能B高校恰在4000公里之外，对于边疆高校而言更是如此。为此，就涉及到区域协同的第三个原则。

3. 区域协同的技术优先原则

技术优先，就是在区域协同时，为有效降低协同成本，应根据区域间协同情况，灵活地采用技术方法，以弥补地域间的协同成本增高的弊端。对一些国防特色类院校而言，其具有技术优势，在网络课程开发方面，走在前列，如武器课程的电子教学资源等。在这方面处于弱势的院校，可以更多地借助网络技术予以发展互补。一些常态化的交流，可以通过网络会议等方式，或最为常见的网络通信软件等媒介进行，以避免时间和经费上的不必要支出。而在采用在线开放课程教学时，师资更可以借助网络技术，实现区域间的协同共享。

今后，当各高校国防教育条件相对成熟时，师资的跨校共享甚至可以不采取人员流动的方式，但也非单纯的网络授课等非全维度体验，而是基于仿真虚拟技术，实现人员的虚拟流动，在机器等媒介帮助下，实现全息式的区域协同。这也是技术带来的成本降低情况。至少在当前，技术上是可以实现的。但在整体投入不乐观、院校国防教育未能真正有效铺开的当前，其边际效益与边际成本难以达到理想的均衡状态，因而，依然是本着成本有效原则，仅是提供一种方案。

（二）区域协同的有效分类

基于区域协同的三大原则，可以进一步提出区域协同的有效分类。与有效分类相对应的则是无效分类。也就是说，区域协同的对应关系，也存在着相应的无效对应。如不符合上述原则的协同关系，就是无效的。因而不利于高校国防教育师资建设。从当前高校国防教育师资建设的现状和今后相当长一段时期的师资建设压力来看，可做出如下的分类安排。

1. 同质邻近的区域协同

同质邻近，是指在地理上相对紧邻的区域内的高校，以区域组团的方式进行区域间协同。高校国防教育师资由于存量少，单个院校师资齐备的情况不为多见。因此，以“大学城”为区域内的主要单位，进行跨区域间协同，成为理论上的主要协同形式。在同一城市内，存在着一个或几个大学城，大学城间的高校可以进行有效的师资协同。在相邻城市间，大学城作为扩大了的“个体”，相互间的协同也是必不可少的形式。但更为提倡的是临近状态的同质。也就是说，临近区域的高校国防教育水平和师资层次，整体上处于接近的状态。不至于某一区域只有极少数兼职师资，而另一区域存在一定数量的专职师资，这样的区域协同，并不会有多大的协同效果，难以存在内在性的协同动机。

2. 同质院校的区域协同

对同质邻近的区域协同进一步缩小，就是同质院校的区域协同。如苏州大学，当前有专职军事教师 3 人，均为博士学位；河海大学，当前有专职军事教师 4 人，1 人为博士学位，其余 3 人为硕士学位。两所院校的师资年龄结构也比较一致，7 位教师中，6 位均为 40 周岁左右。两校分别位于苏州和南京，高铁通行时长约1小时。两校均为“211”院校和“双一流”建设高校，各自的社会声誉和影响较为接近，两所院校也都为综合性大学。因此，这两所院校之间是相对同质的。其国防教育师资整体建设规模和校内环境较为接近，由于同处于江苏省，其外部的师资建设环境也一致。因此，就属于同质院校，其相互间的区域协同易于产生区域协同效果，对提升双方的国防教育整体师资水平有所帮助。

3. 异质优势的区域协同

与同质相区分的是异质，但并非是单一的异质高校和异质邻近地域，而是异质优势。也就是说，既可能是异质的高校，也可能是异质的临近地域，甚至是不邻近地域，但由于其优势突出，综合研判之后，对其他的高校群体也产生了吸引力。如南京信息职业技术学院，是一所骨干类高职院校，也就是俗称的高职中的“211”院校。近年来，其士官学院建设，引起省内外同行关注。为建设好士官生队伍，为军队输送合格的士官人才，学院专门建立了士官学院，配备了优质师资。从师资层次、师资数量和师资建设计划上看，都属于建设较好的高校。其师资对仙林大学城高校和周边地区高校就形成了一定的协同辐射。其士官生培养实践，对高校国防教育师资的学术研究而言，也是良好的行动研究素材。

因此，异质优势的区域协同建立在优势的异质基础上。在高校国防教育师资建设的区域协同过程上，异质优势的区域协同是有效协同。

（三）区域协同的主要任务

高校国防教育师资建设中区域协同的根本出发点是为了增强现有师资之间的有效联系，形成各区域间师资的正常交流，为学科创生和专业发展奠定基础。为扩大师资影响，增强在各自院校的话语权之考虑。具体来看，区域协同的主要任务包括以下三个方面：

1. 互相提升教学能力

区域协同最直接的考虑，就是相互提升教学能力。在上述关于区域协同的原则部分，已略有阐述。在区域协同的过程中，提升各自教学能力，就需要在区域协同机制的框架影响内，拟定具体的教学能力提升计划。事实上，在区域协同过程中，高校国防教育师资的教学能力提升，关键还是需要院校二级单位的直接支持，以促进教师在区域间的正常流动和院校间的教学观摩研讨。近两年北京化工大学国防教育教师奔赴部分其他高校进行教学观摩和研讨，对其师资建设具有较大的促进作用。关于教学能力的具体组成及其如何养成，在本章的第二节有专门论述。

2. 互相增进教学效能

教学效能即教学效果，又分为教师感受的教学效果和学习者实际的学习收获。在满足区域协同原则和有效分类基础之上的区域间协同，其教师会进行合理的区域间与高校间流动，会在满足学校规定的情况下，进行交叉的师资互换教学。从学习者角度而言，不同的师资教学，带来了学习过程中的新鲜感和学习收获。但这仅是理论状态。协同过程中，也会发现学习者对新换的教师教学过程并不买账。实际上，学习者新鲜感需要“保鲜”，即教师如何利用学习者新鲜心理，维持教学效能的持续存在。这也离不开高校国防教育教师的实际教学能力的不断提升。

3. 互相增进学术水平

在高校四大职能部分的分析中，以及本书其他部分的介绍中，始终贯穿并坚持一个判断，即高校国防教育师资建设，如果仅满足于当前的教学能力建设和国防教育课程体系维持下的教学过程“完美”，实际上是对高校国防教育师资建设的主动削弱和矮化。正因为高校职能所在，以及其他学科专业师资的学术长进事实，才进一步迫使高校国防教育教师必须要增进相互间的学术水平。尽管当前这一增进表现似乎“萎靡不振”，但这确实是高校国防教育师资建设中必须要重视的问题。正因为单一高校师资的边缘化和师资数量不足与层次不高，才有了区域协同的必要。因此，在区域协同过程中，处于关键地位的任务，就是要增进相互间的学术水平。关于学术增进的平台建设等内容，在第五章详细论述。

四、高校国防教育师资职后培训的军地协同

高校国防教育师资在职后培训过程中，要做到军地协同，主要是国防教育师资的特点使然。正因为高校国防教育教师既是高校教师，又是人民武装工作者，对应的既是教育系统，又是国防系统。因此，其师资建设主体单位，才包括了第二章中的六类主体。也正因为“双系统”特点，高校国防教育师资建设的制度语境之一，才包括了军民融合战略。因此，军民融合的精神、理念和具体体现，在高校国防教育师资建设方面，就表现为军地协同建设好高校国防教育师资。

（一）职后培训中军地协同的基本特点

由于高校国防教育师资职后培训与其他学科专业师资的职后培训存在着上述特殊性，因此，其职后培训中，军地双方的协同过程，也有着相应特点。认识和把握这些特点，对有效开展高校国防教育师资的职后培训具

有裨益。

1. 军地协同的长效性

高校国防教育师资建设是长期性过程。但与大多数其他学科专业师资建设的长期性有所不同的是，高校国防教育师资建设的长期，是在低质现状上的长期。也就是说，长期性要解决的是高校国防教育师资的正规性和专业性的问题。而大多数其他学科专业师资建设的长期性，要解决的是队伍的更高层次发展问题。但高校国防教育师资建设显然也面临着更高层次的发展问题，在可能的情况下，高校国防教育师资建设的长期性，本质上是实现师资质量的跨越式发展。这就要求在职后培训过程中，必须注重师资的内在提升。与此同时，军地协同性的提升师资质量，必然也是长期过程，因而，需要军地协同具有长效性。

2. 军地协同的多样性

在高校开展国防教育，面对的教育对象的知识结构相对较为完善，特别是对教职工而言，在某一领域甚至是权威。即使是一般的、主要的教育对象——高校新生，在多元化社会环境中，其知识建构也是多线程式的。加上防务领域复杂性，要求教师知识结构的超多元化，这就对高校国防教育师资知识结构提出了巨大挑战，即使是军队院校教员，甚至也难以完全胜任高校国防教育教学现实。因而，如何从国防而非军事的角度，设计高校国防教育师资的职后培训内容，就显得尤为必要。因此，在军地协同地促进师资质量提升过程中，协同单位的性质和特征就是一个较为微妙的问题。以海洋教育为例，高校国防教育师资要弄清海洋问题，涉及到海军、海事、海洋法、海洋史、海洋地理、海洋生态与环境等多个领域的进展情况。也许有人会感到惊讶，一门课程为何要如此多的知识储备。但现状就是如此，单一教学背景的确难以胜任高校国防教育教学。对此，不但外界人士认识不足，就是长期从事高校国防教育的教师也不全能认识到位。认清此点，的确是促进师资发展和学科创生的必由之路。但这些多领域的进展内容，必须要多个军地单位的密切协同，需要为高校国防教育师资创造学习条件。否则，就会在现实中看到一些类似的情景：五年前的海洋教育内容，五年后引起一些钻研较深的教育对象的嘲笑。因而，军地协同的第二个特点，是多样性，需要为国防教育教师提供多样化的学习空间。

3. 军地协同的国防性

与其他学科专业师资职后培训相比，高校国防教育师资职后培训，始终伴随着国防性色彩。无论是军方或地方组织的职后培训，还是军地共同组织的职后培训，始终应该强调国防性。首先，在有关教育教学能力的培训上，坚持国防性。这就要求，即使是在地方院校进行的教育教学能力培训中，也应始终把握国防味道。如在教师教学规范中，要按照国防教育教师的规范进行，着装、举止和教学礼仪要符合标准，体现出与一般教师的不同之处。其次，在有关教学内容的培训上，始终把能适应于不同领域的教学内容，有意识地国防化。如关于古典传统文化，可能属于国学范畴，但可以从中把国防的含义分析出来。再次，尽管军事性是高校国防教育教学中的主要特点之一，但军事性一定要成为国防性实现的前提，军事性不是最终目的，也不是最终结果，而是达成国防性的阶段之一。如 20 世纪 70 年代，在海防前线，一线部队进行科技大练兵，演练高射炮拦截巡航导弹。这其中充满了军事性内容，但更多是和当下做对比，抛出国防的味道。

总之，地方单位组织的高校国防教育师资职后培训，易于强调教育性；国防军事单位组织的高校国防教育师资职后培训，易于强调军事性。但军地协同组织的职后培训中，应始终在教育性和军事性的基础之上，强调国防性。这是军地协同进行职后培训的第三个重要特点。

（二）职后培训中军地协同的主要任务

军地协同进行职后培训，这是高校国防教育师资建设的必然要求。针对职后培训的共性任务和国防教育教学的特点。主要任务应当是教育教学能力的提升、师资学科知识体系的巩固和提升等。这些任务固然是主要的，但就当下和今后一个较长时段而言，军地协同进行职后培训，当务之急是要解决两大任务。

1. 培养一支“元师资”队伍

“元”在概念史学中具有重要的地位。在汉字中，“元”被赋予了诸多涵义。在各个学科发展过程中，也大都把“元”作为学科理论的重要概念而加以发挥，如“元教育学”“元理论”等。因此，“元师资”或“元师资队伍”指的就是能够培养师资的师资队伍。在前文和后面的论述中，始终都在强调这一观点。在当下和今后一个较长时间段，培养“元师资队伍”，是高校国防教育师资可持续发展的关键。尽管 NDE 研究生职前培养已经形成了一定的经验和程式，但培养规模的萎缩和弱化，也如第三章所阐述的那样。尽管近一两年，相关部委也意识到后备师资缺乏导致高校国防教育难以有效开展的困境，并按照实际需要，在军地院校协同创设后备师资硕博士培养点的计划。但无论如何，培养师资是一个重要课题。单纯依靠军队院校师资，一方面，会造成军校的培养压力，另一方面，军校的培养师资对高校情况了解并不深刻。从师资培养的出处来看，依然是以普通高校为主。因此，必须高度重视在现有高校国防教育师资中，选拔性的确定一批“元师资”，以未雨绸缪，待今后硕博士培养点确立之时，随时“可用”。

2. 形成能支持区域高校国防教育格局的师资结构

在区域协同部分中，提到了有关高校国防教育区域格局的问题。在第六章，也将提到高校国防教育区域格局情况。这是因为要在某一区域提升高校国防教育在校内的整体地位，必须形成高校间合力，甚至是区域间高校合力，以各种正式或非正式方式，给高校党政系统形成一定的“正向”压力。唯有如此，才能在高校国防教育师资“狼藉的职业环境”中寻求对“滩头阵地”的巩固。但从另一个角度来看，高校是相对开放的系统，除少数个别情况，在当前形势下，也很少存在一味地和直接地抵制国防教育的高校党政系统。从“有为才有位”的思维出发，高校国防教育师资自身状况的优劣就成为问题的关键。但正如前文分析的那样，相比于其他学科专业师资而言，较为低质。因此，从当下和今后一个较长时段来看，有针对性地在区域内选择师资，形成有效的师资结构体系，并达成能够对高校国防教育环境和格局起支撑作用的目的，是职后培训中军地协同的关键任务之一。

（三）职后培训中军地协同的主要矛盾

矛盾是普遍存在的，也是事物变化发展的动力。作为国家系统中矛盾的组成部分之一——军地矛盾，也是一直存在着的。但这种矛盾首先是人民内部矛盾，其次，正是因为矛盾的存在，才从各自方面推动了军地的共同发展。20 世纪 80—90 年代军队“勒紧裤腰带”，为经济建设增加了活力。当前经济建设反哺国防和军队建设，才能推动国防和军队发展。同样的，在军地矛盾的范畴中，也存在一系列相对具体的矛盾。理论上看，也包括高校国防教育师资职后培训过程中军地协同的矛盾。

1. “军主”和“地主”的矛盾

所谓“军主”就是军地协同进行职后培训过程中，以军队为主，地方为辅。相反，所谓“地主”，就是以地方为主，军队为辅。在有关普通高等学校军事课程大纲修订问题上，这种矛盾就表现的较为突出。从信息论角度看，主要是信息不对称所致。从各自所属系统看，也有维护部门利益之考虑。但无论如何，军地协同是高校国防教育的必然路径和题中之义。因此，“军主”和“地主”的矛盾就深刻关乎到高校国防教育的有效开展，也必然关系到高校国防教育师资的职后培训。在现实情况中，可以看到矛盾比较深的省份，其军地之间有关培训的合作也是表层化的，甚至合作缺失，难以形成合力，给所在地区的高校国防教育及师资建设带来困境。

这种矛盾在军民深度融合方面也较明显的存在。有效解决这类矛盾，关键还是要落到高校国防教育的特点上来。高校不是国防军事单位的延伸，国防军事单位也不是高校的附属，二者是平等的主体，分属于不同的系统。一种解决矛盾的思路，就是按照“项目”的方式进行，谁提出、谁主导；另一种就是由更高位的管理方从法律和政策上予以明确协调。

2. 开放与保密的矛盾

国防军事单位的保密要求，是由国防军事单位的职能性质所决定。高校也有一定的保密要求，高校国防教育也应当按照保密条例予以相应规范。但在现实中，高校国防教育被作为一般的教育活动，高校党政系统对其实际关注较低。高校国防教育师资的保密意识也相当不足，相当一部分国防教育教师并未有过国防军事单位工作背景，那些曾经有过国防军事单位工作背景的国防教育教师，长期在高校环境下，其保密意识也有所下降。这就导致在师资职后培训的军地协同过程中，少数教师对培训地点位于国防军事单位内部的人员和设施拍照并上传至互联网等情况，严重违反保密条例，造成不同程度损失。即使是在进行了保密教育之后，由于长期养成的习惯和好奇心驱使等，依然会发生泄密事件。在信息网络时代，情况更为复杂。由此造成国防军事单位在进行军地协同培训师资的时候，不能更加有效地协同，以防止泄密问题的出现。

同样，在军民融合领域，这种矛盾也一直存在。有效解决这种矛盾，只能从法律角度予以规范，并力所能及地予以正面引导。此外，在军地协同培训师资时，在保证协同培训质量的前提下，科学设计，规避风险。然而，充分解决这一矛盾，依然需要高校国防教育师资的自觉和管理过程的完善。

第二节 职业发展中的教学能力养成

建设高校国防教育师资职后培训的协同机制，目的之一就是为了提升教学能力，促进教学能力的养成。在 NDE 研究生培养阶段，尽管 NDE 研究生参加了较为充分的教学实践，但从教学能力的内涵上看，一般不能达到规范的教学能力标准。为此，在职后培训中，本着教学效果之考虑，应重点强调在职后培训中，促进高校国防教育师资教学能力的集体性养成。

事实上，各学科专业都强调在师资职后培养中的教学能力养成。各国教育机构也都纷纷设立相应机构，促进教师教学能力在教育过程和职后培训中的提高。哈佛大学在校内设立德雷克·博克教学与学习中心，芝加哥大学则设立教学与学习中心。2012 年，教育部在 30 所部属高校中也设立了教师教学发展示范中心，各高校也都相继成立了教师发展中心，目的在于提升教师教学能力。之所以在 2012 年才成立相应机构，主要是因为在相当长的时期内，人们把教师的学术和科研水平与教师教学水平相混淆或等同。但在教学过程中，又发现部分学术与科研水平高的教师，其教学反响却很差。这才逐渐意识到二者并非是一回事。尽管伯格威斯特和菲利普斯在 1975 年就提出了教学发展、组织发展和个人发展共同构建的高校教师发展理论模型,① 但国内教育理论界并未深刻认识到这一理论模型的实践意义。

关于什么是高校教师教学能力的界定，一直以来并没有统一定论。因为，关于什么是教学能力的一般概念，与学科专业教师的教学能力并不能完全等同。若要严格地对教学能力进行界定，只能是基于各学科专业教师的教学能力共性，如能够把知识体系讲述清楚、学生感觉到有收获、同行专家评价高，但这样的共性并不能清楚表达各学科专业教师教学能力的特殊性。因此，研究者对教学能力的概念界定，主要基于认知心理学角度和教学实践活动角度。认知心理学角度，教学能力被看作是教师一般能力和特殊能力构成的一种能力综合体，包括教师的教学监控能力、教学认知能力和教学操作能力。② 莫雷认为，教师教学能力就是教师的教学效能感。③ 而从教学实践角度，主要是基于可观测的结果来进行定义，如学科知识能力、教学管控力、师生沟通力、教学反思力等。还有学者认为，教学能力是指高校教师提取实践中的教学问题，进行分析研究，再实践，并对结果进行交流、反思和同行评价的能力。④ 高校教师教学能力具体是指在我国本科教学改革背景下，高校教师开展教学活动的能力以及对教学问题进行系统研究所需要的教学学术研究的能力。⑤ 高校教师的教学能力是其顺利完成教学活动所需的、直接影响教学活动效率的个体心理特征，是个人智

---

① Bergquist, W. H, Philips, S. R. Components of an Effective Faculty Development Program [J]. Journal of Higher Education, 1975 (02): 177.

② 申继亮、王凯荣："论教师的教学能力"，《北京师范大学学报》（人文社会科学版），2000 年第 1 期，第 66—67 页。

③ 莫雷：《教育心理学》，教育科学出版社，2007 年版，第 242 页。

④ 王玉衡："试论大学教学学术运动"，《外国教育研究》，2005 年第 12 期，第 26 页。

⑤ 曹月新、张博伟："高校教师教学能力培养问题研究"，《东北师大学报》（哲学社会科学版），2012 年第 2 期，第 208—209 页。

慧在高校教学实践活动中综合作用而形成的一种职业素养。[①]

此外，还有学者对教学能力做出的一般界定，往往也被套用到高校教师教学能力的概念界定中，这里予以简单介绍。小山悦司认为，教学能力分为技术层面和人格层面两个维度，技术层面包括专业技能、智谋技能和交际技能；人格层面包括个性和动机。[②] 罗纳德认为教学能力应包括六项技能：学术能力、计划能力、管理能力、表达和交流能力、评估和反馈能力和人际交往能力。[③]

鉴于有关于高校教师教学能力的概念界定，已有一些学者给出相似的见解，本书暂不对此下定义。但由于本书研究主题所决定，因此，只能尝试性地对高校国防教育师资教学能力做定义。

高校国防教育师资教学能力，是指在高校国防教育教学过程中，教师能够将国防教育课程结构、知识体系和课程思想准确地表达给学习者并能及时进行教学反思的能力。这个定义没有用到笼统的教育学术语，且始终围绕课程本身，强调课程的教授和反思。而相当多的对教学能力的定义，过于泛化至心理活动和班级管控等方面。从教育学理论看，教师心理活动虽然能够影响教学，但并非是将其与教学定义相固化的理由；班级管控虽然也能影响教学，如班级混乱，导致教学效果差等，但班级管控属于班主任管理和班级管理的内容，造成班级混乱的原因也是多种多样，因而也不能将其与教学及教学能力的概念相固化。诸多对高校教师教学能力的定义，实际上存在将其与教师能力和教师教育能力相混淆的情况。而与教学相对应的就是课程，课程与教学始终是一对关联体，课程也是实现教育目的和教育目标的关键载体。因此，从课程角度定义高校教师教学能力，也许是一个较好的思路。此外，这个定义，没有对高校国防教育师资教学能力予以更加明确的界定，一方面是因为高校国防教育师资是处于形成中的状态，过于明确的界定不利于师资教学能力和师资能力的发展；另一方面，当前关于高校国防教育教学的实践，显然不够充分，从严谨性角度出发，留有余地和口径，也是相对谨慎的做法。

在对高校国防教育师资教学能力的概念做了尝试性的界定之后，回到

---

① 孙钰华："高校教师教学能力研究的回顾与反思"，《中国大学教学》，2009 年第 8 期，第 58 页。

② 钟启泉："教师的'教学能力'与'自我教育力'"，《上海教育科研》，1998 年第 9 期，第 15—18 页。

③ Ronald D. Simpson, Kathleen S. Smith. Validating Teaching Competencies for Graduate Teaching Assistants: A National Study Using the Delphi Method [J]. Innovative Higher Education. 1993 (02): 133 - 146.

本章的主要讨论框架，就是探讨如何在职后培训中促进高校国防教育师资教学能力养成。

一、高校国防教育师资教学能力的结构体系

如上所述，高校教师教学能力是由一系列分支能力组成的，它们构成了一个相对稳定但却是变化发展的结构体系。大学教师教学能力包括两个方面：一方面，大学教师要具备不断更新知识和调整知识结构，提高自己学术水平的能力；另一方面，大学教师也应该具有研究治学规律、寻求最佳治学方法的能力。[①] 高校教师教学能力结构主要由教学认知能力、教学组织能力、教学研究能力、教学监控能力和延伸至课堂之外的教学交往能力和教师自我教育能力等组成。[②] 本书结合上面关于教师教学能力结构的观点，但不囿于上述观点，就高校国防教育师资教学能力的结构体系做分析。

（一）教学设计能力

高校国防教育课程是一整套的课程体系，主要可分为必修课程与选修课程，又可分为理论课程和技能课程，校外实践课程与校外实践活动等。在内容上，其分类就更加多样。但无论如何分类，课程目的的达成，都必须要经过教学才能实现。然而，课程内容是按照课程逻辑编排的，课程逻辑与教学逻辑并不完全一致。这主要是由于课程内容是照顾一般的教学情况，而不可能照顾到所有的教学特殊；课程内容的组织是课程开发者按照其对于课程的了解编排的，但教学者不一定能够理解，或不认可其编排理念，抑或其编排理念与变化的教学实际不相符合。这就要求教师必须具备一定的教学设计能力，即在规定的教学大纲范畴之内，对课程内容进行重新组合的能力。具体来看，是要求高校国防教育师资在具体的课程教学中，重新确立合适的教学目标；并对教材内容与教材之外的相关内容重新组合，合理选定教学资源，并选用相应的教学策略；对各部分的教学时间提前规划，以使得重难点有所突出；也对在各部分需采用的教学评价方式予以提前选择。由于高校国防教育课程教材并非是全国统一的，并无统一性的课程与教学设计，高校所选用的教材也是来源各异，质量参差不齐，

---

① 潘懋元：《高等学校教学原理与方法》，人民教育出版社，1996 年版，第 68—70 页。

② 王少良："高校教师教学能力的多维结构"，《沈阳师范大学学报》（社会科学版），2010 年第 1 期，第 110 页。

有些不能符合教师教学预期。因此，良好的教学设计能力，是取得教学效能的关键。

如在现行大纲规定的第三章第三节“中国周边安全环境”的课程教学中，其规定的章节教学目标是让学习者对我国面临的周边安全环境威胁有基本的了解和认知。但这样的教学目标比较模糊，可以进一步细化为了解威胁的来源、威胁形成机理、威胁的变动轨迹和可能规律、对待威胁的态度和应对威胁的举措等。教材作为课程教学内容来源的一部分，却相对滞后，因而需要重新选取相关的教材之外的内容作为课程教学内容。在涉及到“九段线”（准确称法是断续线或岛屿归属线）问题的教学时，教师可以选用2017年《中国国家地理》杂志对“九段线”的最新研究选登，作为教学内容的一部分。在关于“九段线”的教学中，教师可以基于教学工具选用不同的教学策略，可以采用产生式教学策略，如有AI教学手段等，还可以采用情境—陶冶教学策略等。教师可根据教学的时间背景，结合当时实际及热点问题来实施教学。在具体教学过程中的各阶段，针对学习者参与情况，选取不同评价方式，予以教学强化。

（二）教学开发能力

通过教学设计之后，就需要对教学资源进行相应开发。教学设计能力与教学开发能力是一体两面的事物。教学设计能力是一种关于教学的构想能力，是关于教学如何展开的思维过程，教学设计能力的高低需要教学实践予以评判。从这个意义上讲，教学设计能力好，不代表教学能力好，正如“词写得好，歌不一定唱得好”一样。良好的教学设计能力，一定需要教学开发能力作为帮衬。也就是说，教学开发能力是关于教学的实践能力的一部分，能够把教学设计的构想进一步展现出来。教学开发能力主要体现在开发高质量的教学课件和处理后的教学多媒体资源、开发有教学意义的教学情境、发现学习者的学习盲点、开发学习者的学习空间和对教学设计的提炼和成型等。这五点是相互联系的整体，只有经过一定的教学设计后，才会形成相应的教学课件与处理后的教学多媒体资源。在高校国防教育教学中，教学课件质量的高低关系到学习者的感受性和兴趣。

在高校相当多的学科专业教学中，相当一部分学科专业教师的课件在可读性、可观赏性上都存在诸多不足，最常见的就是在PPT自带模板上添加一些教学提示语段。但这对高校国防教育教学而言，显然不够。由于高校国防教育教学存在政治性、军事性等问题，一般的教学多媒体资源有时需要进行一定的整合处理，因而对教师的教学资源开发能力要求较高。前文提到了当前高校大学生的性别和兴趣倾向情况，因此，针对性的开发学习情境，也是高校国防教育师资教学开发能力的题中之义。教师教学成效差，与此不无关系。如在教学设计中，利用交流媒介，课前与学习者讨论类似于《无问西东》和《红海行动》等影片公映，就可以以此开发教学情境，也可以就纪录片《冲天》引发一定的共鸣。唯有此，才能进一步发现学习者的学习盲点；也唯有此，才能进一步开发学习者的学习空间并对原有教学设计进行改进。

（三）教学过程能力

从狭义上讲，教学设计能力和教学开发能力主要是课堂教学的前过程阶段，是为进一步提升课程成效的教学准备阶段。教学设计和教学开发不是狭义上的教学过程开展，教学过程开展主要是指在课堂上教师与学习者的信息交流过程。由于当前线上网络课程教学的趋势，因此，将教学过程定义为信息交流的过程，而非单纯的课堂交流过程。在教学过程中，将教学设计的构想有效落实，将教学开发的情况体现在教学过程中，并促使学习者有效感知和内化，是教学过程的主要任务。通俗来说，教学过程能力，就是把教学设计和教学开发的方案有效落实的过程。实际上，在教学过程中，教师对教学全流程始终进行了无意识的管理。这个过程，就体现了教师的教学过程能力。如学习者可能去过香港，凑巧碰到过“港独”游行，对香港“港独”行为有直观印象，恰巧教师提到关于总体国家安全观的教学内容，学习者可能就会当堂和教师讨论。这一来需要教师对此做出回应，二来会因此打乱教师原先拟定好的时间计划和教学内容流程，各要素之间的进程就会因此受影响。在这种情况下，就需要教师具备良好的教学过程管控能力，学会有效解答学习者临时兴起提出的问题，并能够再次引回教学既定内容中，以不至于课程进程失控。

在特定情况下，学习者可能对教师的回答和反应不认可，并且有的学习者的情绪控制能力相对不成熟，会因此表达出不满。这时就需要教师在教学过程中正确地处理师生关系，需要教师学会“控情”和“共情”，需要教师有系统的教学过程心理知识。此外，还有一种情况，也会导致课堂失序：当前高校国防教育课程大多是大班教学，部分同学的对课程的重要性存有“群体态度”，认为国防教育课程属于“水课”，因而课堂就可能会失范，甚至导致和教师的课堂冲突。本质上看，这属于班级管理问题，是院系对学生的管理问题。但这的确在教学中出现过，因此，这就需要教师在教学过程中，对此有较强的处理能力。在高校国防教育课程教学中，教学过程充满着不确定性。因而，教学过程中的处理能力的确是衡量高校国防教育师资教学能力的关键性因素之一。

（四）教学评价能力

狭义上的教学评价是对教师教学过程和学习者最终学习情况的评价，其教学评价主体分别是教务部门、教学督导、教师自身和同行等，但教学评价理应包括教师自身的教学反思过程，即教师的自我评价。因此，广义的教学评价能力应是教学评价能力的全部内涵。这里谈到的教学评价能力主要包括教师对教学设计、教学开发和教学过程的自我评价能力、教师对同行教学情况和学习者学习情况的评价能力。从教学评价行为上看，主要是对评价过程的执行能力、反馈评价结果的能力、研究评价结果的能力和报告评价结果的能力等。对仍处于成长期的高校国防教育课程建设而言，教师教学评价能力直接决定了教学建设、课程建设和学科创生建设，仅从院校微观层次而言，教师教学评价能力也直接关系到高校国防教育师资在院校专任教师群体中的形象和地位。

高校国防教育师资的教学评价能力，应体现在师资的相互评价过程中，并区分为自我评价与同行评价，结合区域协同机制实施，以提升评价的科学性和规范性，促使高校国防教育师资教学评价能力的整体提升。

（五）教学特质能力

教学特质，主要指的是高校国防教育教师自身的个人禀性和态度等。如耐心、爱心、共情心理等，在国防教育教学中，还特别包括了教师个人的言谈举止，乃是语速等，甚至包括了身高外貌和个人健康等方面。这些特质并非专门对应教学活动，但对教学活动却产生了重要影响。也就是说，由于有了高校国防教育教学，这些个人特质已经产生了特质泛化，已经产生了由个人内在到个体周边的特质泛化，并深刻影响到教学过程。从教学实际来看，这些特质的确产生了微妙影响。如有的高校国防教育教师由于个体特质的影响，其在校内声誉一般，广泛传开后，学习者对其认知层次也相对较低。而尽管有的高校国防教育教师其本身并非是外传的负面情况，学习者对其初始认识层次也较低，但由于其个体特质的影响，经过短时间的教学接触之后，学习者对其态度也会产生相应变化，进而对课程产生一定的好感。例如，如果吴彦祖或刘德华是国防教育教师的话，其短期时间内的考勤率应该会超过 100%，这就是明星特质的影响。

外貌等特质的确会在短期内掩盖一些不足。然而，最根本的特质却不是这些个人特质性的因素，尽管其作用较大。外貌吸引也会在经过一个时间段之后，产生审美疲劳和感知疲劳。这些都不能够为高校国防教育教学活动提供直接的支持，而能提供直接支持的个人特质是内在因素，如高校国防教育师资自身的知识储备和技能掌握。它们是延长或增进外貌等外在因素影响的关键。但个人特质中的内在因素，如态度、共情等，却是可以深刻影响个体对知识和技能掌握的关键。因此，教学特质能力是一个相对复杂的教学能力部分。在职后培训过程中，应注重其在有效引导下，逐步形成。

二、影响高校国防教育师资教学能力养成的主要障碍

高校国防教育师资的教学能力正是由以上五类具体的教学能力构成，其中，教学特质能力是相对特殊的组成部分。在职后培训中，应围绕以上五类教学能力促进和引导高校国防教育师资教学能力在职后的逐步养成。但在高校国防教育师资职后培训中，也有着关键障碍，始终对职后培训中教学能力养成构成消极影响。

（一）对职后培训的设计不足

高校国防教育的特殊性和师资建设的现实情况，以及师资教学能力的提升途径，决定了高校国防教育师资教学能力的高低，这在一定程度上依赖于职后培训。职后培训质量的高低决定了高校国防教育师资教学能力的优劣。但在职后培训过程中，首要的问题和障碍就是对培训的设计不足。

1. 培训组织不健全

职后培训不等同于职后培训班。从职后培训的全过程和全要素来看，既有补偿性学历教育，也有以学期为时间单位的国内外高校访学，还有相对短期的培训班。由于当前国防教育硕博士点较少，特别是博士点缺失，加上 2011 年高校教师计划的取消，补偿性学历教育主要依赖于教师的自发性及其所在学校是否支持。国内外高校访学项目，目前较为成熟，高校国防教育师资可以寻求所在学校的同意和自我的教学工作安排，按计划和要求参加。然而，正如第一章和第二章分析的那样，高校国防教育不单是高等教育系统内部的事务，其国防性色彩明显。因此，其培训组织方就不能仅是教育行政系统和高校，还应当有国防军事单位的参加。不单是在国内外高校间的访学，也可以在军校和其他国防军事单位之间进行访学活动，

参照高校国防教育师资的实际教学和研究需要决定。关于短期培训班的培训组织问题则更多，在军地矛盾突出的区域，国防教育教师培训班很难获得合力支持。即使是军地关系较好，但高校国防教育的教育行政主管处室“给力”不足，将主体责任交由一些学术性组织承办，自身是主办单位，但仅是挂名，学术性组织的影响力有限，也会导致组织不力。极端的情况则是，学术性组织往往是少数人支撑，从而将高校国防教育师资职后培训班变成由少数人组织的活动，而其余各方的支持和影响都逐渐萎缩甚至消失，从而削弱长期的培训效能。

2. 培训课程设计不足

职后培训的核心是提升学科知识层次和围绕上述五个教学能力养成更好的教学能力。因此，职后培训的课程设计就应该围绕学科知识提升和教学能力养成展开，并一步步分解。以周为时间单位的职后培训班可能无法在短期内做到面面俱到，但可将每期培训班的课程设计连成整体。也就是说，尽管培训班的周期短，但周期的叠加形成的整体效应却是可观的，每期培训班的侧重点应该予以设计和突出。但观察大多数省份的高校国防教育师资培训班情况，各期培训内容同质性明显，各期专家讲座、示范课教学和教师间相互研讨的内容过于相近，重复进行。

过于强调培训的学科知识教学，而忽视教学能力培训。邀请专家讲座，对高校国防教育师资的知识积淀有一定帮助，但专家讲座中，并没按照说课方式对教学思想、教学设计同步解读。对教师而言，收获的往往是围绕某个讲座主题的知识碎片，但有关知识的来源、教学的分解和讲座的设计等内容，作为学员的高校国防教育师资却不了解。因此，难达预期效果。由于师资的补偿性学历教育也归入职后培训，尽管2011年高校教师计划停招，但回顾几所院校学历教育的课程设置体系，系统性也相对不足。如已暂停开设的南开大学军事思想研究生系列，其课程设置过于侧重军事思想，对国防教育教学所需的其他学科课程有所忽略。

3. 分类培训缺失

职后培训中的教学能力养成是相对笼统的概念。分析“教学能力养成”的首要问题，即“谁”需要教学能力养成，有哪些不足？当前的职后短期培训班的培训假设，事实上就是所有参训的高校国防教育师资的教学能力水平相近，通过培训后，都能够获得提高。但问题是该假设根本不成立。参训的高校国防教育师资个体之间的的教学能力差异极大，这主要是师资来源的多样化和师资岗前教育的差异等原因所致。因此，单次培训，对个别教师而言，可能是多此一举，但为了满足培训名额要求，成了事实上的“拉郎配”。而针对需要的教师个体而言，就“损失”了一次职后短期培训机会。事实上，就当前和今后一个较长时期的高校国防教育师资而言，其内部的教学能力差异是极大的，短期内难以改变。甚至单次培训班中，并不全是高校国防教育教师，存在大量的非高校国防教育教师个体，这与相当一部分高校师资缺失有关，但在这种情况下，学校不想“浪费”一次外出机会，便将名额给予其他人员。

因此，在包括职后短期培训在内的职后培训体系设计中，应专门探讨分类职后培训，研究一般性的师资教学能力养成培训班、高级师资教学能力养成培训班和专家型师资教学能力养成培训班。并在培训内容上，有效区分教学能力和学科知识的培训，提升职后培训的针对性。但重中之重的是，职后培训设计应在多主体的参与下，考虑顶层设计。

（二）对职后培训的评价缺失

在职后培训中养成教学能力的关键，是对职后培训各阶段辅之以过程性评价，以整体提升高校国防教育师资教学能力。但主要障碍是评价缺失或流于形式。

1. 职后培训的诊断性评价

诊断性评价是在培训之前进行的评价，目的在于帮助学习者了解自己的培训初始状态，帮助教学者确定学习者是否达到培训的门槛要求。从高校国防教育师资职后培训的课程组织设计有效性看，课程组织设计应体现出针对不同水平的师资个体情况。即使是从当前高校国防教育师资职后短期培训班的培训课程设计看，也并非能针对所有的受训教师个体。这就导致在培训中出现了一种情况，部分教师对授课教师的讲授内容茫然无知，并表示听不懂。实际情况则不一定是授课教师的讲课水平和技巧有问题，而是授课教师不知道受训教师的真实能力水平和学科知识水平。如采用了混合式翻转教学形式的授课教师对一直采取传统的课堂授课教学形式的授课教师，在讲解的时候，后者可能茫然无措。因此，诊断性评价是分类分级培训的前提条件，与之配合进行。

2. 职后培训的形成性评价

在职后短期培训班中，如培训时间为一周的职后培训，形成性评价的作用表现得不太明显。但对补偿性学历教育的职后培训而言，形成性评价就尤为必要。但从 2011 年高校教师计划停招前的 NDE 研究生培养过程看，形成性评价往往是形式性评价，即评价仅是以课程论文形式，并不能产生形成性评价的效果。在研究生课程教学过程中，缺乏课程之类的阶段性形成评价，影响了培养质量。而对职后短期培训班而言，形成性评价应以培训期数为单位，对国防教育师资个体参加的历次培训有形成性评价过程，以确定培训成效，避免培训资源浪费。在短期培训班的形成性评价中，关键是建立培训档案，注重对个体培训档案的纵向分析和对群体培训档案的纵向与横向分析，改进职后培训。

3. 职后培训的总结性评价

对于补偿性学历教育的职后培训而言，总结性评价即毕业论文答辩。一般而言，这样的总结性评价具有一定的权威性。但是否内在地达到了培养预期，论文答辩并不能对之全维度鉴定。特别是关于教学能力的养成，在论文答辩中难以判断出。因此，补偿性学历教育的职后培训，对其教学能力养成的评价，应当落实在教育过程之中，而非教育过程尾声。而关于职后短期培训班的总结性评价，虽然在历次培训结束时，也会有有培训小结，并颁发培训证书，但只能表明参加了培训过程而已，并不能表明在过程中教学能力提升了多少。对培训内容为非单纯教学能力培训的短期培训班而言，其对师资的教学能力养成作用，并不能持乐观态度，更多的只能算是一次同行间的当面交流。

（三）师资所在高校的责任缺失

高校国防教育师资是高校专任教师队伍中的重要一支，各高校理应重视并予以支持。但在师资教学能力养成方面，相当部分高校并未有效担当起应有之责任，任其自生自灭的情况较为突出。

高校之所以会在国防教育师资教学能力养成方面形成责任缺失，其原因主要是因为：（1）高校国防教育师资是一个新生事物，高校在师资建设过程中，习惯性地将其忽略；（2）高校对国防教育并不能从行动上予以重视，更多的将其作为工作而非教学看待；（3）相当一部分高校的国防教育师资，尽管岗位是教学岗位，但其所在二级单位却非院系教学单位，而是行政职能部门，造成人事和教务部门在校内管理机制上将其忽视；（4）高校国防教育师资整体教学能力与其他学科专业师资相比较，较为一般，对学校整体实力提升而言，暂时并不突出，因而“无为无位”；（5）师资所在二级单位负责人，缺乏师资教学能力养成的心理准备，不能为师资教学能力提升提供相应的平台和条件。

要促使高校对其国防教育师资教学能力养成及其他教师应有之权利和待遇做出支持和提供相应的平等保障，在理论上需要多主体协同支持，但在实践中，还需要在制度和法律上做出回答。关于这一点，在第七章将专门论述。

三、促进职后培训中教学能力养成的基本路径

高校国防教育师资教学能力养成，并非是高校国防教育师资的单向度努力，就能有效达成。正如第二章对师资建设主体的论述那样，需要多主体联合协作。教学能力养成并非是自然出现的过程，也不是一定会出现的必然结果，在具体实践中，只是一个良好预期研判，受到多种因素的制约和影响，在高校国防教育师资教学能力养成方面，情况更是如此，并表现得更为复杂。

（一）多主体协同完善职后培训制度

高校国防教育师资教学能力的提升，关键在于职前培养和职后培训。教学能力的根本提升，依然要依靠职后培训。长期以来的职后培训，尽管存在诸多问题，但在促进教师教学能力养成的作用方面，似乎也难以找到更好的方法替代，且在理论设想之内，其应有之功能依然没有被深度挖掘，细分性的培训实践，并未被系统性地观测到。因此，有效促进职后培训，高校国防教育师资教学能力的提升，应该进一步完善职后培训制度。

从上述对职后培训中的主要障碍分析来看，进一步完善职后培训制度，当务之急且在根本上，是要六类主体的协同参与。单纯依靠某一主体或某两三类主体，并不能在更大的作用空间显著提升教师的教学能力。应结合第二章中对边界区域关系的探讨，确立不同性质、不同类型、不同规模的职后培训中，主导性主体和辅助性主体的协同关系。

（二）促进国防教育师资内在动机的产生

高校国防教育师资教学能力的提升，关键还是在于师资个体。师资自身的期望水平，是师资教学能力提升的重要参考指标。为促进教师内在的养成动机的形成和发展，应在上述五类教学能力的探讨基础上，建立高校国防教育师资教学能力标准体系，“教师对教学能力的构成维度和指标认可度尚可，而且表现出从多方面改善教学能力的意愿”①，只有确定出符合教师内在的国防教育教学能力标准体系，才能提升国防教育师资内部动机。当然，内在动机的产生，也受到性别和职称等师资自然属性特征的影响，还受到师资原始学科背景等专业属性的影响。文科和理工科背景的师

① 徐继红：“高校教师教学能力结构模型研究”，东北师范大学，2013 年，第 147—149 页。

资，在教学能力的提升侧重点上存在着差异性。

从职业生涯规划角度出发，也是提升国防教育师资内在动机的一个可能路径。只有从职业上引起国防教育师资的内在自觉性，才能从根本上促使其内在性地提升教学能力，把个体对自身发展的影响提高到自觉的水平。这是一种影响性质的变化，不纯粹是强弱、大小的变化。[①] 因此，应在教学能力提升的制度设计上，避免功利性倾向和技术依赖性倾向，如以国防和军事视频降低自身教学付出，并逐步导致依赖于视频等信息元素的情况出现。

（三）创建高校国防教育师资的进出机制

与提升内在动机相反的是，在高校国防教育师资教学能力养成过程中，同时也应建立外在的制度动力。典型的制度动力是高校国防教育师资进出机制。事实上，其他学科专业教师制度也应当建立相应的师资进出机制。客观上而言，当前在大力强调教师队伍建设的过程中，也有教师的进入退出机制。如教师严重违反教育教学规定和师德师风后，会被剥夺教师资格；教师在进入高校从事高等教育教学后，应当取得教师资格证书，并作为职称晋升的基本条件之一。但这种进入和退出机制只是最基本的要求，内涵性的进入退出机制，应当基于的是教师的教学能力方面。这就避免了学术水平与教术水平的失衡。

当然，创建有关高校国防教育师资的进出机制，从“进”的角度看，就涉及到如何对国防教育师资进行单独教学考评，也涉及到对现有教师资格制度的调整或深化，如国防教育各主体联合制定准入制度，规定在取得“一般”教师资格证的基础上，还应当取得“国防教育教师资格证书”，才能进入教学岗位，这不失为一种较好的做法。至少在当前，建立分门别类的教师资格准入制度，不切合实际。

（四）以国防教育科研促进教学能力提升

如果说职前培养过程中，对教学能力养成的关注缺失，是由于职前培养的特定环境所限。那么，职后培训过程中，促进教师教学能力的提升，显然就具备了有利条件，如科研上的经费和政策支持。尽管当前高校国防教育师资所感受到的科研项目相对较少，经费相对有限。但相比十年前，则是天壤之别。在普遍强调教学能力与学科知识能力的区别的同时，实际上，也应辩证看待二分思维。至少从洪堡时代，教学和科研就紧密地结合

① 叶澜：《教育概论》，人民教育出版社，1991 年版，第 219 页。

在一起。只不过在社会强调高等教育贡献的时候，更多关注科研对社会的转化促进作用，而忽视了“不起眼”的人才培养情况，并造成对教师教学能力的“漠视”。同样是在19世纪，吉尔曼将科学研究引入美国大学，形成大学的双层结构，“教师的科研活动成为一种教学模式，而学生的科研活动成为一种学习模式”①。因此，应强调“科”与“教”的融合。博耶则正式提出了“教学学术”理论，他把教学视为学术活动的一部分，学术也是为教学过程而准备的，教学的学术性和学术的教学性很好地融为一体。

同样，对国防建设的学术关注、对边疆史的学术研究和对区域关系的学术分析，对教学过程有直接帮助。充分掌握学术信息后，经过一定的形式转化或直接运用，也成为教学信息的一部分。学术研究所产生的知识和思维迁移，也可对教学技能产生迁移性影响，如对话教学和国际谈判存在一定的相通之处。

第三节　科研能力与专家型师资建设

既然良好的科研能力是对教学能力的提升和促进，那么，为了进一步在职后培训中提升教学能力，就同样有必要进一步提升高校国防教育师资的科研能力。也同样是从师资建设的均等性出发，高校国防教育师资的科研能力也有必要予以提升，至少在高校国防教育研究领域，难以见到成规模的研究成果。当然，这与研究平台和研究队伍的积累有关，但同时也说明了相关研究的缺失。因此，做好高校国防教育师资的职后培养，在关注教学能力养成的同时，也必须进一步关注到高校国防教育师资的科研能力。以其科研能力的形成和提升为基础，促进高校国防教育专家型师资的建设，形成“元”师资。

一、高校国防教育师资的科研能力

不上课就不是教师，不做科研就不是好教师。科研是高校教师安身立命的条件之一，也是高校赢得社会声誉与政府支持的核心命题之一。即使是教学型院校，也把科研作为学校发展的重要推手，以此促进学校整体实

① 周光礼、马海泉：“科教融合：高等教育理念的变革与创新”，《中国高教研究》，2012年第8期，第15—23页。

力提升。同样，高校国防教育师资要做到与其他学科专业师资的均等化发展，必须提升科研能力，改变当前科研能力低下的现实，以获得高校更多的支持。

（一）高校国防教育师资科研能力的概念

研究高校国防教育师资的科研能力，首先要弄清什么是高校教师的科研能力？国内对高校教师科研能力的研究相对高校教师教学能力而言较少，散见于一些学术文章之中。代表性的定义有：高校教师的科研能力是指教师具有较强的科研意识，能够准确地选定课题和研究对象，熟练地运用合适的方法与手段，有效地探索教育教学规律，科学、规范地表达研究成果的能力[①]；高校教师的科研能力是高校教师职业成长的一个重要组成部分，其内容包括论文写作能力、综合分析能力、信息采集能力、计算机应用能力等[②]。还有的学者从大学科研能力角度定义高校教师科研能力，指出其是高校教师通过利用和优化配置各种创新资源，产出高水平科研创新成果的能力。[③] 可见，对高校教师科研能力的界定，有的是从科研的纵向过程做出界定，有的是从能力的构成角度做出界定，还有的是用邻近概念从科研的特征等方面做出界定。

基于高校国防教育师资的作用领域和教学与科研的相互关系，本书认为，所谓高校国防教育师资的科研能力，是高校国防教育教师在符合科研流程的基础上，利用科研媒介，为有效探清国防教育现象、本质及其规律而展现出来的综合创新能力。这个定义从科研主体、科研素养、科研对象和科研本质四个维度给出了界定。因此，这个定义明确了高校国防教育师资科研能力的主体是高校国防教育师资，其他领域的师资对国防教育或相关问题的研究，是属于其他学科师资的科研能力，尽管其研究成果对高校国防教育有价值；明确了高校国防教育师资应有的科研素养是要符合科研的基本流程，并充分利用好科研媒介开展科研；明确了科研的对象是国防教育现象、本质及其运行规律，是超出高校国防教育范畴之外的全民国防教育；明确了科研的核心要义是科研创新，科研能力的核心基质是创新能力。与之前的下定义过程一样，这个定义并没有对什么是高校国防教育师资科研能力做出过于严格的界定，也是为了在今后高校国

---

① 高扩昌、任桂婷：“普通高校青年教师科研能力的现状与对策”，《内蒙古师范大学学报》(教育科学版)，2009 年第 1 期，第 153 页。

② 白景永：“基于职业成长的高校教师科研能力评价体系设计”，《继续教育研究》，2011 年第 7 期，第 38 页。

③ 王碧云：“大学科研创新力评价及中国提升策略研究”，武汉大学，2016 年，第 1 页。

防教育师资科研实践中进一步丰富，毕竟这是一个尚处于初步发展阶段的新研究领域。

对高校国防教育师资的科研能力做出尝试性的界定，是为了进一步弄清高校国防教育师资科研能力的基本构成。唯有此，才能从多角度分析如何提高高校国防教育师资的科研能力。

（二）高校国防教育师资科研能力的构成

厘清高校国防教育师资科研能力的基本构成，是为了能够让高校国防教育教师在自身科研能力建设过程中，对照构成，明确自身的科研发展方向，主要起着引导作用、激励作用和评价作用。

1. 科研发现能力

包括高校国防教育在内的全民国防教育，推进程度较为缓慢，与国防军队改革的步伐不能保持相对同步，全民国防教育意识和国防能力依然较为淡薄。因此，在全民国防教育和高校国防教育过程中，存在着大量问题。但这不一定就是科研问题，科研问题是那些相对具有解决预期的现实问题。如研究怎样让每一个大学生都对国防教育课程感兴趣，这显然不可能，因而其本身就不构成研究问题，但可以研究性别因素对课程接受度的影响。

2. 科研提炼能力

大多数国防教育问题表现得比较杂乱，很多问题之间存在着诸多联系。这就需要高校国防教育师资在问题的相互逻辑和关系中，找出主要的科研问题。如在大学生征兵困难问题上，大学生可能是对征兵政策不了解，也有可能在日常生活中受本身的国防素养较低的父母群体的影响。这其中值得国防教育研究问题就是研究大学生对兵役的拒绝心理和表现，而不是研究其父母国防素养较低，后者是属于群众国防心理的研究领域。如果研究后者，并不能对征兵困难有现实的直接帮助。

3. 科研分析能力

在确定了研究问题并有效提炼出问题的逻辑和关系之后，就到了对国防教育问题进行分析的阶段。科研分析能力本质上是对高校国防教育师资是否掌握规范的科研方法和接受严格的科研训练的检验。在当前高校国防教育师资存量中，大多数并未接受过严格的科研训练。理工科背景的师资在科研能力迁移的过程中，会遇到学科研究差异的固有障碍；文科背景的师资科研能力，在数字人文领域有所缺乏，这是今后要着重解决的问题，以提升实证研究水平。提升科研分析能力，需要在职前培养的课程设置中予以有效设计。在职后培训过程中，需要对现有师资进行针对性的分类提高。以大学生兵役心理为例，当问题提炼后，就要对其进行科研分析，既可以对样本进行文本分析，也可以同时以系列化量表进行心理测量，然后综合统计，还可以借助于数字人文分析软件和程序，如 python 爬虫等。

4. 科研综合能力

在对问题进行一系列分析之后，就需要对分析结论进行综合，以把科研结果初步的凝练出来。这一能力是科研能力体系中的关键环节。相当多的科研，整个研究过程相当规范，但限于科研人员的表述等综合能力失范，造成研究过程的内涵萎缩，影响研究效能。高校国防教育师资的科研对象是国防教育现象、本质和规律，基于其研究对象的军地特点，其复杂程度超越任何人文社会科学，对高校国防教育师资的科研综合能力提出了严格要求。

如通过 python 分析发现，大学生兵役心理的核心是“战争发生”，那么，在综合分析结果过程中，就应找与这个关键词相关的信息，如“死亡”“家庭”“父母”和“选择”等。可能的解释实际上是相互对立的，如“战争发生后，参军的我会死亡，父母和家庭会因此受影响，我可以有多种选择”和“战争发生后，我选择死亡并不可怕，但父母和家庭会因此受影响”。两种解释，对应的是两种选择心理。因此，这就需要进一步的科研过程，并达成准确的结合。

5. 科研创新能力

科研综合能力是高校国防教育师资在科研能力训练中关键的一环，但更高级的能力则是科研创新能力，是指在科研问题研究中，对研究方法、研究过程和研究范式的创新。任何学科的科研创新训练都始终围绕科研人员的创新能力展开。高校国防教育学术研究处于起步阶段，但这并不代表可以忽视科研创新能力，否则就违背了科研的内在要义。至少在当前，国防教育研究更多的是借鉴其他学科专业的研究方法和范式，并未形成自身的研究逻辑和框架。因此，在师资职前培养和职后培训中，除了提升学科知识水平和教学水平之外，应着重强调增强高校国防教育师资的科研创新能力。

（三）高校国防教育师资科研能力的培养路径

由于处于学科创生阶段的国防教育面临着研究范式等科研方面的现实不足，而高校教师又是科研活动的生力军，高校还蕴含着大量的科研资源平台。因此，对高校国防教育师资科研能力的培养，就成为学科创生的关键一环，并与高校国防教育师资学科知识水平、教学能力养成共同构成当前高校国防教育师资建设的三大任务。在坚持走与教学能力养成的培养路径的同时，还应坚持以下培养路径。

1. 加强国防教育学术组织建设

高校国防教育师资的科研能力培养与提升，关键的问题就在于是否具有科研学术群体和学术圈子。只有具有相应的学术群体和学术圈子，才能汇集学术研究问题、队伍和资源，这是任何学科专业学术研究成长的基本经验。当前的国防教育研究组织，主要是各省高等教育学会国防教育研究分会或单独的国防教育研究委员会等机构，各省的军事课教学指导委员会具有一定的学术组织能力，但主要还是教学指导组织。为此，应在现有机构基础上，加强专门性的学术组织建设，围绕国防教育学学科基础研究、应用研究等方面，按照树状结构，设计研究分支架构和研究主题。

2. 主动承担其他学科的相关研究

学科一直被定义为知识生产与传播的单位与社会建制，但大学也被分散的学科割裂着存在。[①] 这里无意讨论知识的“学科化”和学科意味着制度化的权力。但遵循着“学科知识化”，即学科本身是具有联系性的。这就是说国防教育问题既可以是高校国防教育师资的研究，也可以是社会管理者或者历史学者的研究。基于问题的研究，而非单纯基于学科的研究，是当前学科交叉耦合的关键特征。因此，尽管在高校国防教育师资科研能力的定义中，将高校国防教育师资作为科研主体看待，但并不是以此拒绝其他学科人群研究国防教育问题。与此同时，高校国防教育师资的学科背景在理论上也是多元化的，与其他学科专业存在着教育过程和学理上的联系。因此，主动承担其他学科专业的相关研究，如社会学和传媒学中的国防教育研究问题等，一方面，可以扩大研究阵地；另一方面，也可获得人员等资源的支持，促进高校国防教育师资的科研能力建设。

3. 提供基本的科研资源和平台

需要指出的是，国防教育学术组织建设和参与其他学科专业的相关问题研究，的确可以增强高校国防教育师资的整体科研水平，但科研不完全是学术范畴之内的事，科研需要政府等相关部门的支持，这也在一定程度上解释了“并非所有问题都是科研问题”。政府等相关部门对科研的支持，在自然科学领域之重要程度，有目共睹。而在人文社科领域，特别是政策性咨询较强的研究领域，也是相当重要的。仅有学术系统的自身努力，但

① 李海龙：“重新定义学科”，《江苏高教》，2018 年第 8 期，第 9—15 页。

缺乏学习系统之外的力量注入，也难以支撑学术研究的整体框架，特别是在专项研究和政策研究等方面。

因此，要使高校国防教育师资科研能力有较大跃升，必须要在高校国防教育科研逻辑的基础上，增强政府和国防军事单位对国防教育研究和高校国防教育师资的科研支持。一个基本设想是，由国家国防教育各主管部门、各级教育行政部门，围绕当前和今后一个较长时间段需要着重解决的国防教育重大问题和难点，提供一定时间内的专项科研扶植计划。

二、高校国防教育专家型师资

前文阐述中，提到了一般性师资、高级师资和专家型师资等简单的对教师教学能力的分类，但这样的分类并非是单纯基于教学能力，而是综合考虑到了科研能力。也就是说，专家型高校国防教育师资是教学和科研均突出的教师群体。任一成熟学科专业，都有不同影响程度的师资系列，都会基于各自的师资发展，对师资群体做出类似的分类。因此，专家型师资是师资教育中的重要概念，在高校国防教育师资建设中，也应当重视专家型师资建设。

（一）高校国防教育专家型师资的概念

作为教师专业化建设目标，专家型师资概念的提出由来已久，其与专家型教师常被用在同一语境中。对专家型教师的界定主要分为三类：特殊专长说，认为专家型教师具备“教育专长、教学专长与教研专长”中任一专长的教师；特级教师说，认为特级教师或教学名师就是专家型师资；优秀教师说，将其与专家型教师作为同一概念加以使用。[①] 它们分别是基于心理学、社会学和教育学视角探讨的。所谓专家型教师，应是指具有积极的从教情意、合理的从教知识、过硬的从教技能、超常的从教能力、独特的从教智略五大特质的专职教师。[②] 还有学者基于美国斯坦福大学心理学教授斯滕伯格的观点，认为专家型教师都拥有更多的知识、更高的工作效率并且更富洞察力。[③] 还有学者对教师职业发展到底走向专家型还是学者

---

① 徐红、董泽芳：“批判与超越：‘专家型教师’概念再探析”，《教育科学》，2011 年第 2 期，第 61—62 页。

② 徐红、董泽芳：“批判与超越：‘专家型教师’概念再探析”，《教育科学》，2011 年第 2 期，第 65 页。

③ 郑颖、盛群力：“如何成为一名专家型教师——斯滕伯格论专家型教师的基本特征”，《远程教育杂志》，2010 年第 6 期，第 34 页。

型做探究，认为专家型教师是学者型教师的前一阶段。① 专家型教师具有自我观察能力，自我观察是教师将自己的教学以某种形式记录下来，并对自己的教学进行自我评价，把它当作下一步改进教学的信息资源。在专业化发展过程中，最好的评价就是教师自评。② 专家型教师是新手型教师正确归因的结果。③

结合本书第二章第一节对高校国防教育师资内涵的探讨，依然采用专家型师资的概念，而非专家型教师的概念。因为，专家型教师是对个体的称谓，专家型师资是对群体的界定。所谓高校国防教育专家型师资，是指具有丰富的问题解决策略经验和独特的学教合一能力的，能引领国防教育有效发展的学者型教师群体。

这个定义并没有就何谓专家型国防教育师资给出严格的时间界定，而相当一部分概念对专家型教师给出了“至少 15 年从教经历”的门槛要求。事实上，时间并不是最核心的要求，问题解决的策略经验和学教合一的能力才是。这两点是深刻联系在一起的，国防教育问题的解决，需要丰富的策略经验作为基础，如国防教育与国家安全教育、国防教育与军事教育、国防教育与形势教育、国防教育与思想政治教育等关系的处理，都从根本上涉及到了国防教育的独立性和是否可以借力发展的问题。国防教育是教育外显和教育内化的辩证关系体，所学不能教，则无法实现国防教育的目的。因此，学教合一是对专家型师资的核心要求之一。此外，专家型的高校国防教育师资要能够引领包括国防教育基础研究、国防教育应用研究、国防教育前沿问题，以及高校国防教育、中小学国防教育、社会国防教育、家庭国防教育等国防教育各领域的有效发展。所谓专家型，一定是学者型，一定是科研与教学并举，而非偏废其一。最后需要再次指出的是，高校国防教育专家型师资不是对个体的界定，而是对群体的界定。唯有此，才能建立“元师资”。

（二）高校国防教育专家型师资的评价标准

如何评价高校国防教育专家型师资，或者说，如何确定单一的高校国防教育教师能够达到高校国防教育专家型师资的条件，而不至于因条件相

---

① 吴巍：“教师专业发展：走向专家型还是学者型”，《赤峰学院学报》（自然科学版），2017 年第 8 期，第 216 页。

② ［美］贝利等著，董奇等译：《追求专业化发展：以自己为资源》，北京师范大学出版社，2009 年版，第 37 页。

③ 张成莉：“归因理论视角下教师专业发展路径研究”，《教育理论与实践》，2016 年第 22 期，第 48—51 页。

对较低而导致对师资建设进程的破坏，这就需要对高校国防教育专家型师资制定粗略的评价标准。

1. 能够形成密切的科教团队

在高等教育发展过程中，经常会见到那些学科声誉较高的院校，在经过一段时间之后，产生了学科萎缩。究其原因，很可能是其内部的教师团队关系隔阂，以及由此导致的人员流失，从而造成学科发展难以维系。因此，高校国防教育专家型师资，一定是由有着最低数量要求的专家型教师构成，能够形成优势互补、劣势相消的密切团队。“密切”表现在项目申报、日常关系、工作关系、教学关系等方面，其关键是教学与学术的密切。

2. 形成独特有效的科教影响

密切的科教团队是形成高校国防教育专家型师资的基础前提之一。之所以是专家型师资，而非一般性的师资，主要是因为有了一定的研究影响，从而被外界感知，被同行认可。能够有着被外界高度认可的研究影响，一定是独特且有效的。如西南大学开展免费师范生教育以来，逐渐形成了关于师范生的建设理论和师资建设理论，形成了教育学的研究影响；吉首大学设立国防教育学院至今，在国防教育领域也产生了独特的教育和学术影响。

3. 具有持续发展的科教动力

从有效实践上看，高校国防教育起步晚，科研团队不足，师资力量极少，这是不争事实。因此，处于起步阶段的高校国防教育及其学科发展，就必须多方求教，力避其他学科专业发展的误区，特别是梯队断层导致的前功尽弃。因此，高校国防教育专家型师资，必须能够促成国防教育持续发展，自身团队也具有持续发展的科教动力，从而使得专家型师资能够形成良性循环，促进国防教育学学科的良性发展。

（三）高校国防教育专家型师资的培养路径

就当前情况来看，高校国防教育专家型师资是高校国防教育发展的有生力量和原始积累，适时形成一支能够起支撑作用的专家型师资力量是当前高校国防教育师资建设的关键，也是职后培训阶段的重点工作。

1. 理顺校内机制

可以说，专家型高校国防教育师资是高校专任教师群体中的一部分。因此，建设和培养专家型高校国防教育师资，关键还是要看高校自身。然而，教师成长的基础是高校要为教师成长提供稳定顺畅的校内环境。但就目前情况来看，各高校或高校区域内有利于高校国防教育师资成长的内部环境，依然未能建立。即使各级各类文件提出了诸多要求，很多高校依然对之“打折处理”或“置若罔闻”。大多数高校党政管理层的核心思想是：文件很多，不可能都按文件要求去做。但在涉及到主要个体利益时，却又不遗余力地按照要求，创造条件予以完成。的确，文件在制定过程中，不可能面面俱到，也会在某些方面提出实践层面难以完成的要求，特别是在考核缺失的情况下。但大多数高校党政管理层对高校国防教育的实际态度，根本上反映了高校国防教育师资生存的现实状况。因此，这就要求高校国防教育师资在打铁还需自身硬的理念下，不断提升自己，此外，也要从制度和管理层面，引领高校党政管理层思维，逐步理顺校内机制，为高校国防教育师资的专家型发展提供较好的内部氛围。

2. 理顺军地机制

建立高校国防教育专家型师资，必须要把国防军事单位纳入师资培养的轨迹中来。这并不是要把高校国防教育专家型师资的培养主责任交由国防军事单位，而是适当借助他们的力量。一方面给高校以建设性“压力”，督促高校进一步理顺校内环境，为师资发展扫清校内障碍，使其能够专心于建设事务，而非“生存性的抗争”；另一方面，从专家型师资的要义和高校国防教育的内涵上看，也是借助他们的力量增强高校国防教育专家型师资的建设内涵，缩短周期，扩大影响，在高校国防教育师资建设领域形成军民融合。理顺军地机制，首先要理顺的就是校外的军地机制，即教育行政部门和国防军事单位的行政管理体制，确定务实的机制规范，以消除当前在协同过程中的“中庸之道”。其次要理顺的是国防军事单位与高校的军地机制，在军民融合思维下，探讨前者对后者的约束机制，而不是以不同的运行系统为由，否定前者对后者的作用力。至少在当前，前者对后者的作用点有三：军民融合、征兵和国防教育。应基于这三点，进一步考虑，加大对高校的作用空间。

3. 理顺群体关系

当前高校国防教育师资的地域分布过于分散，导致区域合力不够，才有了上述有关区域协同的讨论。要适时建立一支高校国防教育专家型师资，就必须改变这种地域上的分布不足，这也涉及到在第六章将谈到的国防教育教师发展中心。唯有此，才能借助于交通和信息技术等，抵消地域分布的不良影响。当然，在传统层面上，理顺群体关系，主要针对的是在相对较小的地域环境内，甚至是单一高校内部，国防教育师资间的群体关系。在高校国防教育师资建设过程中，有几所原先师资条件好，拥有 NDE 研究生培养资质的院校，由于其内部关系处理不畅，导致师资力量的相互抵消，无法契合高校国防教育专家型师资的概念界定。

然而，最核心的群体关系并非是这种传统的人际关系，而是基于科教协同理念的群体关系，即学术研究群体关系，在学术框架体系之中，各自的关系定位如何。如 A 高校的甲教授更擅长国防教育实践课程等研究，B 高校的乙教授更擅长国防教育理论课程研究，C 高校的丙教授更擅长政府国防教育研究，而 D 高校的丁教授则更擅长有关国防教育的产业研究。这种群体关系有自然形成的成分在内，但需要以国防教育的理论和实际需求为引导，有意识地促进相应的群体关系形成，促进国防教育和高校国防教育专家型师资的全维度发展。

三、科研能力与专家型师资建设的相互关系

在交代了高校国防教育师资的科研能力和专家型师资的相关概念之后，进一步的问题就是二者关系。实际上，从形而上的思维出发，专家型师资一定有着较高的科研能力。相应的，科研能力也能促进专家型师资建设，是师资从一般经高级到专家层次的转化纽带。但二者的关系，以及二者更高层级的发展状况，显然不是这种形而上的状态，而是进一步延伸出三个新问题。

（一）专家型师资的科研能力

在上述内容中，提到高校国防教育师资的科研能力构成，认为其应由“科研发现能力、科研提炼能力、科研分析能力、科研综合能力和科研创新能力”构成。专家型师资的科研能力也显然包括这五个方面。但专家型师资的科研能力，虽以此为基础，却不限于这五个方面，而是经过了能力转化，至少表现在以下三个方面：

第一，对国防教育顶层设计研究的能力，主要是专家型师资能从全民国防教育的顶层安排考虑，设计各分支教育领域的发展层级和演进关系，围绕各分支领域的师资、课程、活动和制度等方面，给出可行方案。以及对国防教育在国家系统中的位置、行政安排有预见性设想，并能影响决策层。第二，对军地融合设计研究的能力，主要是能对当前相对空白的军民融合领域，建构出一整套行之有效的融合理论，供政府决策部门和军地执行部门参考，并进一步修正，促进军地融合的无缝对接。至少在当前，严重缺乏有关于军地融合设计的研究成果。第三，对国防教育学学科设计的研究能力，是专家型师资的核心能力之一，主要是能从国防教育学学科发展视角，提出学科发展的制度设计与层次安排，在多学科基础、学科下属门类、学科研究逻辑等方面不断提出研究问题和解决方案。

可以说，专家型师资的科研能力是其与其他类型高校国防教育师资的根本区别。也正是由于专家型师资表现出的更高的科研能力，才能让其成为国防教育学学科发展的“元师资”。

（二）专家型师资与“元师资”

专家型师资是高校国防教育师资建设的高级层次，但专家型师资并非止步于这一层次，而是基于高校国防教育发展和国防教育学学科创生任务，进一步演变为“元师资”，即国防教育学的“元师资”，也是培养国防教育学术梯队和教学梯队的师资。关于“元”的概念，在上文扼要解释过，任何成熟学科的“元理论”，都是该学科理论发展的不竭动力。当学科理论回发展进入困境时，“元理论”往往能从本源引导学科理论回归到正常逻辑中。同样，任何学科都存在“元师资”，且“元师资”不断流动变化，以维持学科的正常发展，不至于萎缩。换句话说，如果某一学科的“元师资”消失了，其结果就是消亡。

因此，在高校国防教育师资建设过程中，当务之急，是要探讨在专家型师资建设的基础上，确立“元师资”。即使是今后从行政命令上，确立了硕博士培养单位，“元师资”依然值得关注和讨论。

（三）为“元师资”优化科研环境

由于专家型高校国防教育师资的科研能力表现在上述方面，也由于专家型高校国防教育师资是国防教育学发展的“元师资”，因此，为进一步做好“元师资”建设，在今后学科发展和学科人才可持续发展议题中，应为“元师资”优化科研环境。也就是说，应为专家型高校国防教育师资科研能力的展现，为加强和促进国防教育顶层设计、军民融合理论发展和国防教育学学科创生，为专家型师资进一步优化科研环境。

关于此问题，在下一章中将继续择点论述，即在国防教育学学术体系下，考虑如何做好高校国防教育师资建设。

第五章 国防教育学学术体系下的师资建设

在探讨高校国防教育师资建设的职前培养和职后培训中，较为系统性地认识了高校国防教育师资建设的一些“画面”，这对今后高校国防教育师资建设的实践具有一定的理论指导价值，尽管也存在着这样或那样的理论和逻辑诟病。也为了进一步弥补前面论述中存在的问题，本章继续尝试从国防教育学学术体系的视野下，探讨高校国防教育师资建设。这里存在需要进一步说明的地方，即“国防教育学学术体系”，与其相近的概念则是国防教育学术体系、国防教育体系、国防教育学体系。这四个概念既相互联系，又存在着本质区别。

第一节 国防教育学学术体系

简单来说，国防教育学学术体系是国防教育学体系的构成部分之一。国防教育学体系，包括国防教育学学科体系、国防教育学学术体系和国防教育学话语体系等三个部分。而国防教育体系则是国防教育学体系的上位概念，相应的，国防教育学术体系也是国防教育学学术体系的上位概念。为进一步弄清它们的具体区别和联系，可以先对一些更为基础的概念做扼要介绍。

一、与国防教育学学术体系相关的基础概念

与此相关的基础概念主要是：学科、学科体系、学术体系等。

（一）对学科的理解

伯顿·克拉克认为，知识是指人们在社会实践中积累起来的经验，这些基于经验的知识通常是支离破碎的、浅显的、原生态的，任何一门学科

在其未成“学”科之前，都是不成系统的，杂合着感性认识或部分理性知识，但一旦成为“学”科，就成为一个由各个不同的知识单元和理论模块组成的具有内在逻辑关系的知识系统。[①] 在这个层次上的“学科”，基于的是学科自身的逻辑和研究人员的兴趣。他们不以制度化的传递学科知识为目的。如没有进入大学范畴内的成体系的知识，就是这个层次的学科概念。而当这一层次的学科概念，被大学等社会机构制度化以后，就进入了第二个层次的学科概念，增加了学科知识的制度化传递使命，常与“专业”混淆使用。但学科是学术范畴，专业则是教育范畴。学科是作为“知识的学科”和“组织的学科”的集合。

伊曼纽尔·莫里斯·沃勒斯坦认为：首先，学科当然是学术范畴，即具有某种学科界限以及某种公认的合理的研究方法；其次，学科也是组织结构，有以学科命名的院系和学位；最后，学科也是文化，属于同一个学术共同体的学者在很大程度上具有共同的阅历和研究方法。[②] 相比于克拉克，沃勒斯坦增加了“学科的文化”理解，从本质上看，应当是在学术和组织基础上的学术文化和组织文化。

米歇尔·福柯认为，任何学科既是一个研究领域，也是一种社会规范。[③] 他认为，学科必须要生产知识，并做好知识生产的工作，以实现知识的更新化、一体化、理论化、系统化和再系统化。他还认为，学科要内化为人们的行为规范，以学科认知来统一社会秩序。实际上，他所表达的应该是学科的话语体系作用。

因此，学科主要是在三个层面上被界定。知识层面上的学科，往往被定义为有独特的研究对象，以概念、原理、命题和规律等构成其理论体系，并形成了特定的研究方法。制度层面上的学科，则是指被组织化和制度化了的满足社会建制需要的专业体系和课程体系。在这种层面上，学术与教育被统一，即教学与科研成为一体，这正是高校机构的两大职能。话语层面上的学科，是指学科有效渗透进政治秩序和社会秩序之中，公民变成了人化的学科存在。这并不难以理解，人类文明的演变过程，实际上也是知识化和学科化的过程。

---

① 陆军：“关于学科、学科建设等相关概念的讨论”，《清华大学教育研究》，2004 年第 6 期，第 24—26 页。

② ［美］沃勒斯坦著，王昺等译：《知识的不确定性》，山东大学出版社，2006 年版，第 104 页。

③ ［法］福柯著，谢强、马月译：《知识考古学》，三联书店，2003 年版，第 199 页。

（二）对学科体系的理解

简单来说，学科体系的扩称就是学科分类体系。而学科分类，则是对知识层面和制度层面上的学科概念，按照其体系结构进行相应的条理化的过程。在这一过程中，知识层面起到了主体作用，而制度层面则起到了主导作用。从知识层面看，主要是把各学科（包括分支学科和学科的萌生状态——研究领域）的研究对象明确化和差异化，界定好相互的联系和区别。从制度层面看，则是将知识层面的界定事实，通过制度设计，予以公布，并按照公布后的分类秩序再组织和再系统化，以此建立起社会性的相互协作关系。以协作关系作为新的逻辑起点，学科体系往往又和学科制度在同一语境中使用。其内在的考虑则是人类天性中对秩序的追求。因此，这样的对学科的体系分类和制度化，本身不存在问题，只要其过程能够保证学科知识的天生“高深”和“原来的状态”。

然而，很多人都意识到，制度层面在现实中经常起到的并不是主导作用，而是主体作用。学科的原始知识体系被“撕裂”了。“主宰学者生活的力量是学科而不是所在院校”，“大学其实就是把沉思默想的追求落实为一种社会制度的地方”①。沃勒斯坦等人的言论，暗藏了对制度层面的沮丧。因为大学的专业和课程设置，是严格按照学科体系结构而设计的，而院系则是根据专业和课程（教材）等设定的。也就是说，从学科经由专业和课程（教材），才到了院系。但现实当中，太多相反的结果，使得“人为精心策划的社会建构隐而不显”②。“制度化的学科就意味着制度化的权力，知识和权力是可以相互转换的，对资源和现代国家政府资助的依赖使得学科知识的生产变成了权力的制造，也就是权力制度的制造。自然科学话语的强势并不是完全由其生产的知识带来的，而是一种权力的强势。”③由此可以看到各种各样的学科竞争现实，学科的标签效应被放大，其被赋予了一种即时的选择机制，供社会人员根据自身的需要进行选择。学科声誉决定了其享有的地位和资源。以至于巴尔赞指出：声誉，一言以蔽之，是商业广告。④ 借由学科声誉，各学科都“确定”了各自学科的学科“英雄”。有趣的是，相当多的学科“英雄”是同一人，如苏格拉底、柏拉图和亚里士多德，如墨子、孔子和孙子等。当然，这与知识的初始混沌状态

---

① ［美］沃勒斯坦著，刘健芝等编译：《学科·知识·权力》，三联书店，1999 年版，166 页。

② Mary Douglas. How Institution Think ［M］. Syracuse University Press，1986：48.

③ 李海龙：“重新定义学科”，《江苏高教》，2018 年第 8 期，第 9—15 页。

④ ［美］巴尔赞：《美国大学：运作和未来》，浙江大学出版社，2015 年版，第 260 页。

有关，但这也说明了一点，作为学科的知识被过度制度化后成为了学科发展的弊病。由此，也才导致相当多的社会人士误把《三十六计》归功于孙子，在商业界、军事界、管理界始终被推崇。

这种情况在现实中，的确导致了学科分裂和学科隔阂。为此，才有学者提出了“作为网络结构的学科”。[①] 认为新生的知识不再被“学科化”，学科反而被“知识化”，回到知识的本来面貌。知识的生产被纳入网络化的经济系统之内，传统的学科概念也在其中，大学也在其内。大学只有认识到这种系统，而不是单纯的学科，才能具备现实的合法性。而在全球范围内，离上一次对大学合法性的讨论，已过去整整一个半世纪。大学的当前合法性，要求大学必须不断地在学科中加入新的知识协作系统，促使学科不断拓展边界。“学科就是将知识送进网络化系统的结构化组织，这种网络化结构组织，并非是跨学科或多学科的概念，而是一种完全没有知识边界的新型协作关系。”[②]

因此，所谓学科体系，实际上是对生产知识的组织方式的不同理解。传统的组织方式是按照知识关系形成制度化的秩序性理解，但由此导致过度制度化和知识割裂。但知识的内在发展逻辑并没有在过度制度化中被割裂，而是随着社会发展，逐渐从制度化变成协作化。也就是说，以知识生产为特征的学科体系是制度化和协作化的存在。

（三）对学术体系的理解

拉卡托斯认为，学术体系可被命名为研究纲领，它是由硬核和灵活的保护带组成，硬核就是学科的核心命题，保护带就是有关这一命题的诸多辅助性的假说及其相互依存关系，同时还存有精心考虑的解题手段。[③] 所谓硬核，就是关于某一研究对象的元命题，即诸多基本命题的命题，如人是社会性的动物，国防教育是有关国家防务的教育。它基于的是人类对社会反思的直接判断。在元命题之下的是基本命题，如社会性的动物需要相互交往、需要群居；国家防务教育需要围绕国家安全展开、国家防务教育应当由国家组织。而在元命题和基本命题之下的，就是辅助性假说，如各种交往理论、群居理论或社群理论；各种国家安全理论、防务理论和国防建设理论等。这些辅助性假说是可以推敲、推

---

① 李海龙：“重新定义学科”，《江苏高教》，2018 年第 8 期，第 9—15 页。

② 李海龙：“重新定义学科”，《江苏高教》，2018 年第 8 期，第 9—15 页。

③ ［英］拉卡托斯著，兰征译：《科学研究纲领方法论》，上海译文出版社，1986 年版，第 6 页。

翻和推介的。学术体系的三个层次由此形成，即元命题、基本命题和辅助性假说。[1]

与学术体系相关的理解，包括学术体系的建立、发展、创新和变革。学术性体系的建立，是通过上述三个命题的逐步建立而建立的。学术性体系的发展，是在社会实践经验的基础上，以原有的命题结构为参照，并进一步丰富而发展的。学术体系的创新是对一些关键命题的修改而得以创新的。学术体系的变革，则是对元命题的根本改变，并建立新的元命题而得以变革的，如古代地理学的"天圆地方学说"被改为"地圆学说"，就是古代地理学术体系的变革。这种变革是创新，但并非所有的变革都是创新，尽管可能在一定的时间段内，甚至是长时段内被认为是创新，但到一定的时间点后，才被认为是变革。由此可见，学术体系的创新和变革是深刻联系在一起的。由于学术体系的本质是对经验和经验基础上的知识的有意义建构，学术体系也可以被称为思想体系、猜想学说、研究范式、研究图式和研究纲领。

因此，所谓学术体系，就是有关于学术研究的整体架构，是对与所研究对象全部相关问题的发现、分析、归纳和总结，并形成文本层次性的，可被分析、修正和教授的知识体系。

二、国防教育学学术体系的内涵

对学科、学科体系、学术体系有了初步的认识之后，并不能进一步阐述国防教育学学术体系，还需要对国防教育与国防教育学做简要区分。国防教育是对国民进行防务知识和防务技能的教育，它是每个国家或政治组织都会对民众进行的一种教育活动。因此，它也是一种政治现象。国防教育学则是研究如何促进这一现象向着理想状态或预期设想发展的具体学科，是一套集教育方法、教育手段和教育形式于一体的高度总结。受制于人们对国防教育经验的认识水平较低和改进意识不够强烈，当前国防教育学学科依然处于创生阶段。然而，国防教育对国防建设和国家安全的作用显而易见。因此，促进人们关注国防教育经验，并增强改进意识，也就成为国防教育学学术体系的一部分。

---

① 王晓华："学术建构的三个层面和体系性创新的意义"，《探索与争鸣》，2007 年第 8 期，第 65 页。

（一）国防教育学学术体系的概念

鉴于上述对学术体系的理解，因此，国防教育学学术体系的定义为：是对国防教育现象、事实和规律的发现、分析、归纳和总结，形成具有一般学术体系特征和国防教育学学术特质的关于国防教育学学术研究的知识结构体系。

作为一门创生中的学科，其学术体系的关照对象，与其他学科学术体系的关照对象具有同质性，都是对所研究对象的理解和认识。因此，国防教育学学术体系所关照的，是对国防教育现象、事实和规律的理解和认识。国防教育现象与国防教育事实存在着本质区别，尽管在相当一部分人的理解中，二者是相同的。国防教育现象是引起国防教育事实的前提，且针对不同的主体，事实和现象之间也存在着共生性。如A国遭到B国的军事打击，A国于是组织军事防御并适时转为军事进攻，B国面对A国的军事反攻，于是寻求C国的政治介入乃至军事介入，C国忌惮A国整体实力，无法在正面予以支持；但A国并没有放弃反攻，反而追求更大的作战意图，B国只好维系战争进行。在这个过程中，A国遭到打击，这是国防教育的现象，它的本质是一种社会现象；A国组织防御并反攻，这是国防教育事实，因为在这个过程中，伴随着对国内的动员和教育过程；B国侦察到A国的动员和教育过程，对B国而言，这是国防教育现象，B国因此而要求C国的介入，这就是国防教育事实，因为在这个过程中，伴随着对国内的教育和对国内外的动员过程；对C国而言，A国和B国发生的战争，是国防教育现象，决定不正面参与，则是国防教育事实。从现象到事实，多次的组合过程，产生了一定的经验，也就蕴藏着国防教育规律。但无论是现象，还是事实，抑或是规律，都离不开国防教育学学术研究者的思维运作，即发现、分析、归纳和总结。

符合一般学科的学术体系特征，这使得国防教育学学术体系能够与其他学科学术体系基于同样的学术层次语境，形成有效对话，并以其他学科的学术发展，促进自身学术发展。因为如此，相当多的学科的学科“英雄”是相同的，很多学科的元命题也是相同、相近或相似的。如“人是社会性的动物”，其隐藏的意思就是社会是什么；如“国防教育是有关国家防务的教育”，其隐藏的意思就是国家为何要防务；两者共同的“边界”，就是国家与社会的关系。在政治学学术体系中，这两者与政府一起构成核心命题，并形成了有关国家的起源学说。再者，符合一般学科的学术体系特征，是因为难以在建立学术体系过程中，寻求到更为有效的建立程式，至少三级命题式的学科体系，是一种有效程式。

形成国防教育学特质是国防教育学学术体系建立和发展中，始终要关注的一点。这主要是由两个方面决定：一是因为国防教育学是多学科交叉基础上的新生学科，在本节的第三部分会具体阐述。因此，在研究方法、研究路径上会存在对其他学科的依赖。二是作为创生中的国防教育学学科，如果不注重自身研究语境的建立，便不会真正带来学科的创生。因此，需要始终注意结合国防教育实践，探求自身的学术研究范式。

最后，国防教育学学术体系是国防教育学学术研究的知识结构体系。它强调的不是国防教育学术研究，而是国防教育学学术研究。关于前者，在本节第三部分也有论述。此外，它关注的是学术研究，而非国防教育学教学研究。作为学术体系，它一定也是结构化的知识体系，而非零散性的知识堆砌。

（二）国防教育学学术体系的划定

对有关什么是国防教育学学术体系，已经做了一定的探究。紧接着的问题，就是如何划定国防教育学学术体系，其学术构成应该由哪些学术研究部分构成，这些部分又可分为哪些更为具体的学术侧重点，而这些学术点，又能在多大程度上支撑起国防教育学的学术体系。由于本章并非是专门探究国防教育学的学术体系，而是在扼要厘清国防教育学学术体系的基础上，探究高校国防教育师资建设。也由于国防教育学学术体系并没受到相关研究者的关注，为了更具有研究的包容性，并防止因划定过于具体，而造成对其他研究者的思维定势。因此，关于国防教育学学术体系的构成，在这里仅给出相对笼统的划定。

1. 国防教育价值论

国防教育价值论，就是对国防教育的价值范畴予以论述。首先，是从国防教育的价值出发，探讨国防教育对人、群体、社会、政府、国家和国际社会等社会有机体的价值，以符合一般的、普遍的对国防教育价值的理解。其次，阐述国防教育的基础，探讨国防教育的社会背景、政治背景、教育背景、国防军事背景、经济背景、信息背景和文化背景等全景式的教育基础。再次，阐述国防教育的基本原理，包括对国防教育的起源、国防与教育、国防教育要素、国防教育过程、国防教育中的关系体、国防教育组织、国防教育资料、国防教育实体、国防教育结构、国防教育系统、国防教育制度、国防教育文化、国防教育社会和国防教育伦理等基本原理的论述。

2. 国防教育规范论

国防教育规范论，就是对国防教育的实施架构进行理论规范，探究其具体表现形式。首先，探究国防教育的教育环境规范，包括全民国防教育、学校国防教育、家庭国防教育和对外国防教育等。其次，探究国防教育的学科关系规范，包括国防教育社会学、国防教育法学、国防教育经济学、国防教育文化学、国防教育管理学、国防教育心理学和国防教育哲学等。再次，研究国防教育的体系，如国防教育课程、国防教育活动、国防教育实践等。

3. 国防教育实现论

国防教育实现论，就是对如何实现上述价值和规范的探讨。首先，探讨国防教育的整体运行机制，对价值和规范中的各部分，如何有效运作做探讨。其次，探讨国防教育权利和国防教育义务的实现，探讨在价值和规范的导引下，各部分如何促进权利与义务的实现。再次，探讨国防教育的奖惩制裁等，对国防教育的实现过程等做探讨。

4. 国防教育知识论

国防教育知识论，就是对如何开展好国防教育，达成防务教育所需要的理论知识和被技能化的实践知识体系。实际上，其组成部分和特定的社会背景、国家所处的国际背景与时代背景有密切关系。就当前而言，国防教育知识论，主要是对防务学说、边疆学说、军事思想学说、战略学说、历史地理学说和战争学说的探求。因而，它实际上与上述三个部分存在相对区别，即更多的是涉及到综合性的知识，这是与其他学科学术体系存在根本不同的地方。

（三）国防教育学学术体系与教学体系的关系

学术体系与教学体系是相伴相生的存在，统归于国防教育学体系之中。国防教育学学术体系是从学术研究的角度，分析国防教育学学科应该要研究哪些问题。而国防教育学教学体系则是探讨如何把这些学术研究的问题以符合教学的要求和规范教授给国防教育学学科的学习者和研究者们。

在国防教育学教学体系中，不仅要关注到学术体系情况，还要关注到教学环境、学习者特点、国防教育的特点等具体问题，并注意“学术的”和“教学的”区别与联系。具体来说，其教学体系可以为：(1) 国防教育的起源；(2) 国防教育与人和社会的关系；(3) 国防教育与政治理论；(4) 国防教育的基础背景；(5) 国防教育的基本原理；(6) 国防教育系统；(7) 国防教育学科体系；(8) 国防教育体系；(9) 国防教育运行；(10) 国防教育权利、义务与制度约束。

由此可见，国防教育学学术体系主要是按照学术架构，对一些问题做更深层次的探究，而国防教育学教学体系则是把这些探究的结论教授给学习者。但二者的联系在于，学术体系是按照一定的学术思维方法和研究方法建构的，在教学体系中，也是在具体的内容教学中，把这些方法以合适的方式教授给学习者。

三、与国防教育学学术体系相关的核心概念及相互关系

对国防教育学学术体系的概念和体系划定，以及其与国防教育学教学体系做了简要分析之后，接下来的问题就是探讨与国防教育学学术体系相关的三个核心概念，以及国防教育学学术体系与各核心概念的相关关系。以从更宽泛的层面上，进一步认识国防教育学学术体系，帮助理解后两节内容。

（一）国防教育学科与国防教育学学术体系

“国防教育学科”，是一个容易引起混淆的概念。实际上，很多分支学科，都可以称为国防教育学科，如管理学中研究国防教育的具体领域，教育学中研究国防教育的具体领域，法学中研究国防教育的具体领域，等等。它们都是国防教育学科，但却不是国防教育学学科。也就是说，国防教育学科，也可以被叫作国防教育基础学科，是有关国防教育的相关基础性学科，是国防教育学学科创生的学科群基础。本质上，他们并不属于国防教育学，但在国防教育学创生的过程中，它们被引入到国防教育学学科理论之中，从而具有了国防教育学色彩。由此导致在这些研究领域，原先的成熟学科在研究，创生中的国防教育学也在研究。但为了做出一定的区分，可以称之为国防教育学科或国防教育学科群。

由于国防教育学科或学科群的研究内容，大多与国防教育学存在交叉，而且国防教育学的学术体系划定中，有相关的国防教育学科内容和研究领域。因此，国防教育学科是国防教育学学术体系建立和成长的“土壤”。国防教育学科或学科群的发展，同时也对国防教育学学术体系的发展有着推动作用。作为国防教育学研究者，就是要跟踪好国防教育学科或学科群的发展动态，前沿性地将一些问题及时、合适、准确地引介到国防教育学学术体系之中。

（二）国防教育学学科与国防教育学学术体系

通过对国防教育学科的分析，事实上也进一步厘清了国防教育学科与国防教育学学科的关系，即国防教育学科是国防教育学学科发展的基础，

国防教育学科的发展，也会相应促进国防教育学学科的创生和发展。从长远来看，当前在各学科中存在的有关国防教育的研究，待学科创生之后，也会成为国防教育学学科的分支学科，如国防教育社会学、国防教育经济学、国防教育法学、国防教育哲学等，真正将国防教育学学科分支予以扩大，形成更为成熟的学科存在。

国防教育学学科是国防教育学学术体系的上位概念，除了国防教育学学术体系之外，国防教育学学科还包括国防教育学学科体系、国防教育学话语体系等内容。另外两个体系的建设和发展，正如上所述，对国防教育学学术体系建设而言，也是有益促进。

（三）国防教育学术体系与国防教育学学术体系

与上述相对应的，国防教育学术体系就是国防教育学科的学术体系，是国防教育学科的下位概念，其学术体系更多的是散见于其他成熟学科之中。但有效把握国防教育学术体系，也是国防教育学学术体系发展的关键所在。这同样也要求国防教育研究者必须时刻关注其他学科动态，特别是其他学科的学术体系动态。

实际上，在国防教育学学科创生过程中，有计划、有系统、有针对性和方向性地对国防教育学术体系的现状和前沿跟进了解和把握，对及时创生国防教育学学科大有裨益。从这个层面上讲，国防教育学术体系与国防教育学学术体系的相互关系就更为紧密。

第二节　国防教育学学术平台

对国防教育学学术体系的理论分析，在本书主旨中，依然是为了进一步搞好高校国防教育师资建设，在职前培养和职后培训过程中，在强调教学能力养成的同时，也要注重对国防教育学学术体系的关注、学习和发展。因此，在学术体系的视野中，有效促进高校国防教育师资建设，关键还是多层次、多角度、多形式地创建好国防教育学学术平台。

一、国防教育学学术平台的内涵

学术平台是提升学术内涵的重要载体，是学术人员对话交流的广阔空间。创生国防教育学学科，凝聚国防教育学学术研究人员，做好高校国防教育师资建设，需要在现有的学术空白基础上，建设好相应的国防教育学学术平台。

（一）国防教育学学术平台的概念

与上述相关概念的探讨相似，国防教育学学术平台与国防教育学术平台也存在相应的区别。国防教育学术平台的范畴比单纯的国防教育学学术平台范畴大。理解国防教育学学术平台的概念，应先把握以下特征。

1. 国防教育学学术平台的网络化扁平特征

学术平台是以学术为导向的专门空间，其最大特征是无等级之分和层级之别。而其他平台，大多具有一定的等级性，如政府平台、军事平台和经济平台等，由于科层制特征和对资源掌握、理解与运用的能力之别，导致了相互间的地位不对称。学术平台是否也会出现这种情况？答案是肯定的，如"学阀""学霸"等概念的产生。然而，对学术平台的这种理解，实际上是超乎学术平台之外，即学术之外的权力与学术结合在一起，使得学术平台产生了异化，本质上已经不是学术平台了。但在现实当中，却还是表现出学术平台的运行框架。

独立的、没有被异化的学术平台，依然还是无等级和无层级的状态。学术话语的力量不因地位和身份的变化而弱化或增强，也就避免由学术之外的特征带来的学术问题的负面影响；各方的信息共享和学术交流产生了最大化价值，学术个体的其他社会属性在共享交流机制中被制度和规则淡化。同样，学术话语的力量也不因学术平台的层级架构而削弱或增强。

国防教育学学术平台也是遵循着学术平台的无等级性和无阶层性，也只有遵循着这一特征，才能促进学术平台成长。更为突出的是，由于国防教育学学科基础的多元化，国防教育学的知识协同特点，国防教育学学术平台需要在这两个特征基础上，进一步增强自身学术平台的特征属性。这就是国防教育学学术平台的网络化扁平特征。它把无等级和无阶层的学术各方，通过国防教育学话语体系，以网络化的形式联系在一起，从而形成专门的研究群体，并进一步压缩层级，力求层级的扁平化，即高效化。

2. 国防教育学学术平台的学术群体特征

学术平台需要学术群体的参与，没有人气的学术平台和学科，始终难以走下去。这也是马克思所说的"人是生产力的第一要素"。只有基于学术人气的学术合作与交流才能谋求学术上的提升。因此，学术平台正常运行的基本前提就是学术人气的存在和学术互动的实现，在人气与互动之中，才能带来学术思想的迸发。对国防教育学学术而言，更需要在空白建设期，聚集起学术人气。

在理论上看，国防教育学学术平台存在聚集学术人气和增强学术互动的可能。这是因为国防教育话题，既关系到教育问题，又关系到防务问题；既涉及到教育部门，又涉及到国防军事单位；既是平时问题，又是战时问题。在研究资源和研究支持上，存在诸多潜在的利好因素，有待发掘和综合开拓。

在当前，关键是要利用好这些利好因素，有效设计，以聚集学术人气。这里需要注意的是，学术人气不是学术浮夸或学术浮躁。“人”当是学术人，而非观望之人或“搭便车”之人，单纯强调学术人气的聚集数量，不利于国防教育学学术平台的建设和发展。学术人气，应该是有志于从事国防教育学学术的研究人员和研究群体，追求质量型人气。

3. 国防教育学学术平台的学术落差特征

正是从理论上看，国防教育学学术平台存在诸多政策利好空间，因此，要吸引学术人员的真正有效参与，聚集起学术人气，产生更多的学术互动，就需要营造学术饥饿或学术落差。只有营造出学术饥饿，才能以此形成学术甄别机制，甄选出有利于国防教育学学术发展的学术人员。只有营造出学术落差，创设良好的学术环境，使之与其他学科学术环境形成一定的学术氛围对比，才能有效吸引学术人员加入和学术话语体系建立。学术落差体现在学术的各种环境建设上，如多类别的学术平台、易获得的学术资源、对等的学术收获和回报等。

值得注意的是，对于国防教育学学术平台，这个新兴的学术平台而言，有意营造学术饥饿和学术落差，不是违背学术规律，刻意利用政府和国防军事单位资源，人为设置学术之外的落差，尽管部分人为的设计的确会产生学术吸引力。但更为根本的，则是在国防教育学学术正常发展中，依靠学术上的吸引力，集聚人气。也就是说，学术落差应当是自然生成的，而非单纯为了学术落差而营造。否则，对国防教育学学术平台发展不利。

因此，所谓国防教育学学术平台，是指为促进国防教育学学科发展，按照学术平台基本特征建立的，主要供国防教育学学术人员学术交流和互动的专门性空间载体。这个定义明确了平台的终极目的，是为了促进国防教育学学科发展，包括国防教育学学术体系发展在内；明确了平台与其他学科学术平台的共有特征交集；明确了平台中的学术人员主要为国防教育学学术人员；明确了其是专门性的空间载体，在其中，由国防教育学学术人员展开学术交流与互动。

（二）国防教育学学术平台的分类

由于国防教育学学术平台是专门性的空间载体，因此，国防教育学学术平台就是国防教育学学人的学术共同体，而这种学术共同体存在于一定的空间之中，并落实为各种载体形式。

1. 机构性的国防教育学学术平台

传统的学术平台观点认为，学术平台主要是学术组织、学术会议、学术讲座等形式。然而，对学术平台的大多数认识，并没有结合学术平台的现实和发展对学术平台予以有效的分类。就国防教育学学术平台建设而言，其学术平台还具有一些与众不同的方面。

从学术平台的展开形式来看，首要的国防教育学学术平台是传统机构性的国防教育学学术平台。所谓机构性，即有明确章程、组织体系，经过报备设立，并有常设人员予以维持的特性。因此，机构性的国防教育学学术平台主要包括国防教育研究会、国防教育协会、国防教育发展委员会等围绕学术开展而设置的组织或机构。而类似于教学指导委员会等机构，由于其运转指向为教学，而非学术，因而不将其列入学术组织之中，因而也不是国防教育学学术平台。但在现实中，教学指导委员会往往替代了国防教育学学术平台的应有职能。这是否是一种越俎代庖？这应当是学术平台缺位下的职能转移，既具有建设性，也具有破坏性。建设性的意思，就是说至少让学术过程有所体现；而破坏性则指的是，如果形成一种惯性和定势会阻碍学术平台的正常形成。由于教学指导委员会带有一定的半官方色彩，因此，最折中的做法就是在教学指导委员会架构中，逐渐独立出学术指导委员会等学术性组织平台。

机构性的国防教育学学术平台是国防教育学学术平台的生力军，可以承担一些大型的学术活动，如学术会议、学术讲座、学术演讲、学术项目的申报等。它的主办单位可以是官方正式的行政系统机构的下属单位，但不限于此，也可以是院校学术单位之间的联合体，还可以是学术期刊或其他学术出版单位。

2. 网络性的国防教育学学术平台

之所以提出网络性的概念，既是因为学术本身就是一种网络结构，缺乏网络结构的学术，至少在学术系统内，无法生存下去；也因为基于网络技术的学术性平台正在逐步成为学术平台的主导形态，不主动顺应网络性，只会被日渐成为主流的网络学术所抛弃。相当一部分学术资源正是基于网络技术的网络性，才超越了时空对传统学术的限制，形成了学术共鸣，促进了学术发展。

由于国防教育学学科处于创生之中，借助了诸多国防教育学科的学术资源支撑，必须要求能够为这些学术资源搭建起对话空间。相应的国防教育学学术平台也就必须具有网络性特征，以筑巢引凤。国防教育学学术平台网络应当包括主体网络、媒介网络和网格化结构。

所谓主体网络，就是由上述机构性的国防教育学学术平台、个体性的国防教育学学人、组织性的国防教育学依存院校和研究机构，以及一些对国防教育学研究有兴趣且有特长的其他网络主体组成的主体关系网络。所谓媒介网络，就是国防教育学学术平台的各种物理媒介之间构成的关系网络。学术期刊的本质是一种学术交流平台，但并非其唯一形态。学术期刊从诞生至今只有350年的历史，学术交流平台则由来已久，其形态随着传播媒介技术的发展而演变。在印刷媒介时代，学术期刊是学术交流平台的典型形态；而在互联网时代，在线学术平台将会取而代之。[①] 因此，传统纸质期刊、网络在线期刊、自媒体平台、网络会议空间等，都成为了媒介网络的一部分。所谓网格化结构，则是主体网络和媒介网络的相互构成方式。如机构性的国防教育学学术平台主办的传统纸质期刊，同时也有对应的网络在线期刊，然而后者可交由组织性的国防教育学依存院校和研究机构运作，而相应的自媒体平台却一般是由个体性的国防教育学学人运营。这其中的网格化结构，深刻影响到网络性的国防教育学学术平台建设。

网络性的学术平台建设，对国防教育学学科建设而言，的确是一个契机。这是因为当前国防教育学学术体系仍未建立，尽管存在这样那样的不足，甚至影响国防教育学发展，但其中所蕴藏的后发优势，却是国防教育学学术体系跨越式发展的机会。当务之急，是要在现有学术积淀上，进一步厘清体系设计的框架，逐步建立相应的网络性国防教育学学术平台。

3. 实践性的国防教育学学术平台

纸上得来终觉浅，绝知此事要躬行。学术不是坐地论道，然而有相当多的学术研究变成了闭门造车。从一个相对不严谨的角度而言，当前一部分学科的发展是依靠着既往的学科惯性支撑前行，缺乏学科发展的后劲。这并不是说学科本身已经离社会需求越来越远，而是学人的学科意识与社会需求彼此越来越陌生。关键的原因就在于缺乏实践性的学术平台。

对于国防教育学学术平台而言，实践性更意味着国防教育学本身就存在着大量国防教育实践。哲学、伦理学和文学的学术实践，尽管可以被感

---

① 桑海："我们需要什么样的在线学术平台——'中国高校系列专业期刊'之未来构想"，《南京大学学报》(哲学·人文科学·社会科学)，2015年第3期，第55页。

知，但却难以具有大规模的群体参与特性，物理学、化学和生物学的学术实践，在被广泛引进社会化大生产之前，也只能存在于某一更具体的微观实验领域。然而，国防教育实践却是以其规模性、多主体性和军地性而实践性地存在着。因此，有效做好国防教育学学术平台建设，实践性平台建设是其中不可或缺的一个环节。

实践性的国防教育学学术平台建设要求在大量的国防教育实践中，如国防教育训练基地、全民国防教育活动、各种类别的国防教育训练营中，体现出国防教育学的学术性。也就是说，诸多实践平台同时也是学术平台的一部分。

（三）国防教育学学术平台的建设策略

建设国防教育学学术平台，一方面要在学术平台的框架之内，按照学术平台应有之义逐步推进，另一方面，国防教育学学术平台的建设，显然需要第二章中各类主体及其相互的边界关系介入。这并不是国防教育学学术平台超越了学术的界限而与非学术的主体产生某种“交易”，更不是国防教育学学术产生了权力异化，而是由国防教育学学术的特点使然，关于这一点，上文已有所阐述。此外，从学术和学科发展的涵义上看，任何能够生产知识的机构，都是可以作为学术机构而存在的。问题的关键是如何避免异化的情况发生，而非单纯阻止其他知识生产主体的融入，尽管这的确是一个比较棘手的问题。因此，有效避免异化，有效融入相关主体，推进国防教育学学术平台建设，可以尝试以下策略。

1. 加强国防教育学学术平台的资源聚集能力

由于国防教育学学术平台处于建设的相对空白期，缺乏高质量的国防教育学术资源和成果。国防教育学学科建立也是以国防教育学科为创生基础的，因此，有效促进国防教育学学科创生和学术平台的建立，关键的一点，是在初期，将各方资源能够聚集在一起，以进行有针对性的筛选和优化，促进优质资源的聚集汇合，提升国防教育学学术平台的整体建设效力。

将各方资源予以聚集，需要确定的是聚集的对象问题。也就是说，什么样的学术主体可以聚集在国防教育学学术平台之中。进一步来说，由于国防教育学的特殊性，存在着较大的政策利好和一定的学术利好空间，既有国防教育学学人对此有着直接的兴趣，也有其他学科学术人员对此保持着直接的动机。后者往往并不是对学科建设和学术体系建设有根本设想，而是“鸟枪换炮”式的参与，这对国防教育学学科发展而言，不是一个好现象，但却是现实中大量存在的。典型的例子，就是一些参与国防教育学学术队伍中的原属其他学科人员，看到国防教育学学科发展的艰难，提出将国防教育学纳入其他学科之中，以“坐享其成”，也有一些本来就是国防教育学学术队伍中的学人，对之附和。实际上，这些学人不属于国防教育学学人，现实当中，也未带来高质量的学术成果和资源，并且在不同程度上，缺乏建立国防教育学学术体系的内在动机。因此，这些学人是否是聚集对象，有待于进一步考量。

2. 提升国防教育学学术平台的资源检索效能

聚集后的资源，真正的对国防教育学学术体系及其研究产生价值，还需要将其有效整合和呈现，以提升资源利用效率。特别要说明的是，国防教育学学术平台在逐步建设的过程中，会有大量的学术资源和学术人员不断进入，也会有相应的人员退出和资源更替。这些不断流动的人员和资源，本身也带有各种属性，正如一个个体的人在学术语境中是一个学人，在家庭中是一个家庭成员，在社会中是一个普通个体一样。

因此，探讨在国防教育学学术平台搭建的过程中，逐步建立平台学术资源（人员和学术资源等）的检索系统，供国防教育学学人及相关人员使用，就是一个较好的平台建设策略。在塑造学术平台的“类”时，我们可以对进入平台的学术资源进行更细致的划分和编排，并归入规划好的功能区域。[①]

3. 探索国防教育学学术平台的产业化运行

提到产业化，教育领域内的很多人士对之持反对意见，或至少是谨慎态度。因为产业化的现实结果，很多就是无序化和低层次化，是劣币驱逐良币的前奏。实际上，产业化被贴上了太多社会标签，产业化只是一个手段和方式，但在制度缺失和规范失衡的环境中，产业化最终会变成狭义的利益化和商业化，失去产业化的原本要义。然而，产业化的确是有效运作资源，包括学术资源的重要方式之一。这里也的确存在着与特定社会环境有关的一面，即是否制定了良好的制度和规范，并根据实际情况，按照产业化对象的运作机理运行之。

从最早的 ISI Web of Knowledge 和 Thomson Reuters，到现在的 Clarivate Analytics，以及 WOS、JCR、ESI、Scopus、Researchgate 和 Nature Index 等，将这些平台各个指标进行对比会发现，在学术圈中属于中国自主搭建的学术检索评价数字化平台的影响力还非常有限。[②] 事实上，就国际学术话语

---

① 张剑：“创造性组织环境研究的新进展”，《科研管理》，2006 年第 1 期，第 127—132 页。

② 董宏伟：“新常态下国内高端学术平台的产业化选择”，《高科技与产业化》，2018 年第 2 期，第 30—31 页。

权而言，国内学术的发声，的确相对较弱，这与具有国际影响力的学术平台缺失有着一定关系。另外，从这些产业化学术平台的构建方来看，也并非没有政府等公共机构的影子，尽管也有着类似于 Coursera 等大型课程公共平台是由私人出资构成的情况，但产业化学术平台的构建方多样化却是不争的事实。因此，关键的问题，首先是如何理解产业化，上文已扼要阐释；其次则是产业化由谁来做的问题。

对于国防教育学学术平台而言，探索产业化构建策略，并非是要求铺开性地按照产业化标准运建，而是先从产业化策略方面进行有效的探讨，并逐步推进，及时调整。从第二章中对多主体的分析来看，产业化建设国防教育学学术平台，并不完全是一个被嫌弃的事实，在各种边界关系上，存在着产业化的可能性。在全球合作加深的浪潮下，国防和军事领域合作始终处于一个相对较弱的现状，这也是难以避免的情形。但作为相对低敏度的防务教育领域，各国政府都在不同程度上予以重视，防务学术也是囊括性较大的学术领域。因此，探索国防教育学学术平台的产业化运行，或许是一个较为有效的建设策略。

二、高校国防教育师资要融入国防教育学学术平台

对国防教育学学术平台的探讨，的确是为了厘清其概念等问题，但更为重要的任务则是依托于国防教育学学术平台的建立，探求如何加强高校国防教育师资建设。因此，这就要求高校国防教育师资积极融入国防教育学学术平台。提出这个问题，的确也是因为现实的高校国防教育师资，一方面缺少相应的学术平台，另一方面也缺乏建立和融合各类学术平台的意识和动机。因此，提出这个问题，本质上还是要求高校国防教育师资要努力建立起国防教育学学术平台。

（一）高校国防教育师资要形成一批有影响的学术贡献

从当前高校国防教育师资的整体学术贡献来看，最大的现实问题就是其严重落后于其他学科师资的整体学术贡献。

提出创生国防教育学学科已 20 多年，但仅有国防大学、西安交通大学、吉首大学、东南大学和中央财经大学等院校的学者先后就国防教育学学科体系做出了学术探讨，形成的专著数量以个位计。而关于国防教育学学科的分支学科著作，始终处于空白状态，也少有高校国防教育师资提出对分支学科的著作设想。关于国防教育学学科的研究方法等的研究，也始终处于零位状态。学术专著缺乏的同时，也从一个侧面表明了学术内涵的

研究深度依然不足。客观来说，尽管是一门创生中的学科，但应当有清晰的学科框架。然而，现有的对学科框架的探究，照搬照抄的情况比较严重，主要是照搬教育学学科框架。由于国防教育学本身和教育学存在较大的研究范式重叠，而且实践中的国防教育学与教育学本身也存在着学术重叠。因此，这种照搬，也算是一种暂时可取之办法。但这并不代表不需要对国防教育学学科做出基于教育学研究框架的具体思考。

与学术著作极少相对应的就是研究文章的相对不足。截至 2018 年 8 月，在中国知网以“国防教育”为主题词搜索，期刊文章 6202 篇，学位文章 291 篇，会议文章 37 篇，专利 77 个；此外，报纸文章 9747 篇。这与其他学科专业动辄几十万的研究文章相比，数量极少。现有研究文章中存在的主要问题是：（1）过于强调价值呼吁。相当一部分文章讨论的是国防教育多么重要，但却极少研究如何做。（2）过于强调教学做法。相当一部分文章讨论的是课堂教学如何做等教学法问题，而且是老生常谈。（3）把国防教育作为大学生素质教育和思想政治教育的附庸。相当一部分文章大谈国防教育的其他作用，却难以回到国防教育本义。（4）比较研究较多。将我国国防教育与外国国防教育做对比，这是一个较好的学术思路，但对外国国防教育情况的了解严重滞后于现实，人云亦云现象严重，论据不足导致结论失真。

因此，高校国防教育师资与国防教育学学术平台之间的鸿沟，就需要高校国防教育师资有针对性的，按照国防教育学学科研究所缺和一般的学术研究规范，形成一批高质量且能引导国防教育学发展的学术成果。

（二）高校国防教育师资要建设一批有影响的学术组织

学术组织类型单一、数量过少，也是当前高校国防教育师资在国防教育学学术研究方面面临的严峻问题。就当前国防教育学学术组织的建设情况来看，主要是各省、市、自治区的国防教育研究会或国防教育研究委员会，以及全国性的国防教育学术联盟等。这其中，各省的国防教育研究会的学术活动，一般是以论文等形式，少有课题性质的学术活动，且资助力度不大。除此之外，一般少有其他类型的学术活动。这里也存在一个非常异化的现象，就是事实上部分省份的研究会被教育行政部门当成了行政执行机构，超出了学术范畴，且各省的教学指导委员会往往会客串学术事务部门。这些都与高校国防教育师资应有的学术环境不相符。全国性的国防教育学术联盟在近两年开始逐渐成长，在凝聚全国国防教育学学术研究人员和研究资源方面，起到了很大作用。

但从以上对国防教育学学术平台的分类情况来看，高校国防教育师资所面对的国防教育学学术组织依然偏少，不利于进一步整合现有师资和研究人群。因此，高校国防教育师资融合国防教育学学术平台，在事实上，是要求高校国防教育师资在可影响的学术环境内，努力建设好能促进自身学术发展的各类学术组织。然而，当务之急，是尽可能地让国防教育研究会回归学术之本位。

（三）高校国防教育师资要形成一套制度化的学术规范

高校国防教育师资融入国防教育学学术平台，正如上所述，本质上是要求高校国防教育师资建设好国防教育学学术平台，并在建设过程中，有效融入。因此，高校国防教育师资面临的主要任务就包括了形成一批有影响的学术成果和建设一批有影响的学术组织。与此相伴相生的，则是要求高校国防教育师资形成一套制度化的学术规范。任何学科专业都有自身的学术规范，并形成了区别于其他学科专业的特色之处，是能够保证国防教育学自身学术体系完整和流畅的学术符号集合。学术规范与学术成果、学术组织一样，是形成学术共同体的基本条件之一。正是因为有相对统一的由学术要求和学术态度等学术符号组成的学术规范，才使得学术研究共同体得以形成。学术共同体或科学共同体诞生于12世纪之初，历史证明，学术共同体是人类社会和科学技术发展的重要推动。

因此，高校国防教育师资要积极促进制度化的学术规范的形成，以避免当前有关国防教育研究的随意化和漫无目的，增强对已有研究群体的"合理规划"。唯有如此，也才能进一步促进学术组织和学术资源的"高产"。

由此观之，高校国防教育师资积极融合国防教育学学术平台，本质上是要求高校国防教育师资能够通过对国防教育学学术体系的搭建和在促进其发展的过程中，促进自身建设。也就是说，高校国防教育师资建设，既要注重职前培养，也要注重职后培训；但在此过程中，更要借助于国防教育学学术平台的建立和运行，进行自我建设。

三、高校国防教育师资要建构国防教育学学术话语权

在国防教育学学术平台的建立和发展中，促进高校国防教育师资建设，关键是要高校国防教育师资在借助学术平台的自我建设过程中，建构国防教育学学术话语权。只有建构了国防教育学学术话语权，才能促进国防教育学术平台和学术体系的有效建立和运行，另外，也为自我建设扫清学术上的障碍。

（一）国防教育学学术话语权的内涵

蜗牛壳之于蜗牛是居留之所在，语言之于人也是居留之所在。[①] 语言是人区别于动物的标志之一，语言也是人类改造自然的力量构成，但也是一个具有多层意境的词语。正如诺曼·费尔克拉夫指出："话语是一个棘手的概念，这在很大程度上是因为存在着如此之多的相互冲突和重叠的定义，它们来自各种理论的和学科的立场。"[②] 因此，福柯指出："话语虽由符号组成，但话语所做的要比用这些符号去指物来的更多。正是这个更多使得我们不能把话语归结为语言和言语，而我们正是要揭示和描述这个更多。"[③] 语言实际是被运用在两个层次，第一个层次是单纯的言语交流层次，第二个层次则是语言表达背后的思想观念和态度的方式。话语权一般指的是第二个层次。因此，学术话语权一般指的是能够自由表达学术观点，并以此影响其他学术观点，贯彻自身学术意志的学术主导力量。

基于对学术话语权的分析，可以对国防教育学学术话语权做出相应界定。所谓国防教育学学术话语权，指的是国防教育学学人群体通过包含有一定国防教育学观念、观点和规范的一整套国防教育学学术体系来影响人们的思想和行为。这个定义首先回答了国防教育学学术话语权的掌握者，是国防教育学学人群体，即学术研究群体，不是其他学科的研究人员群体，当然，也不是单个或少数国防教育学学术人员，而是以群体的概念界定话语权的掌握者。其次，这个定义还回答了国防教育学学术话语权的"话语"究竟包括哪些，即由国防教育学观念、观点和规范组成的国防教育学学术体系，而非其他学科专业的观点、观念和规范，这也再一次论证了构建国防教育学学术研究规范的重要性。再次，这个定义还回答了建立国防教育学学术话语权的目的，即是要影响人们的思想和行为。这里的"人们"，既包括国防教育学学人群体，也包括其他人群，当然主要是对国防教育学和国防教育发展有影响、有作用的人群，主要是影响他们的思想，进而影响行为。

进一步分析来看，国防教育学学术话语权实际上表明了：国防教育学学术话语要能被清晰地表达出来，能在人们面前具有高度的影响力，能把

---

① 钱冠连：《语言：人类最后的家园——人类基本生存状态的哲学与语用学研究》，商务印书馆，2005 年版，第 1 页。

② ［英］诺曼·费尔克拉夫著，殷晓蓉译：《话语与社会变迁》，华夏出版社，2003 年版，第 2—3 页。

③ ［法］福柯著，谢强、马月译：《知识考古学》，三联书店，2003 年版，第 49 页。

话语内容有效实践。它体现出对国防教育学研究的主导，而不是被其他学科或人群主导；体现出对国防教育学研究的政治关注，关注的是能够对人们具有高度影响力，这与国防教育的自身内涵高度相关，表现出一定的意识形态特征；体现出功能性，是要把话语内容变成话语现实，而不仅仅是追求理论的丰碑。

（二）国防教育学学术话语权的结构

国防教育学学术话语权结构，是对国防教育学学术话语组成成分的具体分析，这对有效把握国防教育学学术话语权具有根本作用。具体来看，国防教育学学术话语权主要有学术话语的提出权、学术话语的表述权、学术话语的扩散权、学术话语的竞争权和学术话语的实践权。

国防教育学学术话语，如上所述，是对国防教育学学术体系思考后的言语化呈现途径，包含一整套的观念、观点和规范等。因此，要建立学术话语权及其权力体系，首要任务就是能将学术话语清晰地表达出来，并在学术语境中提出来。如果不能把学术话语清晰地呈现在各学科学人面前，就谈不上建立话语权，因为各学科学人并不能感知到国防教育学学术话语。这就要求在建立国防教育学学术话语权时，必须要有相应的学术平台，如各种学术性组织、学术期刊等媒介手段。

其次，是学术话语能被其他学科学人正确地表述出来。国防教育学学人将国防教育学学术话语成果呈现出来，但这不一定符合其他学科学人的学术图式和思维图式，其他学科学人需要把呈现在他们面前的国防教育学学术话语转化为他们的“学术话语”。然而，在这种转化中，会存在信息失真。因此，为有效降低信息——话语——的失真度，作为国防教育学学人，就必须给国防教育学学术话语预留“解释空间”，方便其他学科学人的“转述”。如果国防教育学学人无法做到这一点，那就缺失了学术话语的表述权。这就要求国防教育学学人在建立话语的过程中，注重预留相应的解释空间，并符合一般的学术话语规范。

第三，是学术话语能够被有效扩散出去。一门学科的学术话语，如果不能或者不被允许扩散，那就很难建立自身的学术话语权。这是很多国内的学科，难以走出国门的原因之一；也是很多学科始终在自身领域内打转，却不能被其他学科接受的原因之一。如果国防教育学学人仅仅拥有学术平台，并预留了话语的解释空间，且允许其他学科学人对国防教育学学术话语进行研究，但却无法扩散，那么，这种允许最后就会失去市场。因为，只有扩散，才有价值。不能扩散，那就是浪费其他学科学人的学术精力。例如，军事科学由于其限定性的扩散范围，其他学科难以对其形成学科的交叉融合研究，往往是军事学学术人员结合其他学科理论加以研究，但少见其他学科的学人专业性地去研究军事学。这主要是和学术话语的扩散权有关系。因此，作为军事学“临界区域”的国防教育学学科，要在学术设计上，力避这种情况。

第四，是学术话语能够处于竞争的环境之中。正是得益于上述三个权力，才有了竞争的可能，否则，国防教育学学术话语就只能“待字闺中”，为人所不识。因此，竞争权又是以上述权力为前提条件而存在的。竞争权还要求国防教育学学术话语允许其他学科话语和学人的竞争，并主动迎接竞争。学科竞争性的封闭，最终也只能带来学科的萎缩。要实现国防教育学学术话语的竞争权，就要求在学术平台和学术体系中，适度引介其他学科的学术话语和观点，在国防教育学学术阵地中，预留空间，保持竞争可能。也要求国防教育学学人，以自身话语体系进入其他学科学术阵地，与其他学科学人进行话语竞争。

第五，也是国防教育学学术话语权的核心所在，即学术话语的实践权。主张一种学术话语，并对其他学术话语形成影响，甚至批判，理论上的“先进性”固然重要，但更为重要的是，学术话语能在实践中被体现。在知识协同生产的现代社会，对国防教育领域的研究，并非只有国防教育学学人，也包括其他学科学人，如管理学、社会学和军事学等。保证国防教育学学术话语权的建立，显然离不开学术话语的实践权。

因此，国防教育学学术话语权是一个由五个权力构成的话语权体系，包含了学术话语权利、学术话语权力和学术话语的能力等三位一体的话语权本质。

（三）国防教育学学术话语权的提升

提升国防教育学学术话语权，实际上是要求包括高校国防教育师资在内的国防教育学学人，按照国防教育学学术话语权的组成结构，有的放矢地增强国防教育学学术话语体系在纵向和横向的学术话语体系中的影响和地位。这就要求国防教育学学人群体要做到以下几点。

1. 努力把握国防教育学的正确发展方向

国防教育学作为一门正处于创生期的新兴学科，其学科建构依然处于探索期，包括高校国防教育师资在内的学人们对其学科架构，事实上处于“酒香巷子深”阶段。这就要求国防教育学学人群体必须努力规避学科陷阱，保持其应有的学科发展轨迹。对那些“国防教育学学科难以建立，应当并入其他学科”的言论，在保持理论分析的同时，应坚决予以理论回应，确保学科发展的应有之义，而非依靠“天上掉馅饼”。

与此同时，国防教育学是一门政治性、军事性、社会性和教育性都极强的交叉学科。这就决定了在国防教育学学科建设实践和学术实践中，应当始终坚定正确的政治方向。国防教育学学科的分支学科中的基础性学科，有些本身就缺乏在国际上的学术话语权，对此，应谨慎对待。防止在基础学科领域就落入西方话语体系的不利因素之中，从而一步步导致国防教育学分支学科的话语权缺失。这是一个需要慎之又慎的问题，也是在国防教育学学科体系建设过程中，最容易忽视的问题。毕竟在当前，国防教育学学科创生的资源条件太少，容易产生自我冒进。

此外，国防教育学的学术话语权建立，应当保持学术的客观性，即学术话语权中的学术用语、学术判断和学术逻辑要符合学术体系的一般论调，而不是单纯追求新意独特，也不是追求另一种形式的自圆其说。在一些基本的常识性问题上，应当坚持共性认识，而不是忽视经过实践检验的大众认知。也唯有此，才能增强国防教育学学术话语的扩散权和竞争权。

2. 努力整合完善国防教育学学术条件和资源

应当说，在当前国防教育学学科未建立的情况下，现有的国防教育学学术条件较差，学术基础相当薄弱，学术资源异常分散。因此，才有了上述关于学术平台的讨论。但这并不是说，国防教育学学术话语权体系的建立，就此失去希望。事实上，任何学科话语权体系的建立，都是在螺旋式的跌宕过程中逐步形成的。关键是能否把握住已存的学术积淀，并充分利用好各种外部条件或环境。

整合完善国防教育学学术条件和资源，首要的任务就是明确学术条件和资源的现实分布。关于这一点，上文提到的近两年成立的全国性学术联盟起到了很大作用，其影响力，在现实中，的确将现有的学术情况做了个摸底。进一步的问题，就是对学术情况分类，并确定其学术价值和贡献能力。同时，也应当对各个区域、各个师资建设主体的学术愿景和学术能力做评估，并将其和国防教育学学科建设任务相对照，以确定好待完善的空间情况。

其次，就是在完成上述过程后，能够深刻认识到国防教育学学术现实，基于现有积淀，合力调整安排，形成基于学术关系调整上的质变，即学术帮扶关系。只有建立起方向一致、合力共进的现实的学术共同体，才能进一步整合和完善国防教育学学术条件和资源，也才能进一步提升国防教育学学术话语权。

第三，在现有全国性的联盟和各省级单位国防教育学术研究的现实架构上，形成更广阔的学术主体合作机制。一方面，充实联盟学术共同体的外延，另一方面，将各省级单位的国防教育学术研究机构整合共建。并以此进一步促进多样化的学术研究组织的萌生，增强现有学术研究机构的实力。在此过程中，完成学术人员梯队建设，以弥补当前人员不足之现状。

3. 努力夯实国防教育学学术话语权建立的外部氛围

建立国防教育学学术话语权，是高校国防教育师资的职责，也是师资进一步发展的动力，国防教育学学术话语权的建立，也的确依靠学术逻辑和学术规范才能真正增强学术话语权。但国防教育学学术话语权的建立，并不完全囿于学术范畴之内，主要就是基于国防教育的特殊性。因此，在建立并夯实国防教育学学术话语权的过程中，应努力塑造有利于话语权建立的外部氛围。

首要的氛围就是网络氛围。建立国防教育学学科体系，根本目的是为了做好全民国防教育，加强防务领域建设。因此，应最大程度地获得社会支持，这也是全民国防教育的应有之义。例如，在围绕“狗咬人”的问题上，网络都能掀起轩然大波，由此足见网络媒体的作用和影响。当然，重视网络氛围，并非是不注重针对性。对于网民中的学识层次较高的群体，可以建立专门的交流载体，以增强网络氛围的支持效力。

其次是社会机构氛围。各级各类社会机构是开展全民国防教育的“细胞”，建立国防教育学学术话语权，本质上也需要各级各类社会机构的实践支持。各级各类社会机构也是国防教育学学术理论的实践场所，其中政府机构、学校机构和企业机构，是国防教育开展的重点。因此，建立学术话语权，当然离不开这些机构的氛围支持。

实际上，网络氛围和社会氛围，本身也是舆论氛围。毛泽东指出：“凡是要推翻一个政权，总是要造舆论，总要先做意识形态方面的工作。革命的阶级是这样，反革命的阶级也是这样。”① 因此，在网络氛围和社会氛围的基础上，营造有力的舆论氛围，也是从外部加强国防教育学学术话语权建立的重要做法。

---

① 中共中央文献教研室：《建以来毛泽东文稿》（第 10 册），中央文献出版社，1996 年版，第 194 页。

第三节 高校国防教育师资的学术标准

扼要且集中地讨论了国防教育学学术体系和国防教育学学术平台，本质上是为了探讨在学术环境下，如何建设好高校国防教育师资。高校国防教育师资也只有主动并联合各类建设主体，共同致力于学术建设，特别是国防教育学学术话语权的建立，才能更好地服务于自身师资建设。因此，引申出的另一个重要问题，就是关于高校国防教育师资的学术标准，而在前面的论述中，已就高校国防教育师资的教学能力养成做了分析。学术能力和教学能力是高校国防教育师资能力的一体两面的存在状态。因此，探讨高校国防教育师资的学术能力，实际上就是探讨高校国防教育师资要达到什么学术标准的问题。也是以此标准，作为高校国防教育师资建设的基本方向之一。

一、高校国防教育师资学术标准的内涵

对高校国防教育师资学术标准的讨论，某种程度上，也是要指出高校国防教育师资的学术标准应当由哪些部分组成。在当前并未形成有关高校国防教育师资学术标准的情况下，探讨此问题，实质上是要在学理基础上，尝试性地提出高校国防教育师资应当有的学术标准，以供参考。简单来说，高校国防教育师资学术标准应当注重学术道德和学术规范。但深入去探究的话，则更为细化。

（一）高校国防教育师资学术标准的概念

学术质量不高的原因有多种，但缺少学术标准的约束，是诸多原因中的主要原因。标准具有导向性和甄别作用。因此，建立学术标准，按照学术标准规范学术活动，是提高学术质量的关键所在。学术标准之所以一直难以建立，与学术风气有直接关联。在国防教育领域，同样如此。甚至从研究国防教育至今，并未有学者探讨过制定国防教育的学术标准，也包括高校国防教育师资应当遵守的学术标准。这也导致有关国防教育研究的低层次状态和产生没营养的研究“成果”。而一些学术期刊，为了生存和利益，也愿意为这种学术凑数情况提供便利条件。由此，进一步导致国防教育研究领域的学术风气江河日下。既然在研究领域缺乏学术风气，显然也包括高校国防教育师资在内的研究人员缺乏应有的学术

风气。

实际上，学术风气的缺乏并不只是体现在国防教育研究领域内，也不是近几年才出现的新情况。早在20世纪初，康有为曾说，民气学风日益腐败，其末流遂极于今日。[①] 20世纪上半叶，国家处于战乱之中，出现的一些学术好苗头，始终难以茁壮成长。尽管在1949年之后，百废待兴，但当务之急是“吃饱”，“学校里至今没有建立起学术风气”[②]，此后就是“三年困难时期”“文革”，学术土壤更加贫瘠。直至改革开放之后，学术开始向好，但在90年代的经济浪潮中，学术逐渐开始迎合利益。在学术标准和学术规范并未有效建立的情况下，显然不利于学术发展。由此，带来了学术标准始终“徘徊”在学术的殿堂之外。

高校国防教育师资是研究国防教育的主力军，尽管国防教育研究和国防教育学术是整体研究和整体学术的一部分，不可避免地会受到整体学术环境的影响，作为国防教育学术研究自身来讲，难以“独善其身”。但国防教育研究相对于其他学科领域，是一个新兴研究领域，高校国防教育师资也处于逐步形成之中，各师资个体的原有学科背景中的学术规范和标准，尽管对个体也有所影响，然而，在如此“未定”的国防教育学术研究状态下，未雨绸缪地提质增效，不失为一个有效路径。因此，必须要尽快建立国防教育研究的学术标准，当然，也包括了要建立高校国防教育师资的学术标准。

所谓高校国防教育师资学术标准，就是高校国防教育师资在国防教育和国防教育学研究过程中，所拥有的学术基础和学术能力，以及在此基础上形成的学术道德和学术规范。这个定义回答了高校国防教育师资学术标准的作用空间，即在国防教育和国防教育学研究过程中；也回答了高校国防教育师资学术标准的形成前提，即高校国防教育师资必须要有一定的学术基础和学术能力，缺乏了学术基础和相应的学术能力，更谈不上形成相应的学术标准，这就决定了在高校国防教育师资培养和师资培训过程中，必须始终关注高校国防教育师资的学术基础和学术能力，在NDE研究生招生时，应当对此有所重视；在NDE研究生培养时，应当注重对其学术能力的提升；在师资培训过程中，应当进一步增强其学术基础和学术能力。这个定义还回答了高校国防教育师资学术标准应当包含学术道德和学术规范两部分内容。

---

① 梁启超著，吴松等点校：《饮冰室文集》，云南教育出版社，2001年版，第321—322页。
② 胡平：《禅机：1957年苦难的祭坛》，广东旅游出版社，2004年版，第366页。

（二）高校国防教育师资学术标准的特质

1. 学术的学理性

所谓学理，指的是科学上的原理和法则。所谓学理性，是学术过程当中要能够体现出科学上的原理和法则。所谓学理分析，则是相对于实证分析的学院派分析范式。学理、学理性与学理分析是一体三面的事物：学理分析必然要求以学理为基础，从而能够体现出学理性；学理性必然以学理为参照体系，落实于学理分析之中；学理则是学理分析和学理性的前提和基础。之所以强调高校国防教育师资学术标准中的学理性，一个最直接的原因则是当下高校国防教育师资的学术研究中，大都缺乏了学理性，或几乎没有学理性，更多的是对工作过程的总结性报告，其典型的程序是“做法、经验和推广”等总结风格。一个最根本的原因则是国防教育学学科创生需要更多的学理性架构，以提升与其他学科专业的学理对话层次。当然，并不是说结合实践不好，或者单纯追求学理完整而坐地论道，但学理性确实是理论学术的标杆。

学术要有学理性，这就要求高校国防教育师资要根据学术发展实际，创建国防教育学学术理论。国防教育学学术理论是解释国防教育学和国防教育问题的框架与依据。至于理论的层次高低和程度深浅，则与各自研究方向有关。

2. 学术的社会性

与学术的学理性相对的是学术的社会性，但学术的社会性不完全是学术的实践性。后者指的是学术与实践的关系，而前者指的是学术与社会的关系，既包括学术的实践，还包括了社会对学术学理的反馈。也就是说，学术要讲究学理，但学术也要在学理的基础上服务社会，并倾听社会的反馈，以改进学理。强调高校国防教育师资学术标准的社会性，也是回应了当下国防教育研究大多未能有效满足社会的需求。正如前文所述，相当多的研究是围绕着“国防教育多么重要、别的国家国防教育如何开展、国防教育对学生素质教育的作用”等展开，但真正的社会性却是围绕如何增加国防教育系统而展开的层次化分析，如社区国防教育、国防教育与兵役制度、国防教育与军民融合等，从社会结构的完整性和联系去追求相应学术内涵。同样，学术也要接受社会的反馈。但就目前看，高校国防教育师资的国防教育学术研究，难以和社会连接形成信息通道。这与其他成熟学科相比，的确存在着天壤之别。

3. 学术的方向性

学术方向是学者的固有属性，“百科全书派”或“通才”在当今高度分化的社会中难以再现，尽管在现实社会中的确会遇到这类学者，但就学术人员群体的总规模看，凤毛麟角。而且，就是“百科全书派”式的学者，往往也是以某个学术领域，或者相对更擅长某个研究领域起家。因此，这就是学术的方向性。这要求学者在现代纷繁芜杂的社会中，总能围绕一些学术话题，展开自己的学术研究。那些取得学术成就的大家们，几乎都是在某一领域逐渐寻求突破而最终达到学术巅峰，尽管他们对其他学术领域也有见地。

因此，在高校国防教育师资相对较少且缓慢建设的过程中，在国防教育学学科创生仍处于步履维艰的状态下，对国防教育和国防教育学的整体研究和框架研究的确非常重要，但更为重要的是，需要包括高校国防教育师资在内的学术人员能够集中性地解决某些突出问题，如高校国防教育中的课程问题、师资问题等难点和困境。比较好的学术方向格局就是 A 区域的甲大学城的国防教育学术人员集中研究国防教育课程理论，乙大学城的国防教育学术人员集中研究国防教育教学理论；B 区域的丙大学城的国防教育学术人员集中研究国防教育科技实践理论，丁大学城的国防教育学术人员集中研究院校军民融合理论。也就是说，要形成各自的学术方向和特长。因此，要有效提升当前高校国防教育师资的学术标准、学术水平、学术基础和学术能力，一个可能的设想就是，对当前高校国防教育师资状况摸排，根据摸排情况，确定相应的研究团队和研究方向，并给出一定的研究支撑，形成一定的研究学术积淀。

4. 学术的通达性

学术是学理性的，这就说明学术本身存在着理论的逻辑层次；学术是社会性的，这就说明学术本身存在着与外界接触的空间；学术是方向性的，这就说明学术研究是发散性的整体结合。然而，单个的高校国防教育教师在学术研究中，不可能对所有的国防教育学和国防教育问题都了如指掌。但是，应当对这些问题、理论和情况有基本的判断和了解，能够跳出自身的研究对象，审视对象在整体研究框架中的位置，并能够把握其方向和状态。这种跳出和把握，本质上是要求高校国防教育师资要对国防教育和国防教育学研究史有纵向与横向的把握，从而能够快速进入研究状态，也能够在研究对象出现问题时，及时予以调整，把控问题，对问题的关键点有清晰认识，并向他人合理、有效地解释自身研究领域的问题和状态。

高校国防教育师资追求学术标准的通达性，实际上是要进一步形成对学术问题和学术研究的感悟和顿悟，以此促进自身学术研究层次的提高。当然，也只有通过追求学术的通达性，才能形成良好的学术反思和学术追问能力，提升学术的学理性和社会性，从而进一步明确自身的研究方向。

5. 学术研究的政治性

学术与政治，本身就是比较敏感的一对关系。在大多数的学术探讨中，往往都是强调学术要脱离政治的影响，追求学术独立、学术自由和学术的原在。但值得玩味的是，学术本身也包含了对政治的研究，也就是政治学、政治科学、政治问题等。显然，学术不能和政治分开。现实中，有些学术研究的确受到了政治干预。如一些统计性的学术研究，在对部分公开的数据进行系统性的分析和论证中，发现了数据所体现的对象的轮廓，并发布于公开的学术媒介之上，因而“遭遇”政治“刹车”，不得不停止研究。由此，导致研究人员的无奈和愤懑。诚然，政治过多干涉学术，不是学术研究的福音。但如果此类干预的目的是为了国家安全，那就是是正当的。学术人员不能以学术自由，来抵御政治的合法性和正当性，否则就是学术不正当。学术反对的政治干预，应当是那些以不正当理由、带有政治群体中非主导性的部门利益倾向和政治干预程序失范的政治干预，而不能一味地反对政治干预。

在国防教育和国防教育学研究领域，学术研究和政治的关系本来就很特殊，理应更加讲政治。其价值诉求也是超过了大多数学科专业，因而必须寻求学术和政治的正确关系。从这个层面上看，包括高校国防教育师资在内的国防教育学研究者，必须始终在学术研究中保持政治的正确性。

二、高校国防教育师资学术标准形成的主要情况

高校国防教育师资学术标准始终难以形成，对高校国防教育师资建设和国防教育学学科发展及其学术体系的建设等都构成了影响，且这种影响如前所述是相辅相成的。因此，要解决相互间的非良性影响，就需要各自反思自身问题寻找解决之途。

（一）学术标准建设环境的整体滞后

实际上，不仅是创生中的国防教育学学术标准建设任重道远，相当多的学科专业，其学术标准的状况，也引起各自学人群体的焦虑。正如上文所述，由于特定的历史发展脉络和当下的实际情况，加上高等教育发展的快速化，导致学术标准一时竟被学术圈忽视，人们更多关注文章、专著的数量以及被引用率等能够具体量化的指标，以此进行学术评价。尽管学术评价要按照学术标准，但由于对学术标准的理解简单化、狭隘化和视野萎缩，导致学术标准往往只定义为单纯的指标体系，而忽视了学术标准应有

的特性和内涵。对学术标准失衡的批评，更多见于文学界和新闻传媒界，现有的关于学术标准失衡和学术标准重建的研究文章，多见于这些学科，以及与这些学科相关的一些专业，如语言类和政治类的研究文章等。一个共同的理解，就是由于大众群体借助于网络媒体，也参与到文学传媒评论等一些门槛较低的学科专业中，从而整体上降低了这些学科专业的学理性，并带来了学术标准的整体降低。[①] 深度的放逐，批评批判化的倾向出现，导致真正批评的缺席，没有比较中肯的批评互补，不能推出新的典范。[②] 在国际关系等政治类研究中，这种学术标准缺失现象也比较严重。过多的对国际事件的议论，太多的对国家、政府政策的诠释，缺乏学理性，难以从中得到思想、理念、价值的升华与启迪。[③]

由此可见，外部的整体学科专业的学术标准失衡，学理性等的缺失，也从外部环境的维度上，导致了包括高校国防教育师资学术标准在内的国防教育学学术标准难以有效形成。忽视这一点，就不能看到学术标准失衡的整体镜像；忽视这一点，就不能真正把握学术标准重新确立的基础。因此，有效解决学术失范的整体性问题，才能进一步推动包括高校国防教育师资学术标准在内的国防教育学学术标准的真正形成和进步。

（二）高校国防教育师资规模难以扩大

学术标准是对学人群体研究标准进行相应的规范和界定，这里就存在一个关键前提——学人群体。个体的标准，会被定义为个体特点，而标准则是对群体成员的统一要求。当然，标准也是群体成员相互议定之后的结果。如果不是一个不断形成的群体，则难以就某一个问题形成相应的群体标准。相反，如果这个群体始终处于不断萎缩或者规模始终难以增大的状态，一方面不会产生太大的社会影响力，难以受到社会关注，另一方面，也不会因此而产生建立标准的考虑。所以，结合当前高校国防教育师资规模整体难以与成熟学科专业，甚至是成熟学科专业的某一个研究领域的研究人员规模相比的情况来看，难以建立相应的学术标准也是可以“理解”的。而国防教育学研究人员，绝大多数正是高校国防教育师资。

当然，高校国防教育师资规模难以扩大的原因，在前面章节中，也扼要阐述过。寄希望于系统化的专业培养，一方面，需要等待至少五年以上

---

① 刘艳：“学理性批评与批评的学理性”，《长江文艺评论》，2018 年第 2 期，第 35 页。

② 吴玉杰：“大众传媒与文学批评的非学理性倾向”，《广播电视大学学报》（哲学社会科学版），2006 年第 2 期，第 1 页。

③ 蔡拓：“在国际关系研究中注入学理性的灵魂”，《世界经济与政治》，2007 年第 2 期，第 1 页。

的时间，且这是最乐观的估计，另一方面，即使经过五年之后，真正形成了有质量的研究群体，并建立起相应的学术标准，实际上也并非上上之策。这是一种关于学术标准建立的纵向思路。而关于高校国防教育师资规模扩大的横向思路，实际上是一种差异化的相关学科专业的学人引介思路，这将在第六章中详细论述。

（三）国防教育学学术标准的建立难度

影响高校国防教育师资学术标准建立的障碍，除了学术标准的整体性面临环境和师资规模弱化两个因素之外，本质上，则是和国防教育学学术标准建立的难度有着根本关联。

国防教育学学术标准之所以难以建立，并由此带来高校国防教育师资的学术标准也难以建立，主要是因为并没有相应的建立规范可以参考，也因为国防教育学所依存的教育学自身的学术标准也未有效地建立起来，如果进一步深究起源，则是和当代中国人文社会科学的整体学术语境和学术话语权过度西化有关。因此，在串联的学科关系逻辑上，就比较容易理解建立之难度了。如果换一个思路，比如依托管理学、社会学、政治学等，则取名为国防管理学、国防社会学、国防政治学，则并没有把“教育”二字予以突出，且这些学科自身的学科话语体系西化情况也很严重，在这些学科的学人群体当中也常对此有所议论。从这个角度来看，实际上，这些学科与创生中的国防教育学学科都面临着相同的学术建设的本土化困境，只不过它们的学术基础相对较好，在学术平台、学术体系和学术群体上处于优势而已。因此，有效建立国防教育学学术标准，不应该妄自菲薄，而应该具体分析其中的关键障碍，明确差距的具体情况。

当然，除了在西化和本土化关系之上的共性矛盾之外，创生中的国防教育学学科的学术标准建立也有自身难度，即如何处理与国防军事学术的关系，也就是上文多次提到的部分特殊性。而国防军事学术的扩散性又相对较弱。因此，关于国防教育学学术标准的建立难度，的确是一个需要深思的学术现实问题。

三、高校国防教育师资学术标准的提升路径

要在现有的障碍和困境上提升高校国防教育师资学术标准，本质上是一种修补过程。但对于创生中的国防教育学学科和有待进一步拓展规模的高校国防教育师资而言，这种修补本身就属于起步阶段。因此，需要探讨有效提升高校国防教育师资学术标准的可能路径。

（一）创设性地建立一套待完善的国防教育学学术规范

提升高校国防教育师资学术标准的目标是要求高校国防教育师资按照国防教育学学人的应有内涵，对国防教育学和国防教育学术问题加以研究，以提升国防教育水平。学术规范又是一套层次化、可读、可实践的准则体系，本身就是可以被定义和被修改的，也正因为这两个特性，学术标准才有了外延上的提高意义。因此，针对当前并没有关于高校国防教育师资学术规范和国防教育学学术规范，可以尝试性建立。建立这样一套包括国防教育学学人们需要遵守的学术道德和学术准则之学术规范，就是国防教育学的学术“灯塔”。

国防教育学学术规范是学术标准的外化形式，也是高校国防教育师资需要遵守的学术规范。与学术规范相对的是教学规范，目前，江苏省已有相应教学规范，尽管从教学长效上来看仍待完善。教育部也提出关于国防教育课程的教学规范。在制定过程中，收集了一线教师的教学意见和建议。因此，也可以相应地提出学术规范，以创设性的国防教育学学术规范促进国防教育学学术标准的提升。

（二）加强对学理性强的国防教育学问题的研究

建设国防教育学学术规范，提升国防教育学学术标准，需要以一系列学术实践支撑规范，进一步促进学术标准的完善和提升。一系列的学术实践，应当是内涵丰富、问题深度足、学理性强的国防教育学问题。实际上，学理性强的问题，一定是内涵丰富且问题深度足够的问题。提出具有较强学理性的问题，其本身就具有一定的难度，特别是对于创生中的国防教育学学科而言，只能是“摸着石头过河”，但正是这些学理性强的问题，才能逐步支撑起国防教育学学术体系。而那些学理性较差、前沿意识不足的问题，一方面只能是浪费国防教育学研究资源，另一方面也不利于学术标准的建立和学科创生。

国防教育学中，学理性较强的问题主要有：（1）国防教育学与其他基础学科的关系，如国防教育学与国际关系学的关系、国防教育学与教育学的关系、国防教育学与政治学的关系、国防教育学与历史学的关系、国防教育学与军事学的关系等；（2）国防教育学的内在结构问题，如国防教育学的研究对象、国防教育学的研究方法、国防教育学的学术理论；（3）国防教育范畴的问题，如国防教育的课程体系，国防教育的教学手段，大学生兵役制度改革。

（三）从行动上践行国防教育学科的整体意识

制定上述学术规范，加强对学理性强的问题的理论研究，就当前来看，都需要高校国防教育师资之外的其他学科专业研究人员的参与。为此，应改变当前国防教育学研究范围较小的格局，鼓励其他学科专业的学人参与研究。一方面，可借此扩大研究阵容，另一方面，也避免个别有意愿，也有能力的相关学科，对国防教育学学科实行基于既得利益的“吞并”，由此导致国防教育学学科曲折发展。其他学科专业的学人参与国防教育学和国防教育问题的研究，可以将其各自专业学科的学术规范和学术标准的有利因素带入国防教育学学科之中，并以其成熟的研究方式，对学理性强的问题加以研究，可为国防教育学学人群体所借鉴。

鼓励其他学科专业的学人参与研究，同时也是在鼓励其他学科专业与国防教育学学科的深入融合，以其知识体系和理论特长，弥补和丰富国防教育学学科研究的不足。因此，应当践行国防教育学科的整体意识。也就是说，创生国防教育学学科，建立国防教育学学术标准，树立国防教育学学术话语权，增强国防教育学学科的发展力，逐步提升国防教育学学科的竞争力，必须要树立国防教育学科整体的意识，其核心就是国防教育学的“跨学科”思维，这样才能及时、有效和适时地促进国防教育学学科的创生，并同步促进高校国防教育师资的群体建设。

当然，寻求更有效的方式扩大高校国防教育师资的建设规模，并同步扩大国防教育学的研究阵容，就必须在一些可尝试的领域做出不同程度的变革。

第六章
处于架构变革中的师资建设

讨论高校国防教育师资建设的制度语境，是为了说明高校国防教育师资的发展空间和师资功用。讨论高校国防教育师资的建设边界，是为了厘清主要的建设主体。讨论 NDE 研究生培养、职后师资建设和国防教育学学术体系下的师资建设，是为了进一步分析高校国防教育师资的建设情况。本章和第七章的相关论述，就是在上文的基础上，专门性地提出一些建设概念和假设，以进一步促进高校国防教育师资建设。当然，提出关于高校国防教育师资建设的概念和假设，并非是脱离其已有实践和建设基础去谈，也并非是提出一些难以企及的假设，而是在高校职能范围之内，在可预见的发展环境之内，在把握各方主体的实际情况下，提出一些具有现实可能的概念和设想。

这些现实可能的概念和设想，不能是一些零散的、不充分的和内在体系缺失的构想，而是能够在不同角度和不同程度上，能够有效促进高校国防教育师资建设的新制度和新安排。因此，它们应当是一些切实可行的有力抓手，且与师资本身具有极大关联性的相关方面。从这个角度出发，有关高校国防教育的校内外机构改革和课程体系改革，就成为重要的建设抓手和推力。

第一节　院系实体的改革空间和建设动力

在前面章节中，始终贯穿了一个主要的建设思想，即高校国防教育师资建设，离不开高校在职能展现过程中对师资的建设推动。这种推动体现在直接的对师资的照顾政策方面，这是对师资的“输血”建设，但在当前情形下，并不能增加师资建设的内生力。因此，要从对师资的“造血”角度出发，能够从师资建设的现状等角度，发展性地从校内机制体制改革上下功夫。针对高校国防教育师资建设，从校内机制体制改革上做文章，这不单纯是为了迎合高校国防教育师资建设，因为这样并不能形成长效的建设动力，长效的建设动力始终是来源于充分结合学校整体发展和校内学科协同建设发展，扩展后的高校国防教育师资的校内归属机构。

一、高校国防教育机构的设置目的

上文提到了高校国防教育机构改革的目的是为了促进高校国防教育师资建设，以改变现有机构设置对师资建设的诸种困境和障碍，也就是说，机构始终是师资建设的载体，因而才需要根据建设需求对之做出相应的调整和变革，在形式上，师资是以机构为存在前提的，师资是机构这种制度的人化存在。因此，就有必要扼要探讨高校国防教育机构的设置目的，也即为什么要设置这种机构。再进一步探讨其设置目的，是要分析这种机构能不能满足设置的初衷，如果不能满足，那作为制度人化的师资是否也要做出变动和调整；如果需要变动和调整，应当如何调整；如果调整，调整后就一定是有效的么；这些问题都始终源于机构设置的目的考虑。因此，有必要对之进行探究。

（一）组织人民武装工作事务

中华人民共和国成立后，党和国家高度重视高校军事教育工作。1955 年 7 月通过的第一部《兵役法》就做出了规定，“高等学校的学生，应当在学校内受军事训练，并且准备取得预备役尉官军衔和准备担任尉官职务。”1956 年 11 月，毛泽东批准在高校实施军事训练的报告。自此，学生军事训练工作正式走上历史舞台。1961 年 10 月，中共中央批转中央军委《关于人民公社配备专职人民武装干部的规定》指出，“高等学校的人民武装部长，一般由该单位的领导干部兼任，另配备专职副部长或助理员。”于是，各高校迅速设置人民武装部，其职能就是负责以民兵训练为主要任务的人民武装工作。1984 年 5 月新的《兵役法》颁布，随后在 1985 年，各高校又恢复了学生军训工作，在这一年各高校被要求设立军事教研室，与人民武装部合署办公。

从 1955 年至 1985 年，各高校设置的人民武装部，主要承担了组织学生军事训练工作。其理论根源与毛泽东在抗战初期提出的“兵民是胜利之本”的著名论断有着密切关系，在《论新阶段》中，他就指出，“抗日人民自卫队的组织，应成为一切战区与敌人后方的普遍与经常的民兵制度。”其实践根源则与战争时期民兵制度有着深厚渊源。其外部联系，则是与苏联武装工作体制有着一定关系。在这一时期，高校人民武装职能还包括双拥共建、群众性国防教育活动和征兵等。在实际工作中，相比于学生军事训练，其处于弱化境地；但在武装工作制度设计上，始终没有从政策和文件上放弃高校人民武装部门的上述职能和作用。

（二）开展国防教育课程教学

1985 年要求各高校设立军事教研室之后，被普遍要求开展军事理论课程教学。尽管在 20 世纪 80 年代中后期，各高校大多没有专门的军事教师，条件较好的高校，由退伍军人实施。整个 90 年代，大多数开设了军事理论课程的高校，其师资来源几乎都是学校所在地的国防军事单位的教员、专业技术人员与转业军人。客观上说，50 年代至 90 年代的学生军事训练，在事实上被定义成了军事技能训练，且将其作为一项工作看待。然而，从 2001 年起，教育部、原总参谋部、原总政治部联合规定军事技能训练为在校大学生必须课①，2002 年，三总部规定在校大学生必修军事理论课，且不通过者不予毕业②。由此，高校军事课程就包括军事技能训练和军事理论课程教学，将二者都作为课程看待，并各赋予两个学分。而且，为了充实教学力量，设置了在第三章中提到的培养 NDE 研究生的六所培养单位。

从当前高校军事课程的开课实际来看，部分高校也开设了一些必修课程之外的选修课程，既包括理论课程，又包括了技能课程。如无线电课程、军事地形学课程、大国关系类课程、战争谋略类课程和领土主权类课程等。从其名称和内容上看，超越了单纯的军事限定，拓宽为大国防的概念。从教育部，各省教育行政部门的文件要求来看，也要求开设相应的选修课程。因此，原先开设军事理论课程教学，就在事实上被拓宽为开设国防教育课程教学。从军事课程教学定位的实际效果来看，在高校内部，往往会被视为“异类”，难以达到被统一认可的状态，而当被定位为国防教育课程教学之后，并且超越单纯的军事教学，但以军事教学为核心概念，高校内部各院系教学单位的态度就会产生微妙变化。如南京农业大学军事理论教研室与外国语学院联合开设中美关系课程，与人文社会科学学院联合探索海洋文化教育中心设置，本身就是立足于军事课程，却又超越军事课程的范畴。这对增强教研室在校内的教学影响，无疑具有一定意义。

---

① 2001 年 5 月 29 日教育部、总参谋部、总政治部《关于在普通高等学校和高级中学开展学生军事训练工作的意见》，国办发［2001］48 号。

② 2002 年 6 月 24 日教育部、总参谋部、总政治部《关于印发〈普通高等学校军事课教学大纲〉的通知》，教体艺［2002］7 号。

（三）负责学校军民融合工作

在第一章中提到了军民融合战略是高校国防教育师资建设的制度语境之一，也提到了军民融合具有很长的历史实践，但作为一项政策和制度，在全国各系统得以突出，却是十八大之后的事情。高校要贯彻军民融合战略，就必须要求高校有相应的机构设置，统一负责高校贯彻军民融合战略的教学、研究和事务等工作。从当前有关高校与军民融合战略的文件来看，少有提到高校如何设置机构贯彻这一战略，大多是笼统要求高校贯彻。然而，高校在办学自主权不断扩大的背景下，在没有实际感受到政策利好之前，整体运作思维实际上还是带有浓厚的“计划经济”色彩。因而，当文件没有明确要求的情况下，就不会有相应机构设置和职能确立的对应做法。综合分析高校内各二级单位，包括职能部门和教学院系，能够承担贯彻军民融合战略的只有科研处和国防教育机构。然而，科研处并不和国防军事单位有直接联系，更多是项目式合作。作为职能部门，其也不会从事有关军民融合的教学和科研工作。

值得注意的是，个别省份教育行政部门以文件方式，就高校负责军民融合的机构设置，尝试提出了一些设想。“各普通高等学校须设置军事教研室负责本校的军事课教学，有条件的普通高等学校应设立军民融合相关机构，负责本校军民融合工作组织管理”，[①] “加强军民融合”[②]。这些设想和要求，印证了高校国防教育机构有空间、有可能承担院校的军民融合任务。因此，在第一章专门提到了军民融合战略与院校转型战略的关系问题。在今后高校国防教育师资建设和机构拓展的过程中，适时抓住这一机构的潜在目的，是一项重要的战略任务。它对促进高校国防教育的良好开展，促进师资建设的稳步发展，促进高校军民融合和高校自身发展，都有着举足轻重的作用。

二、高校国防教育机构的设置状态

高校国防教育机构是高校国防教育师资“有为”的前提条件之一。但自 1985 年军训工作改革以来，高校国防教育机构的设置就是一个“老大

① 2018 年 6 月 1 日江苏省教育厅、江苏省军区战备建设局《关于深化学生军事训练改革的实施意见》，苏教体艺［2018］5 号。

② 2017 年 11 月 13 日广东省教育厅、广东省军区战备建设局《关于征求〈广东省关于深化学生军事训练改革的实施办法〉（征求意见稿）意见的通知》，粤教体函［2017］106 号。

难”问题。当今高校人民武装部（军事教研室）有九种存在模式,[①] 这九种模式，实际上也可以归入三种设置类型：独立设置、合署设置和挂靠设置。

（一）国防教育机构的独立设置

所谓独立设置，就是不依附于任何校内的二级机关，而作为独立的二级机构存在，负责包括学生军事技能训练、学生军事理论教学、群众性国防教育活动和双拥工作，以及征兵工作等。在20世纪90年代末的院校改革浪潮之前，高校人民武装部绝大多数都是独立设置的，在很长一段历史时期，发挥了应有作用。特别是在形势严峻时期，高校人民武装部作为基层人民武装单位，发挥了巨大的国防教育与国防动员价值。但在院校改革来临之后，相当多的高校人民武装部被合署或挂靠至其他二级职能部门，甚至有的高校，干脆被撤掉。高校人民武装部大多不能保留独立建制，同样也与形势转变有关。当形势向好后，人民武装部未能及时转变自身职能，没有探索国防教育在促进学生综合素质提高方面的功能和规律，没有赋予国防教育新的教育功能，没有及时转变人民武装部的职责。[②]

仍然独立设置人民武装部的高校，一般是原先国防教育工作在全国高校中成效突出，标杆意义明显，学校考虑之后予以保留；另一种情况，就是学校内部的干部安排考虑，然而，这基于的不是人民武装部的功能和地位的重要性，但这种情况，至少在形式上，将人民武装部的独立设置保留了下来。然而，大多数高校的人民武装部无法保留独立建制，却是不争的事实。尽管在2013年江苏省全民国防教育委员会和江苏省委宣传部联合提出关于人民武装部的独立设置要求，但依然未能落实。甚至当初国防教育工作是全国标杆院校的东南大学，也在2018年撤销了独立建制的武装部，而与学生处合署，使得省内外高校一片唏嘘。

（二）国防教育机构的合署设置

被取消了独立建制资格的高校人民武装部，大部分是采取了合署形式。合署的二级单位主要有学生处、保卫处、后勤管理处和体育部等。与

---

① 范双利、冯皓：“新时期普通高校国防教育机构设置探究”，《黑龙江高教研究》，2014年第6期，第57页。

② 范双利、冯皓：“新时期普通高校国防教育机构设置探究”《黑龙江高教研究》，2014年第6期，第58页。

各处合署的人民武装部，往往由各处处长兼人民武装部部长，并确定一位副处长兼任人民武装部副部长。如果在原先设立独立的人民武装部建制的同时，也明确了军事教研室设置在人民武装部，且也为二级单位建制的话，则相应的军事教研室也一同并入各处，其主任岗和副主任岗由被并入的二级机构的处长和一名副处长兼任。在合署的二级单位选择上，也存在一定的地域差异。如浙江省往往是与体育部合署，合署后的二级单位一般被称为“体军部”或“军体部”；江苏省往往是与学生处和保卫处合署，更多的是与学生处合署，实行“一套班子、两个牌子”的运行机制。

如果合署之后，能够保证国防教育工作正常有效开展，则合署也是一个差强人意的安排。但大多数高校人民武装部在被合署至其他二级单位之后，免不了会产生被边缘化的情况。即使为了应付上级单位检查，而设置专职的国防教育教师，但其也很难为专职国防教育教师提供基本的教学和科研环境。以与学生处合署为例，专职国防教育教师在日常教学中，需要承担大量的理论课程教学任务和组织学生军事技能训练任务，在科研工作方面，由于是与职能部门合署，科研部门容易将之“忘记”，教务部门也将其作为教学的一个“特例”对待。此外，由于是与二级职能部门合署，他们也在事实上“被迫”承担二级职能部门的一些事务，如学生教育管理、学生资助、招生就业等学生处的事务。如果专职国防教育教师对此持排斥态度，则会影响其在二级职能部门内部的工作关系和前景，以至于相当多的专职国防教育教师最后转至行政岗。也存在另外一种情况，就是在招聘时明确为教师岗位，但入校进入合署的二级职能部门后，直接变为行政岗位，从而在校内制度上就约束了专职国防教育教师的发展。

(三) 国防教育机构的挂靠设置

合署是保持原有的处级建制，但不独立设置。如果不保留原有的处级建制，而是降为科级或相当于科级的系级单位，则称为挂靠。就当前情况来看，在撤销人民武装部和军事教研室的独立建制后，人民武装部大多是采取合署做法，与其他二级职能部门合署。而关于军事教研室的归属，有一部分采取的是挂靠做法，将其校内级别降低为相当于科级的系级教学单位，还有一部分院校，不明确其性质和教学单位的级别，仅是虚设的教学机构，也无相应的人员填充。挂靠一般选择与体育部（学院）、大学生素质教育中心、政治学院或人文学院等二级学院单位。挂靠的二级单位虽不同，但挂靠的效果大多是相同的。

挂靠体育部（学院）。由于体育部本身在学校就是相对边缘的教学单位，而设立了体育学院的单位并不多。因此，挂靠在体育部之后，军事教研室就更加边缘化。首先，在日常工作规划中，体育师资不会考虑军事课情况。其次，在日常工作中，如评奖评优等，体育部教师的人数优势会造成绝对的不公平，在评教过程中，上课方式、上课规模和上课内容上的区别会反映在评教分数之中；在经费使用中，由于维持经费相对有限，也存在事实上的“压制”情况。军事教研室挂靠在体育部，和与体育部合署是两个不同的概念。后者在名称上已经体现了“军”字，因而能够保证一定的地位。而前者则相反，那些挂靠在体育部的军事教研室，大多与体育部存在诸种“冲突”，有些是隐而未发，有些已进入冲突的“新常态”。

挂靠政治学院，则是另一种情况。由于政治课程与国防教育课程具有一般人认为的“相似性”，由此造成一种错觉，就是思政教师也可以讲授国防教育课。然而，由于国防教育教师自身数量不足，以及政治学院或马克思主义学院对国防教育课程的“理解”，有相当一部分思政教师教授国防教育课程，导致军事教研室的边缘化，而思政教师的国防教育课程授课质量，大多不敢恭维，毕竟“术业有专攻”。

同样，与大学生素质教育中心和其他院系挂靠，也都存在类似问题。

（四）设置国防教育学院（研究院）等

对那些曾经招收国防生的部分院校，如中北大学等院校；或是国防教育工作开展非常好的部分院校，如吉首大学等院校，都设置有相应的国防教育学院或国防教育研究院，或是后备军官学院、人民武装学院。尽管这在全国高校中数量极少，但的确是高校国防教育机构设置的现实。从实际效能来看，无论是国防教育学院（研究院），还是后备军官学院，抑或是人民武装学院，至少保留了独立建制，工作自主性较高，不需要面对合署或是挂靠的窘境。就当前设置了这些二级国防教育机构的院校国防教育情况来看，其教学与科研等工作都开展得较好。但这是否代表了今后高校国防教育机构设置的趋势，却成为一个值得深入探讨的问题。

简单来说，由于是二级单位，与校内其他二级单位在级别上“平起平坐”，避免了那些挂靠在体育部等二级单位的军事教研室负责人在遇到一些教学等问题时的无奈“越级”，导致其他二级部门的置之不理，影响国防教育工作开展和工作氛围。因此，对军事教研室或军事教研部明确级别要求是正确的，问题是二级单位究竟是军事教研室（部），还是国防教育学院（研究院）等，需进一步讨论。此外，也由于是“学院”或“研究院”，其教学和科研职能就能够突出出来，因而可以与二级学院处于相近的运作环境之中。

（五）不设置国防教育机构

当然，与上述四种设置状态有着根本不同的是，有些高校并未设置相应的国防教育机构，既没有独立的院部，也没有合署或挂靠。这种情况主要是出现在近些年新成立的专科院校和独立学院，特别是民办院校之中。尽管近些年都有相应的文件和规范要求，但由于检查和督促力度不够，导致这些院校在设置国防教育机构方面，感受不到压力，因此并未设置相应机构。相当多的类似高校，至今也未将设置国防教育机构提上议事日程，而这些高校的绝对量及其招生绝对量却并不少。在工作接触中，少数意欲成立国防教育机构的院校，却不知道如何成立。由此，也说明了国防教育机构设置的指导工作不到位。这也是今后高校国防教育机构设置过程中的重要关注点之一。

三、高校国防教育机构的变革安排

在院校转型发展过程中，高校国防教育也逐渐增加了新内容，原先机构并不能满足高校国防教育的实际开展。在院校改革过程中，原先设置的机构也面临着边缘化和弱化乃至消失的境地，这不利于高校国防教育教学的开展和国家防务体系的整体建设。采用类似于学院机构的设置路径，的确是一个较好的机构变革思路，但也需要在现有的学院制探索基础上，融合一些新的情况，以把国防教育学院制机构发展成特色明显、功能多样、军民融合的新实体。

（一）机构变革的设置框架

机构变革，并非是对现有问题的小修小补，也不是单纯的“塞”进新情况，更不是满足小团体之利益考虑，其根本目的是要通过设置变革和安排，使高校国防教育能够迎合当前校内外环境的整体实际，是要通过新的常设性二级机构，把师资建设、课程建设、科研建设和社会服务，都能有效统筹。也就是依托机构变革，实现高校国防教育发展方向的根本变化，不囿于原有条条框框和程式思维，而是按照高校国防教育的目的要义进行。为此，变革后的机构设置参见图6—1。

这里对图6—1做说明如下：（1）关于高校国防教育机构的上述变革和安排，适用于各高等院校，在机构设置上各高校具有相对同一性。（2）二级学院的支持主要是基于学科交叉性、部分学科的涉军和涉国防特性等，如植物、动物在军事伪装和仿真方面的价值，农业经济、农村金融在

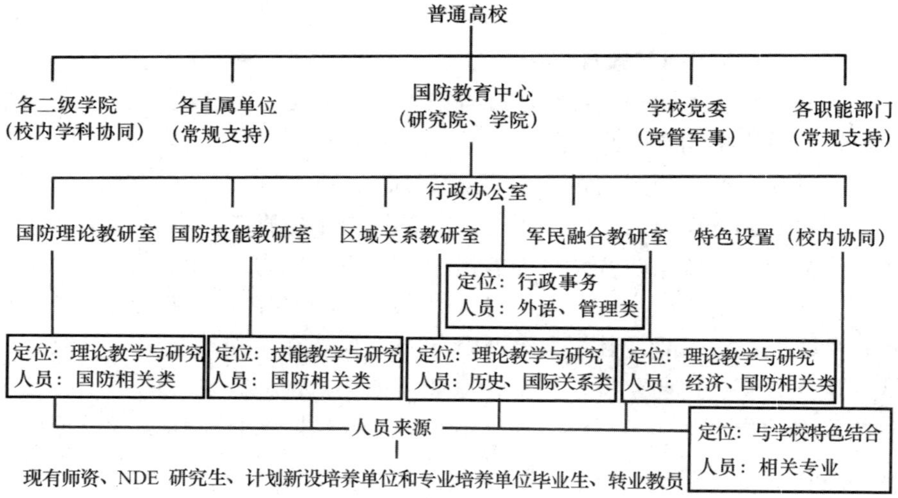

图 6—1　高校国防教育机构设置构想图

国防经济方面的价值，而北京航空航天大学、南京理工大学、中北大学、江苏海事职业技术学院这类院校，弹药工程、无人机技术、航海技术、轮机工程等专业力量可与国防教育形成校内协同创新，对于那些涉军、涉国防特性不明显的高校，也存在校内学科协同的可能性，如外语类专业与区域研究就存在天然的协同关系。（3）关于二级机构的名称，可以不统一，但应该带有“国防教育”标识，高校应明确其为院级教学单位，可无行政级别，但突出学术性、政策性和独立性，不与任何二级单位挂靠或合署，并享有其他院系单位相同的教学和科研等待遇。（4）行政办公室主要是处理国防教育二级单位的日常行政内外事务，辅助各教研室和特设机构的日常安排。（5）国防理论教研室主要承担理论必修课教学、理论选修课教学、国防理论研究和社会服务等工作。（6）国防技能教研室主要承担技能必修课教学、技能选修课教学、国防技能研究和社会服务等工作，与行政办公室分担人民武装部原双拥事务。（7）区域关系教研室主要承担理论课教学、区域关系研究和社会服务等工作，设立区域关系教研室，主要是近几年，照顾到“一带一路”倡议，教育部办公厅各年度均有关于做好“区域和国别研究”的通知，而大部分高校并无相应研究机构，一般交由非专业的国教院或外语院承担，对于有历史学院和国际关系学院的高校，可与之类似的二级学院进行校内协同创新，寻找新的协同研究点，兼顾国防教育性。（8）军民融合教研室，主要承担理论课教学、军民融合研究和社会服务等工作，与行政办公室分担军民融合校内事务和人民武装部原征兵、民兵等工作，设置军民融合教研室，主要是照顾到军民融合战略，各省市均有军民融合智库，各高校可以此设置提供智库成员，扩大影响；引介校外资源，对接校内，服务学校。（9）关于特色设置机构，可以结合学校办学特色，设置一些与时代需求紧密连接的研究分中心或教研室，如针对涉海类院校，设置海洋教研室，或进一步细化为海洋文化教研室，针对涉农类院校，甚至可以设置海洋农业文化教研室，以此增进国防教育二级机构与校内主流学院的协同关系。（10）相关设置的人员构成如图6—1 所示。

（二）机构设置的变革特点

从上述图示和十点解释中，可以发现，变革后的高校国防教育机构具有一些新的特点。这些特点是此前和现有的高校国防教育机构所不具有的，这些安排之间的内在衔接性较为顺畅，充分考虑到了近些年高校开展国防教育的经验和教训，并始终与高校办学方向和办学规律相吻合。

1. 围绕教学和科研展开

相当长的一段时间以来，很多高校国防教育师资，都认为学生军事技能训练是一项管理工作，而非一门课程和教学工作。观念上的认识反映在现实中，就是军事技能训练逐渐被淡化。即使是 14 天的训练要求，也不断被“打折扣”，如算上头尾两天，融人消防演练、入学教育等，并美其名曰，“丰富军事技能训练的内容”。相当多的高校未能把技能训练纳入了人才培养方案，有些高校虽然纳入了人才培养方案，但仅体现在“纸”上，应付检查，还有些学校对两个学分的要求打对折处理。因此，必须明确技能训练的教学属性。

从上述机构的各职能安排来看，实际上是把人民武装部和军事教研室的职能逐步分解到了各个教研室和特设机构之中。这主要是由于长期以来，人们对人民武装部形成了定势思维，认为其是行政机关，且其名称也未能体现出教学意境，并由此导致对军事教研室的职能误解。此外，军事教研室也难以展现出院系教学属性，“军事”一词的内涵也只是国防教育的一部分，国防范畴大于军事范畴。综合考虑，以变革后的机构取代人民武装部和军事教研室的原职能，并从教学和科研角度，扩大了职能范围。从下文有关课程设置的安排上，也足见教学和科研特性。

2. 强调校内外学科协同

独木难成林，这是亘古不变的道理。那些在高校内部发展较快的院系，无一不是在加强自身学科专业建设的同时，注重与校内其他学科之间的优势互补。这也是一些专门性院校会开设一些外语类、管理类等学院机构的原因所在，因为它们对主流优势学科有推动作用。作为正处于边缘化和弱势境地的国防教育，必须要增强在校内的话语权和活动力。学科协同也不仅在校内展开，有些高校学科专业建设并不齐全，当然这也是根据各高校实际而定的，但如果缺少的学科专业正是国防教育教学和科研所需要的，那就需要与校外高校的学科专业寻求协同合作，如历史学、国际关系类和经济类学科专业，但部分高校并未开设。

强调校内外学科协同，从工作氛围上，主要是拉近校内外相关学科单位的合作关系，增进相互间的了解与支持。从学科建设氛围上，这些学科专业大多是国防教育学学科的基础学科，或是国防教育基础学科。在前面的论述中，始终提到：正是由于对基础学科的认识和研究不够，才导致国防教育学学科创生缺乏应有积淀。因此，变革后的机构，突出对校内外学科进行协同，也是想借此不断积淀国防教育学学科创生所需的学科基础。

3. 突出机构的二级属性

从图 6—1 中可以看出，国防教育中心（研究院、学院）与其他二级单位处于同一个“水平线”上，也下设了一些教研室和特设机构，以此支撑国防教育二级单位的实体建设。在对上图的解释中，第三点提到了“国防教育”标识，不要求各高校都采用相同的名称。这主要是考虑到各高校国防教育工作基础不同，校内外学科协同的可利用资源不同。在条件不够充分的情况下，采取“国防教育中心”的称法，具有灵活性和可变通性。对那些条件充分的高校，如已经设有国防教育学院或研究院的高校，继续采用则是必然。

但无论采用哪种称呼，其机构的二级属性始终没有变化，始终是与其他职能部门和院系处于相同位置。

4. 充分利用相关利好性政策

将区域研究和军民融合研究纳入机构变革的设计之中，既解决了当前部分高校在面对这两类问题时的“无措”，也扩大了国防教育的校内“阵地”，并依托于机构变革和利好性政策的融合，扩大了师资来源范围，为在较短时期内，建设一支具有一定竞争力的师资，提供了一条可能的建设路径。区域研究主要是结合“一带一路”倡议展开的，这对增强国防教育的国际性无疑具有帮助，区域研究中对区域关系的关注和分析，对国防教育教学内容也是有益补充。

军民融合主要是从“民参军”和“军转民”角度设计的，一方面，它要求校内资源与校外对接，另一方面，它也要求引进校外资源，在一来一去的过程中，增进了人们对于高校国防教育的了解。军民融合过程中的相关技术，如仿真模拟等技术，也为开拓国防教育手段提供了丰富的选择余地。军民融合过程中的研究项目，也能提升高校国防教育师资的研究能力，为其提供研究氛围和平台。值得注意的是，军民融合本身就包括了兵役征集和民兵建设，这是解决当前兵役征集和民兵建设窘境的有力契机，对盘活现有资源具有相应促进作用。

当然，如今后出现相关利好性政策，高校国防教育师资也应当及时将其纳入，以不断地支撑高校国防教育的内涵式发展。

5. 坚持服务于学校发展

高校国防教育师资开展国防教育的基本环境是高校，尽管也会在中小学和社区开展国防教育活动，但主要平台是师资集中的高校。因此，其必须将自身发展、国防教育机构发展和学校发展系在一起，形成发展共同体，才能寻求学校连续性和内在性的支持，而不是单纯地以执行上级文件和要求来“命令”和“压迫”学校，如此将难以形成高校国防教育师资、国防教育机构和高校间的发展张力与合力。

特色设置是立足于学校办学特色，结合国防教育而提出的。上文中也提到南京农业大学人文社会科学学院计划与军事理论教研室联合设置海洋农业文化中心，这一方面是校内学科专业融合的体现，增强机构间的了解与合作，另一方面也是特色设置的体现，只有有意迎合学校发展的主流方向，并充分照顾到国防教育的发展要求，才能进一步做好高校国防教育工作，建设好高校国防教育师资。学校发展不仅体现在主流的学科专业上，一些支撑主流学科专业的其他学科专业也是学校发展的关注点。因此，也应当与这些学科专业加强沟通合作，在上面的机构变革构想中，对此也有充分论述。实际上，国防教育本身具有极大的包容性，这并非是对国防教育的过于泛化理解，而是客观事实。

（三）变革后的机构建设预期

从上述分析可以看出，变革之后的高校国防教育机构，进一步适应高校的运作规律，也进一步与高校发展较好地融合在一起。从机构设置的变革特点看，变革后的高校国防教育机构建设预期较好。

1. 机构地位的提升

原先独立设置的高校人民武装部在高校职能部门间的实际“地位”相对较低，难以支撑学校发展，这也是高校对其“下手”的原因之一，当然，也和一些高校的国防意识不高有关。而合署之后的高校国防教育机构就更加失去了“地位”，挂靠的高校国防教育机构直接变成了“寄生”部门。即使是独立设置的国防教育学院，也随着国防生停招等变化，逐渐失去了昔日风采，不及时提升其内涵，最终结果很可能就是撤销建制。尽管有学者提出了一些机构改革预想和协同概念，认为要建立学校国防教育办公室，但始终在行政隶属和机制上打转①，虽具有建设性，但未能从教学和科研的根本点着手探讨。

也有学者认为，应以培养专业化、高层次师资为牵引，规范国防教育机构设置，尽可能将其作为独立的学校教学单位运行（如果在某些高校存在困难，可也考虑将其纳入思想政治教育教学机构，统一进行教学管理）。② 但这实际上还是“寄生”，且本末倒置，即没有合适的国防教育机构设置，何来高层次师资培养？机构本身欠缺吸引力，在可以筛选的情况下，会将其直接筛选出考虑范围。

因此，变革后的高校国防教育机构在校内的机构地位将会上升，与校外其他单位实体共同协作时，也会有更多的便利。

2. 师资的发展

变革之后的高校国防教育机构，需要相关专业教师的进入，以此充实机构实体。如外语类、经济类、历史类等原先与国防教育联系并不太紧密的师资，开始有渠道进入国防教育领域。这直接带动了现有师资数量规模的提升。与之相伴的就是质量的提升。经济类和历史类学科基础雄厚，博士生多，在系统性培训之后，对提升高校国防教育师资整体水平具有立竿见影的效果。对于高校国防教育的实体建设而言，当前最重要的两大难题就是机构和师资。因此，变革后的机构实体，能够充分吸纳后备师资。

更为重要的是，多年来对后备师资建设的探讨，始终限于“元师资”不足和培养实体不成熟等现实困境。变革后的高校国防教育机构，由于短期内吸纳了较大规模的相关学科后备师资，为“元师资”形成提供了可能性，也进一步扩充了机构实体，通过一个合适规划，部分高校的国防教育机构今后可以具有培养资质，也是可以想象到的情况。师资发展的最大功用，不仅体现在后备队伍建设上，还体现在能直接增强国防教育在校内外的话语权。但这里需要说明的是，“元师资”尽管来自于各相关专业，但培养的师资一定是国防教育学师资，而不是形成一个简单的相关学科师资重复进入的无意义循环。换句话说，“元师资”是一个必经的过程，但不

---

① 范双利、冯皓：“新时期普通高校国防教育机构设置探究”，《黑龙江高教研究》，2014 年第 6 期，第 58 页。

② 李科：“新时期深化高校国防教育改革的路径分析”，《教学研究》，2015 年第 5 期，第 69 页。

应该是长期重复之过程，在借力基础上，一定要形成内力。

3. 课程体系的扩大

与机构地位提升和师资规模扩大相对应的，就是教学实体的不断建设，唯有此，才能做到有为有位。教学实体建设的基础就是课程建设。变革后的机构，由各教研室和特设机构组成，各组成单位拥有充实的师资，围绕国防教育开展，他们的专业学科背景不同，这就为课程体系的扩大提供了基本条件。而从政策层面看，现有的单一必修课程结构也将进一步扩大，特别是在技能课程领域和与海权、技术装备和战争理论等有关的内容上，其课程需求量客观存在。因此，变革后的机构具有了扩大课程体系的双重动力。从各高校课程建设来看，也大多强调在传统基础课程之上的通识课程建设，以提供更多的优质课程供学生学习。因此，学校也会提供各种各样的课程建设条件。变革后的机构也需要以课程建设来回应地位的提升。因此，一个重要的建设预期，就是课程体系的逐步扩大和丰富。

第二节　课程结构的变革与设计

架构变革，其一是机构变革，其二则是课程结构的变革。机构变革为课程结构变革提供了基础实体，课程结构变革则进一步支撑了机构变革的常态化运转。二者相辅相成，在上文中已有所阐述。但从课程设置看，高校国防教育课程也应与时俱进，有所变革，并注重对课程变革和课程教学的相关研究。课程结构是一个整合性的词，它包括了课程间的结构，也包括了单一课程内部各单元的结构关系。课程内涵需要教学过程来体现，但课程必须及时、真实、系统地反映社会真实需求，课程才有生命力，公众也才能接受，否则就会对课程持有抗拒心理，并直接对教学过程和师资产生抗拒。因此，促进高校国防教育师资建设，除在机构设置上做出变革和调整，也需同步在课程结构上做出相应变革和系统性设计，以从多个角度加强高校国防教育师资的有效形成和发展。

一、传统高校国防教育课程结构的因循坐误

正如有学者指出的那样，在 20 世纪 90 年代院校开展大规模改革之时，就应当对高校国防教育课程结构做相应的变革，以与其他学科专业，至少在课程变革上保持同步。然而，直至现在，依然没能看到全国性的高校国

防教育课程结构的变化，依然是单一的必修课程和选修课程相结合，甚至也未能就技术对课程的深刻影响做出变动反应，依旧沉浸在传统窠臼之中。也就是说，传统课程结构的因循坐误，部分导致了今天高校国防教育及其师资建设的滞后和窘境。当然，为了有效说明课程结构的重要性，可以先就课程结构的特点谈起。

（一）课程结构的特点

所谓课程结构，是指在一定课程价值观指导下形成的学校课程体系中各个要素及要素间的组织排列形式，以及各要素间的配比关系。它强调的是课程的组成部分和各部分之间的内在联系。① 20世纪60年代，以布鲁纳为代表的教育家在美国开始了“学科结构化”运动，力求提升学校学科课程的教育效能，从而引起关于课程结构的讨论。有学者认为，这种运动只是对单一学科内的结构优化，且是课程的微观层次，缺乏整体性。对课程结构必须同时从“范围”和“深度”两个维度去把握，处理好两者关系。依前者，课程结构有宏观、中观、微观三个层次；循后者，课程结构可分为“形式结构”和“实质结构”。两者结合，形成课程结构的完整景观。②因此，对课程结构的不同理解和具体实践，实际上包含了对课程结构特点的理解。

1. 课程结构的知识性

课程结构始终以一定的知识体系为基础，这是任何课程结构的核心议题。对课程结构和课程改革的讨论，如果失去了知识性，实际上就是本末倒置。知识性并非是对知识的简单堆砌。首先，知识是经过选择的。并非所有的与课程有关的知识都能被纳入课程结构，也不是所有被纳入课程结构的知识，都是学习者缺乏的知识。实际上，由于接受对象的规模性和差异性，任何课程结构的知识，都在不同角度被学习者学习过，或许是没有被纳入到学习者的知识结构中。其次，知识是与时代发展相联系的。那些与时代发展不相吻合、脱离于时代、超乎时代，抑或是无法体现时代内涵的知识，不会被纳入课程结构。从社会学的视角看，任何一种意义上的课程结构其实都是对知识加以控制与分等的一种结果，不同的课程结构反映着对于知识的控制与分等的不同特征。这种控制和分等是由社会的主流价

---

① 施良方：《课程理论》，教育科学出版社，1996年版，第123页。

② 郭晓明：“整体性课程结构观与优化课程结构的新思路”，《教育理论与实践》，2001年第5期，第38页。

值观及社会中的权力关系格局决定的。[①] 再次，知识具有层次性。课程结构的知识层次性，要求在课程改革中必须对课程知识的层次予以有效设计，凸显其知识架构。因此，大学课程结构优化需以知识观为基础，深入分析大学课程结构的要素及其关系，建立知识地图，开发课程资源，优化课程实质结构，建立课程层次，优化课程的形式结构，建立“平台＋模块”课程结构实践样态。[②]

2. 课程结构的问题性

课程结构强调知识性，本质上是在知识教学的基础上，突出课程所载有的待解决问题。这些问题可能是当前的，也可能是今后会产生的；可能是能被学习者迅速感知到的，也可能是需要一定的触类旁通之后，才能被学习者所感知；可能是单一问题的呈现，也可能是多个问题构成的问题集合。实际上，课程结构只是把实践中的问题有效整合。学习课程，实际上就是要学习问题解决的策略、框架和手段。课程结构的问题性，要求在现实的问题系统中，挑选具有代表性的问题，将其集合做成关于问题的模型，“投射”至课程及其结构之中，以供学习者有效学习使用。当然，课程结构的问题性，始终是以知识性为基础，不是单纯将问题罗列，而是基于知识的问题式学习。发达国家课程结构改革始终注重拓宽基础、实行问题导向的课程整合、实行真正选修、注重人文教育。[③]

3. 课程结构的异质性

课程结构不是同质的，也就是说，课程结构在形式和内涵上都应当具有一定的差异性，如必修课程和选修课程的形式差异，理论课程和实践课程的内涵差异，也包含着各种课程理论之间的差异等。课程结构只有是异质的，课程才能实现专业教学的目的，才能包含更多的知识和问题。同质化的课程结构，会造成知识的重复解读和在不同课程之间的重新组合，虽然有利于学习者对知识的多角度学习，但在有限的课程资源和教学资源面前，同质化严重的课程结构，显然是不可取的。由于受“学科知识导向”的课程价值观的影响及课程管理相对滞后，存在以知识为中心使其偏离人才培养目标、重形式课程结构使其缺乏理念和单一课程结构使其趋向同质

---

① 吴康宁：“知识的控制与分等：课程结构的社会学释义”，《教育理论与实践》，2000 年第 11 期，第 24 页。

② 杨贤君等：“大学课程结构优化的思考”，《中国高教研究》，2009 年第 5 期，第 77 页。

③ 罗尧成、李利平：“发达国家大学课程结构改革：背景、动向和启示”，《现代教育科学》，2005 年第 1 期，第 39—41 页。

化等弊端。[1] 由此可见，同质化的课程，偏离了课程本身的价值和功用。大学课程结构改革的目标是建立一个“连续多向型”的课程系统，课程结构优化的实质是以培养创新性人才为指导而对课程结构进行的合目的性改造。[2]

（二）“多位一体”的高校传统国防教育课程结构

当前，高校传统国防教育课程结构被称之为“三位一体”“四位一体”和“五位一体”等多位一体性课程结构。实际上，“位”主要是指“理论必修课程”“技能必修课程”“理论选修课程”“国防教育讲座”和“国防教育活动”等。

1. 理论必修课程

主要是军事理论必修课程，这是各高校必须开设的理论课程之一，依据现行普通高校军事课程教学大纲规定，各院校必修开设 36 学时，共 2 学分。在课程的内部结构上，主要包括中国国防、军事思想、战略环境、军事高技术与信息化战争等五方面。除军事理论必修课程之外，再无其他必修课程。在课程要求上，强调理论联系实际，注重广度和深度，改进教学方法和手段，确保教学质量。

2. 技能必修课程

主要是军事技能必修课程，这是各高校必须开设的技能课程。就当前各高校实践课程而言，针对全部学生的技能必修课程，仅此一门。依据现行普通高校军事课程教学大纲规定，各院校军事技能训练时间为 2—3 周，实际训练时间不得少于 14 天。主要包括条令条例教育与训练、轻武器射击、战术、军事地形学、综合训练等五部分。在课程要求上，强调以中国人民解放军的条令、条例为依据，严格训练、严格要求，培养学生良好的军事素质。

3. 理论选修课程

对于开设有关国防教育的理论选修课程，现行大纲中只规定了“应积极开设与军事课相关的选修课”。除此之外，并未做出任何规定。对于“与军事课相关”，从其大纲内容上来看，应当是与军事理论和军事技能相关的选修课。因为在课程要求部分，提到了军事课程实际上是包括军事理

---

① 孟艳、黄建红：“大学课程结构优化的逻辑”，《现代教育管理》，2015 年第 10 期，第 67 页。

② 罗尧成、胡弼成：“大学课程结构：改革的目标和优化”，《高等理科教育》，2004 年第 1 期，第 26 页。

论教学和军事技能训练在内的课程整体。因此，理论选修课也应当是围绕这两部分。但在高校选修课程设置的过程中，几乎没有技能选修课程，绝大多数是理论选修课程，一般是侧重于对军事理论课中五章内容的某一内容的细化讲解。

4. 国防教育讲座

对于开设国防教育讲座，在现行大纲中，也做出了要积极举办讲座的规定。因此，国防教育讲座就构成了课程形式结构的一部分。关于国防教育讲座的内容，也做出了规定，要求与军事课有关。对照大纲其他要求，也应当是与军事技能与军事理论课程有关的国防教育讲座。在大纲中，只提到了讲座与军事课有关，并未明确是国防教育讲座，但在课程目标中，强调了军事课要以国防教育为主线，以军事理论教育为重点。

5. 国防教育活动

对于国防教育活动，现行大纲并未提出相应要求。但在各学校国防教育实践中，的确有一些国防教育活动，如国防知识竞赛、国防教育征文比赛等。在省市级层面，也有一些相应比赛，如江苏省举办的“军训之星”等，其实质就是国防教育活动。此外，各高校还举行了诸如军营参观等国防教育活动。各高校一般也有相应的军事爱好者协会或国防爱好者协会等，他们也会经常性地举办一些国防教育活动，对一部分学习者产生了教育影响，也有相应的教育内容融入其中，但其组织活动的内容，一般不如课程那样系统化。

（三）对高校传统国防教育课程结构有效性的分析

基于对当前高校国防教育课程结构的梳理，顺着对课程的形式结构、内容结构和课程结构的三个特性的讨论，对当前“多位一体”的高校传统国防教育课程结构的有效性做扼要分析。国防教育课程是以开展国防教育和巩固国防安全为根本目的的基础类课程，以军事性为主但不囿于军事性的国防性是其根本特质。因此，分析有效性，实际上就是分析对国防教育是否有效的过程，即国防性。

1. 课程形式结构与国防性的关系

课程的形式结构，是课程的外在形式与内在形式的结合。外在形式即国防教育课程由哪些具体的课程组成，内在形式即课程的内在关系如何，也就是说，内在形式是防止外在形式“散漫化”的良药。

从外在形式上看，由理论必修课、技能必修课、理论选修课、国防教育讲座和国防教育活动组成的“五位一体”的国防教育课程体系，基本满足了国防性要求。随着高校国防教育对技能教学的要求逐步提高，可以进一步增加技能选修课等内容。由此，必修课、技能课和拓展类课程（讲座与活动等）就构成了高校国防教育课程体系的三大组成部分。对于非专业性的国防教育普及性教育而言，这是一个相对较好的课程体系架构。

从内在形式上看，上述“五位一体”的国防教育课程体系就存在需要进一步厘清其各自关系的必要，以满足国防性需求，实现国防教育的目的。这其中存在一些对应的课程关系：理论必修课与理论选修课的关系、技能必修课与技能选修课的关系、国防教育讲座与必修课的关系、国防教育讲座与选修课的关系、国防教育讲座与国防教育活动的关系、必修课程与国防教育活动的关系、选修课程与国防教育活动的关系，以及理论课与技能课的关系等。

首先是理论必修课与理论选修课的关系。尽管大纲要求开设与军事课（包括军事理论课）有关的选修课。这里的关键词就是“有关”，但对“有关”到何种程度并没有明确定义，在现实中，甚至国学课也变成了与国防教育密切相关的课程，尽管国学中也包括传统兵学文化。假设大纲中的五章内容是适切的教育内容。那么，在课程的内在形式上，至少应有五门相关的理论选修课，能够各自体现出每章的全部或部分内容。但在各高校中，并没有对应的理论选修课程体系存在。

其次是技能必修课与技能选修课的关系。大纲中也做出了类似的“有关”规定，然而除了“定向越野”课程之外，几乎没有对应的技能选修课程体系存在，相当一部分高校的“定向越野”课程的任课教师是体育教师，而非国防教育教师。如果结合在技能教育中的一些新变化，则技能选修课程体系的形式规模要远超大纲中规定的一些技能教育内容部分。

第三是国防教育讲座与必修课的关系。至少在讲座实践中，相当多的高校国防讲座内容都是国防形势分析。诚然，形势分析讲座的讲授难度相对较小，尽管讲好讲深也很难，但对照大纲，单一的国防形势讲座，势必弱化了讲座的内在体系，那些与战争形态分析、军事高技术发展、外军战略与作战思想新变化的讲座，显然不应缺失。因为讲座的形式功能之一就是对理论必修课程和技能必修课程的补充，正如其他学科专业的常设讲座制度一样。相应的，国防教育选修课讲座也应当如必修课讲座一样，具有对应特点。

第四是国防教育讲座与国防教育活动的关系。这里存在一个最为关键的问题，就是哪些是国防教育活动，国防教育活动应不应该对“活动”涵义做界定，以使之像其他系列课程一样，具有“规定性”。答案显然是肯定的，活动课程应该界定为与技能课程有所区别的实践课程。因此，国防教育讲座也就应当在形式上与国防教育活动的实践内容有所对应。与此同时，必修课程、选修课程也应当与国防教育活动的实践内容有所对应。

第五是理论课与技能课的关系。这是一对更为关键的国防教育课程对应关系。理论与技能不应当分离。这里的理论和技能，指的不是技能课程中的有关技能的理论和技能之间的关系，而是理论必修课与技能必修课的关系，理论选修课与技能选修课的关系。如军事理论必修课（或国防理论必修课）与军事技能必修课（或国防技能必修课）之间的关系，武器装备发展选修课与无人机操作技能课、国际关系与战略选修课、信息化战争理论选修课与兵棋推演技能课之间的关系等。

通过对上述国防教育课程的内在形式关系的简单分析，可以发现，当前高校国防教育课程在课程体系的内在关系形式上细化不够，各部分难以做到相互有效支撑。且在高校国防教育课程建设实际中，大部分高校以讲座代替课程的现象较为严重，讲座数量也相对较少，每学期一般2—3场左右，选修课程建设主要是理论选修课，且数量过少，技能选修课几乎未见。最主要的是各部分无法对应衔接，现有课程体系的内在形式结构无法有效支撑起高校国防教育，也就难以达成相应目的。

2. 课程内容结构与国防性的关系

通过对上述课程形式的分析，对课程外在形式持肯定看法，也对其内在形式进行了有关各部分相互关系的认识。尽管对各部分的联系做了一些分析，但始终没有真正分析课程的内容结构。如对武器装备发展选修课与无人机操作技能课的关系分析，也仅仅提到了课程之间的内容关系，而未深入单一课程内部的内容结构上。因此，对内容结构的分析是对形式结构分析的必然回应。国防建设是系统性工程，因而，相应的国防教育也应当是系统性的，且作为国防教育组成部分之一的国防教育课程，相应地也应该体现出系统性要求。形式上的系统性体现在形式结构上，内容上的系统性则体现在内容结构上。

从当前国防教育理论必修课程的内容结构来看，其包含的五章内容往往被认为是“大杂烩”，跨越性和跳跃性大。由于军事高技术与信息化战争两部分内容与当前大学新生的学习生活实际联系不紧密，造成学习者的兴趣点低，一些一线教师认为应当将这两部分内容取消。这其中，部分一线教师基于自己的专业背景和教学擅长，认为应当更多地安排“军事战略”“军事思想”和“军事历史”等内容，删去其他教学内容，认为这三部分更能体现国防性。然而，这就与国防性要求相左。这并不是说原先的五章内容在结构上是合适的，也不是说原先的五章内容不可取；而是在保持五章内容的基础上，对其内部节次关系和节次内容做一些变动，减少内部结构的无意义重复。如在第四章“军事高技术”与第一章“国防现代化建设”内容上，可以将后者并入前者；在第二章“军事思想”与第三章“战略环境之战略思想”的关系上，也有所合并。并在此基础上，增加一些新的能够体现国防性的课程内容，如防务智库建设、战略情报分析等内容。此外，还应当在各部分之间构建有意义的联系，如在第四章和第五章中构建有意义的联系：技术与战争的关系，技术与技术之间的博弈关系（如美苏之间原子弹、卫星等技术竞争）。实际上，之所以认为五章内容是“大杂烩”，一是因为未能在各部分内容之间构建有意义关系，二是各部分内容需要重新设计，三是需要增加新的教学内容。

至于国防教育理论选修课程的内容结构，由于开设的课程内容各异，如《孙子兵法》、现代战争与谋略、军事思维、大国关系、枪械知识和战略文化概论等，一方面，强调其在课程内在形式上的相互联系；另一方面，对各课程的内容结构，则要求其与课程所依托的相关学科的一般知识逻辑体系相符合，如《孙子兵法》课程要围绕孙子十三篇展开，枪械知识要讲解好枪械原理与构造等知识，而不是任由教师随意组织内容。也就是说，一定要有课程的内容逻辑体系，且与课程最近学科的具体知识体系相符合。以大国关系为例，相当部分高校都开设了类似课程，因为其与国防安全形势联系紧密，但相当多的高校国防教育教师在讲授大国关系课程时，只是区分了不同国家的关系，如中美关系、中日关系等，却对大国关系的一般理论、大国关系史、大国关系的变化动因等未能精准讲授，只是关注到了关系变动事实，并随意分析，体现不出教学性、学术性和国防性。实际上，大国关系涉及到国际关系的基本理论，如建构主义、现实主义与自由主义等理论框架，涉及大国关系的一些细节，如美苏关系中的乔治·凯南长电报等一些外交史知识，涉及到一些结构性变动因素等。但在现实教学中，大多数高校国防教育教师只是按照大众认知水平予以讲授，课程的内容结构严重松散无序且知识性弱，因而导致了国防性弱。

技能必修课的内容结构方面，主要观点是认为现行大纲的教学内容无法完全实现，如军事地形学等，由于安全因素，几乎未有高校予以有效教学，甚至连射击教学也由于场地保障、安全因素等未能有效进行，相当多的高校采取的方法是以模拟射击替代。因而，在不讨论现有的技能教学内容结构合理与否时，就已经在事实上缺乏结构性了。一个逐渐兴起的观点就是，高校技能必修课程的内容结构应当与新兵训练相衔接，这实际上是要对当前的内容结构进行根本性变革。变与不变，有待商榷，但该观点的实质是要加强内容结构与国防性的联系，也从侧面说明了当前技能课程的内容结构性较差。

在技能选修课教学上，轻视技能理论教学，单纯强调技能实践教学，这是当前为数极少的国防教育技能选修课中普遍存在的问题，导致学习者对技能课程的理论背景几乎无所感知。

如上所述，国防教育讲座应当是对必修课程等的有益补充，应当照顾到必修课程的内容结构，但国防教育讲座与理论选修课在内容结构上存在着共性问题，即使是一些国防军事单位的教员也未能幸免。而国防教育活动的内容结构一般也缺乏精心设计。

基于上述对高校传统国防教育课程的形式结构与内容结构的分析，可以看出，在课程的知识性、问题性和异质性方面，依然存在一些有待提升之处。各课程之间，由于内在形式有所欠缺，导致课程异质性不够。理论必修课程的知识性，由于内容结构未能充分照顾到完整性和内容体系，因而知识性不够。部分必修课教材甚至存在知识错误，修订过程中也未有修改，未体现学科发展前沿。选修课程的内容结构未能较好地展现出问题性，以大国关系为例，大多是表象陈述，教师难以在课程内容结构设置中，抽离出问题，按照问题引导课程内容的发展，如乔治·凯南为何会发出长电报、苏联为何转变对半岛的政治和军事态度等。

二、变革后的课程结构与设计

正因为高校传统国防教育课程结构的因循坐误，在课程形式结构和内容结构上与国防性要求存在一定的背离，从而部分导致了高校国防教育难以在课程建设、师资建设和国防教育学学科建设方面有所突破。结合正在变化中的高校国防教育师资建设的制度语境和国防军队改革进程，有必要对高校国防教育课程结构做出变革设想，并对部分具体课程的内容结构也做出变革安排。

（一）课程形式结构的变革设计

本着高校国防教育课程的国防性、高校国防教育与国防建设的长远安排考虑，可以将高校国防教育课程在类型上分为五类：公共必修课、公共选修课、专业共建课、公共拓展课和专业拓展课。

1. 公共必修课

高校国防教育公共必修课由理论必修课与技能必修课组成。理论必修课主要由“国防理论”“国家安全”“军事技术”和“战争原理”四门课组成。四门课各为 1 学分，18 课时，在大一和大二阶段完成，按照课名排序，每学期完成一门课程。技能必修课主要是结合新生入学当年的最新新兵训练大纲标准，按照后备兵员应有标准组织技能教学，分别为“国防技能课Ⅰ”“国防技能课Ⅱ”“国防技能课Ⅲ”和“国防技能课Ⅳ”，各阶段各为 1 学分，16 个教学日，在大二和大三分为四个阶段进行（大一阶段主要是通过体育课等课程增强体能），按照技能课排序，每学期完成一门技能课。

2. 公共选修课

高校国防教育公共选修课由理论选修课与技能选修课组成。理论选修课主要结合四门理论必修课各自的课程内容进行，实际是对各门课程中相关内容的具体细化。如“国防理论”中包括了国防历史、国防动员、军事思想等内容，则可以开设“中国国防史”“国防动员建设”“外国军事思想”和“军事谋略”等课程。如“军事技术”中包括了按照时间排序的军事技术发展沿革和最新军事高技术的发展分类等内容，则可以开设“现代武器装备概论”“枪械原理与赏析”等课程。技能选修课主要结合四门技能必修课各自的教学内容进行。如“国防技能课Ⅱ”中包括了射击教学，则可以开设“射击技能”选修课，与“枪械原理”理论选修课在内在形式上做到有效统一，如在“国防技能课Ⅳ”中有战车维修、雷达侦测等课程，则可以开设“战车驾驶技能”选修课，利用虚拟仿真技术和线下教学平台进行，这就做到了技能选修课与技能必修课在课程内在形式上的有效统一。公共选修课学分和课时根据课程安排的实际情况决定，但规定在校大学生需至少选满 2 个学分的国防教育类公共选修课。

3. 专业共建课

设置专业共建课，其考虑有二：一是拓展高校国防教育在高校内部的空间；二是有效带动相关学科专业资源，解决自身师资在数量和质量上的双重不足。专业共建课主要是寻找专业与高校国防教育课程的内在联系，有计划、有目的、有系统地建设好各自都有“教学效益”的课程。由于学科之间的内在联系，事实上，存在较多专业共建课，如救护课程与国防教育课程相结合的“战场医疗救护”，外语与国防教育课程相结合的“中美（日、菲、越、欧、印、俄……）关系”，历史与国防教育课程相结合的“东（东南、南……）亚战争史”，农学与国防教育课程相结合的“农业野外实践与地形学”，渔业与国防教育课程相结合的“海疆与渔权”等。由此可见，专业与国防教育之间的课程共建，存在诸多结合点，也是高校倡导的通识教育的主流趋势。共建课可以专业必修课和专业限选课的方式进行，旨在深化国防教育与专业教育。专业共建课的学时和学分根据专业教学实际和人才培养方案决定，建议相关专业的大学生至少选满 2 学分的专业共建课。

4. 公共拓展课

拓展课主要是对国防教育讲座与国防教育活动的统称，它是对上述三类课程的有益补充。正如选修课和专业共建课是对必修课的分解补充，公共拓展课则是对选修课和专业共建课的分解补充，对全校学生开设。如针对技能必修课“国防技能课Ⅳ”之“战车驾驶技能”选修课，可以设计一系列有关装甲武器装备的发展讲座，并组织去电子工业集团开展实践活动，或结合“军营开放日”去坦克训练基地实践学习。如针对理论必修课“战争原理”之“信息化战争”课程，可以结合 21 世纪已经爆发的地区战争和地区局势设计一系列讲座，组织去国防教育基地进行战争体验活动等。公共拓展课之国防教育讲座可设置讲座学时，不设学分，本科阶段需听满 12 学时（4—6 次）；公共拓展课之国防教育活动可设置活动学时，不设学分，本科阶段需参加 6 学时（2—3 次）。

5. 专业拓展课

专业拓展课依然由国防教育讲座和国防教育活动组成，也是对三类课程的有益补充。但相比于公共拓展课，它更加强调与各学科专业的结合。如针对理论必修课程“国家安全”之理论选修课程或专业共建课程“贸易安全与贸易战”，结合“芯片”危机，可以设计一系列国防贸易经济讲座，并组织去华为等相关公司进行国防教育实践活动，主要对经贸类学生开设。如针对“国家安全”之理论选修课程或专业共建课程“农业与生态安全”，结合转基因问题，也可以设计一系列国防教育与国家安全讲座，并组织去大北农等公司进行国防教育与国家安全实践活动，主要对农林类学生开设。专业拓展课之国防教育讲座可设置讲座学时，不设学分，本科阶段需听满 18 学时（6—9 次），专业拓展课之国防教育活动可设置活动学时，不设学分，本科阶段需参加 6 学时（2—3 次）。

可见，在课程形式结构上，无论是外在形式还是内在形式，上述五部分始终做到有机相连，围绕大学通识教育、专业教育和国防教育展开。以国防教育必修课为核心，逐步以选修课、拓展课向外扩散，努力达到国防教育之目的。

除公共必修课和公共选修课外，其余三类课程，本科院校中的博硕士研究生也应当修满相应的学时，并做具体规定。

(二)课程内容结构的变革设计

在各类课程的具体内容结构上，也应当改变当前内在联系不够的弊病，在有效做到上述形式有机相连的同时，努力做到课程与课程之间、课程内部内容结构的相互照应，以增强国防教育效果。

1. 理论必修课程之“国防理论”的课程内容结构

“国防理论”为本专科生的公共理论必修课程，经过变革之后的课程内容结构如表6—1所示。

表6—1　公共理论必修课“国防理论”课程内容结构

章名称	节名称	主要教学内容和教学时数
国防历史	古代国防	国防政策和理论、兵制建设、国防工程等，1学时
	近代国防	主要战争、国防建设、国防启示等，0.5学时
	1919—1949年国防	军阀混战、抗日战争、国共内战等，0.5学时
国防建设	国防领导体制	国防内涵、体制沿革与现状、体制特点等，0.5学时
	国防法规建设	法规体系、主要法规、兵役义务等，0.5学时
	国防力量建设	国防科工、武装力量建设、后备力量建设，1学时
国防动员	国防动员概述	概念、意义、分类、体制、方针与原则等，0.5学时
	国防动员领域	武装力量、国民经济、交通战备、政治动员，0.5学时
	空袭与人民防空	空袭类型与特点、人防任务、形式、建设等，1学时
国防战略	中国国防战略	形成背景、战略发展，战略主要内容，1学时
	主要国家国防战略	美、俄、印、日等国国防战略，1学时
	国防战略理论	上述国家主要战略理论，2学时
古代军事思想	古代中国军事思想	军事思想概念、发展沿革、各阶段代表思想，0.5学时
	古代外国军事思想	发展沿革、各阶段代表性思想，0.5学时
	孙子兵法	产生原因、主要内容、世界影响等，1学时
近现代军事思想	近代军事思想	发展沿革、各阶段代表性思想，1学时
	现代军事思想	发展沿革、各阶段代表性思想，1学时
	毛泽东军事思想	涵义、发展阶段、主要内容、世界影响等，2学时
新时期党的军事指导理论	形成与发展	科学内涵、四个阶段，0.5学时
	主要内容	15个具体方面，1学时
	地位与作用	地位、作用，0.5学时

通过上表可以发现，公共理论必修课程“国防理论”实际上是把原先

的“军事理论”课中之第一章、第二章和第三章中的部分内容重新整合为18个学时、1学分的单独课程。第一部分从国防历史谈起，延续至包括国防法规在内的国防现代化建设，并以国防建设为背景，介绍与大学生密切相关的国防动员，紧接着把原属第三章的战略内容，放在国防动员之后，命名为“国防战略”，具体以中外国防战略和主要国防战略理论为其支撑，共10学时。第二部分以国防战略为引子，专门谈军事思想，在原第二章基础上，重点突出了毛泽东军事思想和新时期党的军事指导理论，适当地把近现代军事思想发展逻辑向学习者做系统性介绍，共8学时。在“国防理论”课程中主要介绍这两部分内容，让学习者对国防教育课程体系及其内容有初步认识。

相应的，“国家安全”课程主要是结合总体国家安全观、国际安全形势和中国周边安全威胁展开。“军事技术”课程主要是结合技术发展历史、当前主要军事高技术和高技术的战争影响展开。“战争原理”则是结合战争发生学、战争运作机理、战争形态演变、信息化战争等内容展开。各课程前后衔接，前一课程是后一课程的铺垫，后一课程是前一课程的总结和升华。在“国防理论”中提到的国防战略和新时期军事指导理论等，自然地诱发了对国家安全的关注。在“国家安全”中提到的科技安全和生态安全等，自然地引起了对军事技术的关注，在“军事技术”中提到的技术影响、技术致胜、技术博弈，又能联系到对“什么是战争致胜机理”的探讨。各部分内容紧密衔接，辅之以选修课程、拓展课程的具体课程内容，相互支撑与印证。

2. 理论选修课程之“现代武器装备概论”的课程内容结构

“现代武器装备概论”为本专科生的公共理论选修课程，其课程内容结构如表6—2所示。

表6—2 公共理论选修课“现代武器装备概论”课程内容结构

章名称	节名称	主要教学内容和教学时数
战争与武器	战争需要武器	结合过程、经典瞬间，0.5学时
	武器装备	概念、分类，0.5学时
	武器装备发展	中、美、俄武器装备发展简要过程，1学时
陆战武器装备	轻武器	概述、类型、代表性武器、发展方向，1学时
	火炮	概述、类型、代表性火炮、发展方向，1学时
	坦克装甲车辆	概述、类型、代表性车辆、发展方向，1学时
	弹药	概述、类型、代表性弹药、发展方向，1学时

续表

章名称	节名称	主要教学内容和教学时数
海战武器装备	水面舰艇	概述、类型、代表性舰艇、发展方向，1 学时
	潜艇	概述、类型、代表性潜艇、发展方向，1 学时
	勤务舰船	概述、类型、代表性勤务舰船、发展方向，1 学时
	舰载武器装备	概述、类型、代表性舰载武器装备、发展方向，1 学时
空战武器装备	军用飞机	概述、类型、代表性军用飞机、发展方向，1 学时
	军用直升机	概述、类型、代表性军用直升机、发展方向，1 学时
	空袭武器	概述、类型、代表性空袭武器、发展方向，1 学时
	反空袭武器	概述、类型、代表性反空袭武器、发展方向，1 学时
空间战武器装备	空间战概述	概念、发展历程、类型、代表性战例、发展方向，2 学时
	空间战装备	各类卫星、航天飞机、空间站、空天飞机、2 学时
无人作战武器装备	无人战场	概念、特点、影响、发展方向，2 学时
	无人作战平台	空中、地面、水中、空间作战平台、各自特点，2 学时
信息战武器装备	信息战	概念、类型、样式、战争应用、发展方向，2 学时
	信息化军队	概念、特点、主要国家信息化军队发展，2 学时
	武器装备一	综合电子信息系统、信息化弹药，2 学时
	武器装备二	信息化作战平台、单兵数字化装备、信息战武器，2 学时
新概念武器装备	武器装备一	动能武器、定向能武器，2 学时
	武器装备二	非致命武器、地球物理环境武器，2 学时
	武器装备三	纳米武器、基因武器，2 学时

通过上表可以发现，公共理论选修课程“现代武器装备概论”是对公共理论必修课程“军事技术”课程内容结构的细化，二者形成了在课程内容结构上的对应关系，但二者之间也并非简单的重复。“军事技术”主要是对各项基础技术的分解介绍，而“现代武器装备概论”是基于对“军事技术”的学习，在掌握军事基础技术的前提之下，学习各项主要的现代武器装备。这些武器装备，是对军事基础技术的应用和再创造。也就是说，“军事技术”是先修课程，对于那些在先修课程中产生进一步兴趣的学习者，可以选修“现代武器装备概论”。以选修课程班级规模 120 人计算的话，三学年中，有 720 名同学的学习容量，能够满足课程学习机会所需。实际上，“现代武器装备概论”也对“战争原理”中的部分内容，如信息化战争等，做了一定的内容结构的细化。

3. 专业共建课程之“中美关系”的课程内容结构

“中美关系”为专业共建课，供部分学科专业的学习者学习，其课程内容结构如表 6—3 所示。

表 6—3 专业共建课“中美关系”课程内容结构

专题名称	内容节点	主要知识分解点
专题一：1919 年前的中美关系	1784 年前的中美关系	1607—1776 年的中美轨迹
		1776—1783 年的中美轨迹
	1784—1843 年的中美贸易	“中国皇后”号出发
		中美贸易与广州行商制度
		贸易交往中的危机与冲突
	1844—1918 年的中美关系	1844—1912 年美国在华利益
		美国眼中的民国政府
		第一次世界大战中的中美关系
专题二：1919—1949 年的中美关系	1919—1936 年的中美关系	美国、直系军阀与广州革命政府
		美国、大革命时期与南京国民政府
		“史汀生主义”与中美白银协定
	1937—1949 年的中美关系	从卢沟桥事变到第 14 次炉边谈话
		太平洋战争中的中美关系
		赫尔利使华与第二次国共内战中的中美关系
专题三：1950—1971 年的中美关系	1950—1954 年的中美关系	朝鲜战争爆发前后的中美关系
		朝鲜战争中的中美关系
		朝鲜战争对中美关系的战略影响
	1955—1971 年的中美关系	中美关系的三个层面
		第 135 次中美大使级会谈
		巴、罗渠道与基辛格秘密访华
专题四：1972—1981 年的中美关系	1972—1974 年尼克松政府时期	作为政治机构的中美联络处
		“尼克松主义”与“美苏中三角关系”
		“水门事件”与尼克松下台
	1974—1977 年福特政府时期	洛克菲勒赴台与越南“崩塌”
		福特总统的内修武功
	1977—1981 年卡特政府时期	卡特政治“转变”与布热津斯基访华
		《中美建交公报》与“与台湾关系法”
		邓小平访美

续表

专题名称	内容节点	主要知识分解点
专题五：1981—1989 年的中美关系	1981—1985 年里根第一任期	里根右倾保守思想与实力和平论
		对华“双轨制”、台海危机与《八一七公报》
		中美互访与新现实主义外交
	1985—1989 年里根第二任期	1985 年中美四个文件与布什访华
		中美关系的首次全面发展
专题六：1989 年后的中美关系	1989—1993 年布什政府时期	冷战结束与中美战略基础的式微
		最惠国待遇与人权问题
	1993—2001 年克林顿政府时期	两次对华政策调整
		台海危机与全面接触战略
	2001—2009 年小布什政府时期	从战略竞争对手到建设性的合作关系
		从“中国威胁论”到建立“对冲”机制
	2009—2017 年奥巴马政府时期	战略与经济对话机制与上任后首次访华
		从哥本哈根气候会议到“亚太再平衡”战略
		新型大国关系、存在危机和高层级对话
专题七：中美军事关系	1979 年后中美军事关系发展	从卡特后期到里根时期中美军事关系
		从老布什时期到小布什时期中美军事关系
		奥巴马时期以来的中美军事关系
	影响中美军事关系发展的因素	美国政府对华整体政策的“钟摆现象”
		“印太战略”与美国的亚洲利益
	中美军事合作展望	认知领域与高边疆领域的军事合作
		战略边疆领域的军事合作
		中美军事合作机制
专题八：中美关系与第三方因素	第三方因素的主要构成	东北亚因素
		东亚因素
		东南亚因素
		南亚因素
		欧洲因素
	第三方因素的特征	地缘关系中的“杠杆”区域
		对华利益多元化诉求
		地区关系重组与战略飘忽
	有效应对第三方因素	“一带一路”倡议
		制度创新与制度竞争力
		军事变革与国防建设

续表

专题名称	内容节点	主要知识分解点
专题九：中美关系中的海洋问题	海权国与海权认知	英国对海权的认知
		美国对海权的认知
		中国对海权的认知
	中美关系中的南中国海	海上航行自由
		中华民族的根本利益
		中美海权关系
	有效管控南海分歧	域内国家与“南海行为准则”
		管控美日联盟因素
		坚持对话与加强地区实际管控能力并举
专题十：中美关系中的能源问题	能源与安全	能源安全与中美各自战略的关系
		美国能源安全战略变化
		中国能源安全战略变化
	中美能源安全博弈	亚非拉地区的中美能源竞争
		中美能源安全的分歧
		中美能源安全的共赢
	中美能源安全对话	中美能源安全对话机制
		多边能源安全合作机制
专题十一：中美关系中的金融贸易问题	中美金融关系	美元霸权与东亚金融合作
		中美货币金融对抗与合作
	中美贸易关系	中美贸易规模与贸易结构
		中美贸易摩擦与协调
		中美贸易互投与影响
专题十二：中美关系中的制度竞争	中美制度竞争的表现	海洋制度、能源制度、贸易金融制度
		文化制度、科技制度、教育制度
	中美制度竞争的作用范围	中美双边制度竞争
		中美区域制度竞争
		中美全球制度竞争
	中美制度竞争的应对	在制度竞争中提供适切的制度供给
		有效面对制度竞争中的“中国威胁论”
		尽力避免制度竞争中的战略对决

通过以上对专业共建课“中美关系”的内容结构分解，可以发现，

“中美关系”课实际上是公共必修理论课“国家安全”中有关主要国家间关系的具体探讨，也是对其他相关公共理论选修课与公共技能选修课的内容补充。在课程内容结构上，形成了相互对应关系。只有学习了“国家安全”必修课程，才能对“中美关系”共建课程有更清晰的理解。“中美关系”共建课程主要对外语类、政治类、管理类等专业学习者开放，以帮助其了解与自身专业相关的课程。

以上是以三类课程为例，说明各自课程内容结构的变革与重新设计。实际上，“射击技能”等其他类别课程的内容结构变革与设计，可以参照上述设计要领。关于“射击技能”课程的内容结构，还可以进一步参照相关高校（如渤海大学等）射击课程教学大纲。

（三）变革后的课程结构体系中的国防性

对高校国防教育课程进行相应的课程结构变革之后，可以发现，课程及其结构所体现的国防特性越来越强。相比于原先单一的必修课程和理论课程等，其“占有场地”并没有对原有“面积”做出太大修改，不会影响到高校教育教学秩序，只需要根据实际情况，予以灵活调整。更重要的是，这种变革适应了高校加强通识课程与学科交叉发展的总体趋势。也就是说，在这种主流学科唱主调的趋势舞台上，国防教育课程可以借助于有机设计，巧妙且充分地融合进去。具体来说，变革之后的课程结构的国防性体现在以下几个方面：

1. 课程内容始终围绕国防问题展开

从公共理论必修课到专业共建课，从公共技能必修课到拓展课，其课程内容主旨始终围绕国防展开，并没有“跑偏”，没有在交叉融合的过程中，被其他专业的“空间”吞并。通过课程有效设计，将原先国防教育中的单纯军事性进一步拓展成国防性，使之符合国防教育的主导语境，军事问题是其中的重要话题，但并不是单一话题，依然有各种围绕着军事但不囿于军事的话题，如防务合作和国际金融投资等，这些问题对国防造成的影响早有共识。

2. 在覆盖更多课程对象的同时加深了国防性

原先的课程形式和课程结构，主要是对大一学生构成短期性的影响，无法形成教育的长期影响，这就在根源上决定了高校国防教育在不同程度上成为“一竿子买卖”。不能形成长期教育影响的教育过程，自然不是有效的教育过程。因此，必须对之做出改变。而变革后的课程结构，将国防教育时长拉升了三倍，从一年变成了三年。变革后的课程结构，同样将国防教育对象，自动区分为一般对象与重点对象，专业共建课和部分拓展讲座与活动，主要是针对重点对象开展。即使对一般对象，也通过课程结构的多元设计，增加教育效力。

3. 加强了对教师的国防教育

专业拓展课和专业共建课，始终有其他学科专业教师的参与，这对原先课程结构中忽视对教职工国防教育的固有缺陷，做出了结构上的变革。通过这两类课程，加上对通识课程重视和学科交叉发展的趋势，自然而然地将其他学科专业师资吸引进来，在融合过程中，也就加深了对他们的国防教育。这种自然的融合过程，由于有课程作为衔接，有规制作为引导，较大程度上减轻了教职工的“抗力”。没有专门让他们接受国防教育，却取得了超过专门性安排的效果。

三、变革后的课程体系对师资发展的作用分析

通过对变革后的课程结构体系中国防性加深的分析，发现在课程结构体系变革的同时，教育对象、教育过程和师资都发生了相应改变。在国防性加深的过程中，高校国防教育师资也随之相应发展。

（一）增加了师资数量

从狭义高校国防教育师资角度看，变革后的课程体系对师资数量的增加作用，主要体现在公共理论必修课程数量增加之后，即对师资数的理论增加值。如果无法从根本上解决后备师资培养的窘境，则从这种理论增加值转向实际增加值，几乎依赖于现有后备师资培养的年均当量，也就不存在增加师资数量的作用。然而，从理论上看，这的确对师资数量提出了更高要求。

从广义高校国防教育师资角度看，只要承担了高校国防教育课程的教师，都可以被称为高校国防教育教师，则显然增加了师资数量。因为与国防教育相关的其他类课程的任课师资，绝大多数是其他学科专业的师资，但由于主讲或参与了国防教育课程，因而也就成为广义上的高校国防教育师资。尽管在对高校国防教育师资的数量统计中，或许会忽略他们，然而，在高校国防教育师资严重匮乏的当下和课程建设交叉进行的趋势下，设计一套不同的师资统计口径，也许具有更多现实意义。即使他们不是专门的高校国防教育师资，但相对于行政人员兼职国防教育课程教学，学科专业的专门师资则是更优选择。

事实上，这里还存在一种情况，就是其他学科专业师资的“转行”，即完全转至高校国防教育课程教学中，从广义的高校国防教育师资概念转

至狭义的高校国防教育师资概念，完全放弃了原先学科专业的教学任务。从这个角度上看，则却是增加了高校国防教育师资数量。这并非是不可能发生的事情，特别是在高校国防教育利好趋势逐渐明显的情况下。

（二）提高了师资质量

就公共理论必修课程而言，变革后的课程结构体系，将原先的 2 学分课程，增加至 4 学分课程，由 1 门课程变为 4 门课程，课程教学内容进一步丰富，这就要求高校国防教育师资必须增强对四门课程的专门学习和研究。原先笼统的教学框架必须进一步细化。同样，在课程变革设计上，将公共理论选修课程界定为对公共理论必修课程的深化，则进一步要求高校国防教育师资必须做到精通某一方面的研究。

正如前文分析的那样，体育教师往往理论教学方面较弱，尽管理论教学也是体育教学的一部分，但在现实中往往只占一小部分，体育课教学中，也更多地教给学生技能。当然，并非体育教师不懂体育理论，而是高校国防教育师资不仅要在理论教学上与其他学科专业师资保持同等的教学水准，还要在技能实践教学中，了如指掌。从这个角度来讲，就要求高校国防教育师资更多的具有通才属性，从实际教学情况来看，这并非是达不到的目标，尽管需要高校国防教育师资付出相当大的努力。然而，无论如何，按照此种路径，高校国防教育师资的整体质量水平才可能在一个高阶水平上。

同样，在专业共建课中，对与其他学科专业相关的教学内容，狭义上的高校国防教育师资，可以寻求这些学科专业师资的教学和研究帮助，从而提升狭义师资概念上的师资质量。而承担共建课程的其他学科专业师资也可以寻求狭义上的高校国防教育师资的帮助，从而提升广义上的高校国防教育师资质量。

（三）扩展了职后培训空间

师资职后培训是高校国防教育师资建设的关键，在上文中已专门论述。对师资职后培训的探讨，主要是从校外因素出发，尽管也提到了高校主体，但仅是笼统地提到要为高校国防教育师资职后培训提供条件。实际上，并没有提及依托各自学校的相关学科专业师资对高校国防教育师资进行职后培训。当然，这里的师资概念是狭义上的师资概念。

因此，在探讨高校国防教育师资职后培训的路径选择时，可以逐步探讨在加强师资参加校外各级各类培训的同时，探讨校内师资培训平台的常态化设计与运行。立足于学科交叉、课程共建等支撑点，稳步建立从顶层设计到中观环节，再到各高校的校内国防教育师资的培训架构，致力于高校国防教育师资建设的多元化平台搭建与有效运行。

第三节　高校国防教育教师发展中心

处于架构变革中的师资建设之“架构”，除了校内机构和课程体系之外，也应该对校外教学环境进行变革。提到高校国防教育师资建设的校外环境，在前文中提到的后备师资培养、高校之外的五类主体等，都属于校外环境的组成部分，关于其中的对应关系，在上文中有所阐述。然而，并没有在各主体的边界区域关系中具体提及建立由多主体联合参与的高校国防教育教师发展中心。

之所以要建设高校国防教育教师发展中心，主要是因为当前各高校师资在数量上严重不足，在质量上有待进一步提高，在分布上相对不均衡，在师资发展中面临着来自校内制度安排上的共性窘境。对此，既需要师资主动有为，而非“坐以待毙”或“等待支援”，也需要与其他主体之间通力合作，寻求巧妙的支撑点，而非机械性地以文件压文件，层层落实却又层层落不实。为此，在保证对高校国防教育及其师资建设做出相应文件要求的同时，也能做出某些架构性的改变，则是加强师资建设的有效途径之一。

一、高校国防教育教师发展中心的内涵

在高等教育发展进程中逐渐意识到教师职后教育的重要性，为此，近年来，各高校均成立了教师发展中心，一般设置在教务处，主要职能是促进教师发展和提升教师教学技能等。从近几年的运行情况来看，主要是利用教学日的中午时间，以教学沙龙为主要形式，小规模、分次安排进行，也产生了一定的建设成效。各高校教师发展中心，对各门课程任课教师开放，不设学科专业门槛。因此，建设高校国防教育教师发展中心，并非是要求各高校在现有的教师发展中心内外，设立单独的国防教育教师发展中心，而是将高校国防教育教师发展中心设置在学校之外。

（一）高校国防教育教师发展中心的概念

校内国防教育机构的架构变革和国防教育课程的内容变革，是在原有基础上的新变化和新发展，其变革存在相应的基础。高校国防教育教师发

展中心则是一个新生事物，并不存在变革基础。但从长期以来的师资建设历程——如各级各类培训、各级各类教师教学竞赛、各级各类教师教学活动等来看，建立相应的教师发展中心，也是理所应当的；当前的军事课教学指导委员会在实践过程中，也承担了一定的促进教师发展之事务；现有为数不多的高校国防教育师资之间也存在着“联合发展”的诉求。因此，这些情况可以被视为高校国防教育师资发展机构的变革基础。

在当前高校国防教育师资发展实践中，绝大多数高校并未能起到应有的促进发展之责。各高校设立的教师发展中心，尽管不设门槛，但在功能运转过程中，依然是只照顾到主流学科或强势学科的师资发展，几乎未有哪一所高校的教学管理部门，会主动提出加强国防教育师资建设。即使在上述机构和课程变革之后，可能存在的校内国防教育师资建设的环境改变，甚至是根本性改变，也依然需要校外力量的有意识设计与引导，才能进一步促进高校国防教育师资建设。也就是说，即使高校主动要求加强高校国防教育师资建设，也应当有超乎于各高校之上的省级高校国防教育师资发展机构的存在。

从高校办学自主权角度看，师资建设应当是各高校的内部事务，教育行政部门对各高校师资建设情况的监督，也主要是行政事务性的管理和督查，教育行政部门不可能越俎代庖，代表各学科专业的师资建设发展。各省教育厅师资培训中心更多的是提出原则和要求、提供规范和引导、提供环境和资助，而不会直接组建庞大的师培队伍，事无巨细地开展师资培训工作。但高校国防教育师资建设窘境也是不争的事实，并深刻影响到高校国防教育教学开展。因此，在各高校和各省级教育行政部门师培中心之间，就应当存在专门的机构，促进高校国防教育师资建设。而依托国防教育课（当前称之为军事课）教学指导委员会和今后应当成立的国防教育学学术指导委员会，则是较为实际的做法。

值得一提的是，各高校在师资数量和质量上的相对不均衡，造成各高校国防教育实际质量的差异化。解决这种差异化的策略之一，就是实现高校之间的校际有组织流动，而非单纯基于教师个人动机的自愿流动。但在教师属于某一高校的现实情况下，要做到有组织性的流动，必须要有高校之上的教育行政部门牵头组织。但如此安排，一来过于干涉高校办学自主权，毕竟教师并不属于教育行政部门，并非是教育行政部门的公务员，也就无法建立教师的“派出”机制，二来也会导致不均衡的继续，例如，发展较差的院校，完全依赖于外校师资。解决这种问题的一种可能设计，就是赋予高校国防教育教师发展平台以职后培训职能，在平台中，加强师资之间的相互交流与教育，特别是以优质师资促进一般师资的发展。

因此，所谓高校国防教育教师发展中心，指的是由省级教育行政部门主导、国防教育课教学指导委员会与国防教育学学术指导委员会（今后应当成立）建立的旨在促进区域内高校国防教育师资职后培训与交流发展的专门性机构。这一概念首先指出了高校国防教育教师发展中心是专门性机构，而非像教学指导委员会和学术指导委员会那样对国防教育教学和学术的方方面面都有所涉及，前者是后两者教师发展职责的专门分担机构。这一概念同时指出了高校国防教育教师发展中心并不是教育行政单位，而是由教育行政部门主导建设并接受其业务指导。这一概念还回答了高校国防教育教师发展中心的主要定位是师资的职后培训与交流发展，也就是说，侧重于教师素养提高，而非学历提升，其与各高校教师发展中心，在职能内涵上具有部分相似性。

（二）高校国防教育教师发展中心的组织架构

既然是专门性机构，且主要致力于国防教育教师职后培训和交流发展，就意味着其拥有相对完善的组织架构，以实现其既定职能。

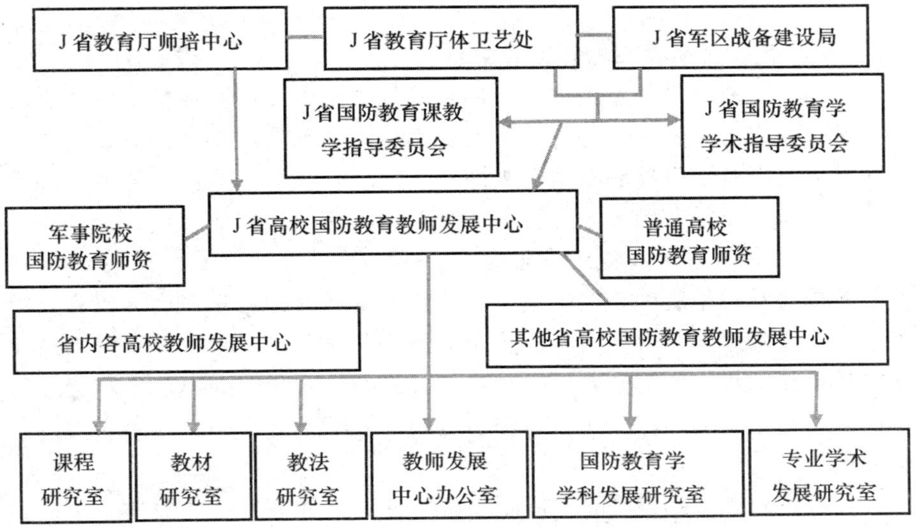

图6—2 高校国防教育教师发展中心组织机构图

从图6—2可以看出，高校国防教育教师发展中心主要是在省级国防教育课教学指导委员会和省级国防教育学学术指导委员会（二者归省级教育行政部门和省级军事部门指导）共同组织下成立，并接受省级教育行政部门师培中心的业务指导。与省内各高校教师发展中心围绕教师发展方面有着纵向联系，同时也与其他省份高校国防教育教师发展中心有着横向联系。高校国防教育教师发展中心内部，主要围绕教师的教学发展和学术发展展开；除负责日常事务的教师发展中心办公室外，还有促进教师教学发展的分设机构，主要有：课程研究室，各高校国防教育师资围绕课程开展进行交流和研究，并就课程教学进行相互提高；教材研究室，各高校国防教育师资围绕教材开发、选用和更新进行交流和研究；教法研究室，各高校国防教育师资围绕课程的传统教法和适应技术发展的新教法进行交流提高。此外，还有促进教师学术发展的分设机构，主要有：国防教育学学科发展研究室，各高校国防教育师资围绕创生和发展国防教育学学科进行相互交流；专业学术发展研究室，各高校国防教育师资围绕感兴趣的学科专业，按照研究组或专业组的方式，各自分类别地相互提高。

高校国防教育教师发展中心的参与教师，主要来源于军地高等院校的国防教育师资。这其中，军地院校的师资双方都是以平等的参与身份进入中心，并非是说军事院校的国防教育师资可以凌架于普通高校国防教育师资之上。

（三）高校国防教育教师发展中心的特点

高校国防教育教师发展中心与各高校教师发展中心，在根本目的上具有一致性，但由于其并非是各高校自己组建的教师发展中心，而是致力于高校国防教育师资发展的专门性机构，因此，它在保持作为一般的教师发展中心的基本特征基础上，还有自身的一些特点。

1. 课程教学与学术研究并重

各高校教师发展中心在实践中，一般侧重于教师教学能力的提高，却忽视了对教师学术能力的培养。然而，正如前文所说，教师教学能力与学术能力是相辅相成的两个方面。对哪一方面的偏转，实际上都不利于教师整体素质能力的提升。因此，高校国防教育教师发展中心，就应当力避这种窠臼。

高校国防教育师资实际上还面临着另外一个任务，就是前文多次提到的国防教育学学科创生。尽管当前在教学中面临着诸种困境，但这并不是忽视学术积淀的理由。那种先教学后学术的“串联式”发展思路，只能导致高校国防教育发展的整体迟滞。要实现“并联式”的跨越式发展，就要找出不同的发展抓手，能够促进教学与学术研究的同步演进。因此，作为重要的师资发展平台之一的高校国防教育教师发展中心，显然可以成为抓手之一。也正是从这个角度上讲，高校国防教育教师发展中心应当在课程教学和学术研究方面并重前行，在传统的教师发展中心路径中，独辟蹊径。

2. 师资职后培训的专门机构

将高校国防教育教师发展中心作为师资发展的重要平台之一，不仅要在其运转过程中、在教学和学术方面都有所注重，还要在此基础上，进一步促成其成为高校国防教育师资职后培训的专门机构，这也是高校国防教育教师发展中心的突出特点之一。

相比于其他学科专业，高校国防教育师资的职后培训，一般是借助于各级各类培训班，而前者则有着完善的教学与学术体系，跨过了职后培训资源不足的阶段。客观上不需要将教师发展中心作为职后培训的专门机构。在大众化高等教育阶段，其他学科专业面临的任务是提升其学术上的国际对话水平和教学上的质量问题。因此，教师发展中心更多的是解决他们的教学问题。然而，对高校国防教育师资而言，教学难题存在的同时，学术难题也存在，而在二者基础上的更大的难题是职后培训资源的不足，缺乏成熟的教学与学术体系。也正是从这个角度出发，要有效突出高校国防教育教师发展中心的职后培训专门机构的特点。

3. 参与主体与组织架构多样

各高校的教师发展中心是各高校组织成立的，相互之间只有工作上的联系，却没有业务上的衔接关系。然而，高校国防教育教师发展中心其组织主体是两类指导委员会，教学指导委员会受省级教育行政部门和军事部门的领导和管理，要对后两者负责。在师资参与的规模上，除了有普通高校师资外，还有军事院校师资。既主要为高校国防教育师资发展服务，也不囿于高校国防教育师资，对国防教育基础学科的相关师资保持开放。既与各高校教师发展中心有联系，还和各省国防教育教师发展中心有联系。

值得一提的是，在教师发展中心之下，设有专门的各类研究室，供高校国防教育师资与军事院校师资及其他国防教育基础学科师资相互交流，其开放程度更深、规模更大、针对性更突出。因此，尽管高校国防教育教师发展中心依然是理论构想，但从上述相对笼统的分析来看，其对高校国防教育师资建设的促进作用毋庸置疑。为此，也应进一步探讨，在理论视野中如何促进其建设，为今后高校国防教育教师发展中心的创建和发展提供较为清晰的方向和引导。

二、促进高校国防教育教师发展中心建设的基本路径

建设好高校国防教育教师发展中心，根本上看，依然是需要六类主体

在对应的边界区域关系上明确各自的建设职责。其基本原理，在上文中有所阐述。从路径和策略上，结合其组织架构的安排情况，主要做好以下三点。

（一）形成军地部门建设合力

正如上述对高校国防教育教师发展中心的特点分析一样，其参与主体和组织架构具有多样性，军地主体及其各自单位的支持，是高校国防教育教师发展中心创建并有效运转的关键。这既是中心的特点，同时也是中心的优势，是各高校教师发展中心所不具备的。因此，应当将其进一步放大，凸显相互间的建设合力。

军地主体及其单位在建设中心的过程中，存在天然合力。但并非是自然的合力，也就是说需要对其合力的组合和释放有所设计，努力规避其中的问题，防止合力朝着相反的方向，变成破力和排斥力。这在军地合力促进高校国防教育发展的既往实践中始终存在，因而要加以规避。

从既往经验和中心的组织架构来看，要始终坚持两类指导委员会的主导地位，并相对突出教育行政部门影响，除非能够从根本上解决军地系统的相对封闭性问题，使得军事系统能够对普通高校单独构成行政影响。但这并不是说要弱化国防军事单位的作用。相反，其作用应当始终与教育行政部门的作用同步加强。但其融入的形式，却是借助于其对两类指导委员会的作用，特别是军事院校国防教育师资在中心的作用发挥。

（二）吸引广义高校国防教育师资

促进高校国防教育教师发展中心建设，还应当吸引广义上的高校国防教育师资的参与。一方面，广义高校国防教育师资，切实承担了高校国防教育部分工作，从其学科专业领域和独特研究方向，促进了高校国防教育教学工作的良好开展；另一方面，除狭义师资之外的广义上的高校国防教育师资，在各自学科专业的学术造诣上，都有所积淀。基于学科共通性，可以从学术上对中心建设有所促进，能够将学术范式带入，促进国防教育学学科创生与建设。此外，在专业学术发展方面，无论是广义师资还是狭义师资，都存在很大的研究交叉区域，因而能够相互促进。当然，更多的是前者对后者的专业帮助。

（三）加强与各省中心的横向联系

从新生事物的正常发展情况来看，创生之初的机构需要来自各个方向的合力，既包括异类机构的合力，也包括同类机构的合力。因此，应当加强与其他省高校国防教育教师发展中心的横向联系。这种横向联系包括三个方面：首先，是就不同省份之间两类委员会与教育行政部门、国防军事单位的关系做交流。其次，是不同省份之间的师资围绕教学与学术方面的交流，也增强各省之间师资的互联互通。再次，是就中心各研究机构之间的研究实务开展交流。在相互间的横向联系加强并形成常态化的基础上，一个较好的安排，就是成立更高层次的高校国防教育教师发展中心。

三、高校国防教育教师发展中心与师资职前培养

从中心的主要功能和特点来看，中心在承担高校国防教育师资职后培训主功能的同时，也能在事实上促进师资职前培养，即对 NDE 研究生培养具有意义。这主要是因为中心所涉及到的主体，也是 NDE 研究生培养过程中涉及到的相关主体。参与中心运作的人员主体，相当一部分也是 NDE 研究生培养师资。NDE 研究生培养也是始终围绕教学能力和研究能力两个基本维度展开。部分师资由于其专业多元化，是从其他学科专业转至高校国防教育领域，因而在高校国防教育师资的初始内涵上与 NDE 研究生具有同质性，存在共同的发展任务。

（一）从本源理解教师发展内涵

传统教师教育理论中的教师发展，一般指的是教师在职后的发展。但随着师范教育的规模化开展，教师发展理论也应当做出相应的变化，即将后备师资的发展也纳入教师发展之中。本书第三章的部分论述，始终基于了此观点。唯有此，才算是从本源来理解教师发展。因为后备师资，从其培养目的上看，就是为了从事教育教学工作。因此，各高校的教师发展中心，在理论上应当对有志于从事高等教育的后备师资开放。但在现实中，这几乎是不可能的。各高校教师发展中心也从未将工作对象扩展至在读的硕博士生们，各高校教师发展中心的“服务”规模，也无法满足。

与一般的高校教师发展中心不同的是，高校国防教育教师发展中心是服务于各省高校国防教育师资群体的，其设置的目的性明显，包容性强，NDE 研究生参与其中。长远来看，不会影响其对正式师资的职后培训过程。相反，还能够促进正式师资的职后培训。而从后备师资的发展道路来看，提前进入中心，能够在更有效的方式上，提升后备师资培养质量，减轻中心职后培训压力。尽管在实际工作流程中，需要对 NDE 研究生的进入

提前做出安排。但很明显的是，高校国防教育教师发展中心承担 NDE 研究生职前培养的部分任务，是一举多得的过程。

（二）协助职前培养的可能安排

从教育质量和效能上看，高校国防教育教师发展中心承担一部分 NDE 研究生的职前培养任务，并不是机械地在对正式师资职后培训的过程中，让 NDE 研究生旁听参与，尽管这也是一种承担方式。但更高效有力的承担方式，则是运筹好中心资源，专门设置一套发展课程给 NDE 研究生。然后才在此基础上，让 NDE 研究生有选择性地参与对正式师资的职后培训。从中心的组织架构上看，设置一套专门的发展课程，主要是在课程、教材、教法、学科发展和专门学术发展等五个方面进行。但应当注意与 NDE 研究生的院校培养相衔接。

需要注意的是，参加或组织师资职后培训的国防教育师资中，应该有 NDE 研究生的培养导师，自始至终，这些相关的主体人员就在中心架构内，按照各自的角色开展各自的相应活动。因此，一个根本性的安排设想，既是在中心平台的基础之上，由 NDE 研究生培养导师或导师团，利用各种教师发展资源，并充分照顾到院校培养资源，针对具体的 NDE 研究生，量身定做一套“发展课程”。而正式师资的职后培训课程，可以将其作为对 NDE 研究生学习“发展课程”效果的检验器。由此，就盘活了“培养院校和发展中心”“发展课程与职后培训课程”的相互关系，并始终围绕 NDE 研究生的后备师资发展和培养展开。

（三）为二者的边界区域形成创设情境

尽管高校国防教育教师发展中心与 NDE 研究生培养存在内在联系，也从理论上简单做了探讨。但要促进二者的共同边界区域的有效形成和扩大，显然不是高校国防教育教师发展中心和 NDE 研究生培养院校、导师或导师团所能决定的。也就是说，可以做出相应的安排，但是让安排成为制度而变成固定模式，从而形成二者的边界区域，就需要创设相应的情境。

第一个情境，就是高校国防教育教师发展中心能够按照组织架构和理论构想正常运转，这是前提。第二个情境，就是各高校能够形成并巩固支持国防教育师资发展的校内环境，缺乏了校内环境，中心也就失去了“生产力中最活跃的因素”。第三个情境，就是教育行政部门与国防军事单位的工作关系能够在有关边界区域关系的讨论结论中，进一步理顺。第四个情境，则是 NDE 研究生的培养规模能够进一步扩大，使得后备师资能够与现实高校国防教育需求相吻合。第五个情境，则是各主体能主动利用制度语境，并对具体的语境加以巧妙设计。

因此，要实现上述情境，就要在法制与政策层面上做文章，提纲挈领的为高校国防教育师资发展扫清一些基本的障碍。

第七章
高校国防教育师资建设的法制与政策

教育法制和教育政策是各国对教育实行有效管理的两大手段，法制和政策从两个不同角度和实施程度，对教育过程实施方向性的引导。从教育是否走向成熟的标志来看，依法治教和依章治校都是主要的衡量物。在西方教育史中，运用法律、章程和政策等手段对教育进行管控和影响，始于16世纪至17世纪的英法等国家，并最先运用于大学。[①] 第二次世界大战以来，发达国家始终以加强高等教育法制与政策建设，促进本国高等教育发展。各国逐步开始注重成文高等教育法在法制与政策体系中的主体地位，与此同时，习惯法和判例法等不成文法和政策，依然对成文法起着润滑和促进作用。各类各级法律逐渐形成清晰的高等教育法律体系，与此同时，高等教育司法仲裁制度和监督执法制度也有效形成。西方发达国家的高等教育法制建设实践对我国高等教育法制建设产生了重要影响和现实启示。

1982年，中共中央、国务院在《关于普及小学教育若干问题的决定》中，提出“要搞好教育立法”。1985年，中共中央在关于教育体制改革的决定中，针对教育体制改革新情况，重申“在简政放权同时，须加强教育立法工作”。1993年，中共中央、国务院颁布《中国教育改革和发展纲要》，系统提出教育法制建设目标和任务，要求“加快教育法制建设，逐步走上依法治教轨道”。实际上，改革开放以来，几代领导集体均在高等教育法制建设上不遗余力，以1999年颁布的《高等教育法》为新起点，呈现出“从被动适应到主动优化、从权力制约到权利制衡、从国家强制到社会参与”的基本特征。[②] 高等教育也在党建过程中，及时烘托法制建

---

① 伊鑫：“国外高等教育法制建设及其经验”，《当代教育科学》，2012年第23期，第42页。

② 郭为禄：“新时期高等教育法制变迁特征探析”，《华东师范大学学报》，2008年第5期，第76页。

设。[①] 30 多年以来，我国构建了包括高等教育在内的教育法规体系框架，但依然存在着法规不健全和实施监督机制软化等问题。教育法律法规的系统性、周延性不足，教育立法存在“重权力、轻权利”的倾向，教育立法滞后于教育实践，立法技术水平不高，教育立法程序有待进一步完善，执法司法不力等。[②] 需要在“法治之制”上强调各项法制制度建设。[③]

在高等教育法制和政策建设进程中，有关高等教育的国防教育立法也逐步提上议事日程。2001 年 4 月 28 日通过的《中华人民共和国国防教育法》第二章第十五条等条款对高校国防教育做出了法制保障，与此同时，国务院和中央军委也联合下发了一系列政策性文件（在前文有所涉及）。这些都对规范高校国防教育起到了重要作用。尽管如此，高等教育整体法制进程仍面临法制细化不够、法制执行不力、法制意识不足等问题。同时，也缺乏对高校国防教育师资建设的相关法制要求。在一系列政策文件中，对之也只是做出了原则性规定。即便是与高等教育师资建设相关的《中华人民共和国高等教育法》和《中华人民共和国教师法》也未涉及到包括国防教育师资在内的各类专门性师资建设法制要求。然而，高校国防教育师资正如前所述，既是高校师资整体的一部分，也是国家防务建设领域的一部分，在当前制度语境和宏观环境下，本着长远发展之考虑，应逐步考虑加强包括高校国防教育师资在内的整体性的高校国防教育法制建设，并逐步设计好、运用好相关政策。

第一节　高校国防教育法制建设

“覆巢之下，岂有完卵。”尽管师资是最核心的命题，但要建设好高校国防教育师资，首要的问题还是要搞好高校国防教育整体建设。在加强高校国防教育师资建设的法制化进程和政策推力的同时，也要加强高校国防教育的法制化进程和政策推力。单纯强调前者，而不注重后者，只能使师资建设陷于僵局。只有努力推动高校国防教育法制建设的整体进程，才能在高校国防教育法制框架内，逐步解决包括师资建设在内的问题体系。因

---

① 朱赫：“我国当代法治政策变迁与高等教育法制建设”，《江苏高教》，2012 年第 3 期，第 42 页。

② 管志琦：“我国教育法制建设的历史回顾与展望”，《国家行政学院学报》，2013 年第 2 期，第 69 页。

③ 李赐平：“法治之制：破解我国教育法制困境的必由之路”，《天府新论》，2012 年第 1 期，第 88—90 页。

此，探讨高校国防教育师资建设，首要的任务是要做好高校国防教育法制建设工作。

一、高校国防教育法制建设的基本背景

教育法制化建设进程是高校国防教育法制建设的宏观背景，也正是在教育法制化整体建设进程中，才有了高校国防教育法制建设的话题空间。可想而知，缺乏了整体建设语境，也就不存在高等教育法制化进程的议题，更不存在高校国防教育法制建设。因此，深刻探析高校国防教育法制建设进程，始终要把握教育法制化这个核心命题及其整体进程，特别是高等教育法制化进程。

（一）已有的法制建设基础

在教育法制化和高等教育法制化整体建设进程中，形成了一系列法制化成果，为推进教育法治提供了基本前提。在这一系列成果中也包括了与国防教育法制进程有关的法律法规体系。此外，高校国防教育作为国家防务教育系统中的组成部分，也必然要遵循国家防务法律法规体系。与此同时，高校国防教育的诸多方面，也与对应的其他法律法规体系构成了法制联系。它们共同构成了高校国防教育法制建设的已有基础。

1.《中华人民共和国国防教育法》

这部颁发于2001年的国防教育法律主要管控全民国防教育的开展与实施。对国防教育的目的、国家的责任、国防教育的责任、国防教育的方针和原则、国防教育的对象、国防教育的空间和国防教育日等都做了总括性的规定。在第二章“学校国防教育”中，则对包括高校在内的学校系统提出国防教育实施要求。实际上，在第三章“社会国防教育”中，也对高校国防教育做了一些规定。因为高校属于企事业单位，高校教职员工的国防教育属于企事业单位的国防教育开展范畴。在第四章“国防教育的保障”中，对高校开展国防教育的经费、政策和制度等保障内容提出了原则性要求。而在第五章中，则对高校国防教育过程中的权责关系做了界定。

在学校国防教育缺乏直接的法律支撑下，出台这样一部国防教育法律，是高校国防教育法制建设进程中的重要进步。然而，如果将中美两国的国防教育法做横向比较会发现，美国高校国防教育由于其法制建设时间较长，各类国防教育法律法规在制定时细则明确，并做到了与其他法律相配套。我国高校国防教育只是近年才开始步入规范化、科学化和法制化轨道，相关国防教育法律在制定时过于抽象，操作性不强，也未做到与其他

法律相衔接。[①]

2. 与高校国防教育有直接关联的国防法制

与之有直接关联的国防法制，实际上是与《中华人民共和国国防教育法》一起，共同对高校国防教育过程产生了规制力和约束力。从法律名称上看，《中华人民共和国国防教育法》主要是体现出了“国防教育”色彩，因而是专门的国防教育法制。但从法律的内容上看，都对高校国防教育做出了一些原则性的界定。这些国防法制主要包括《中华人民共和国国防法》《中华人民共和国兵役法》《中华人民共和国预备役军官法》《中华人民共和国民兵工作条例》《中华人民共和国人民防空法》《中华人民共和国国防动员法》《中华人民共和国国防交通法》《中华人民共和国现役士官服役条例》和《中华人民共和国现役军官服役条例》等。此外，还包括了对这些法律法规的解释性条例和法律文本等。

这些国防法制框架，对高校国防教育都产生了重要影响，并分别在各自的法律作用空间中对高校国防教育有着专门的作用动力。高校国防教育的法制进程建设，就是要在这些法制框架内，抽离出与之相关的部分，并逐步具体化和相互联系化，形成高校国防教育专门的法制基础。以2010年7月1日实施的《中华人民共和国国防动员法》为例，第五章“预备役人员的储备和征召”、第十一章“宣传教育”和第十三章“法律责任”，相比于其他条款，与高校国防教育有着更为密切的关联，高校国防教育法制建设可以在国防动员方面寻求与《中华人民共和国国防动员法》的有效对接。从《中华人民共和国国防动员法》自身的法律建设来看，也需要更为明确的下位法做支撑。相应的在其他法律中，也与之类似。如《中华人民共和国预备役军官法》中第二章“预备役军官的条件、来源和选拔”，其中第十二条第四款规定了高校毕业学生是主要来源之一。这也是高校国防教育进一步加强法制建设的法律逻辑所在。

3. 与高校国防教育有间接关联的其他法律

高校国防教育法与国防法存在着天然的法律渊源和现实中的法律建设关系，但他们都是整体法制建设的组成部分。由于社会系统的统一性，也必然与其他法制构成一定的法律联系。作为学校教育系统的一部分，高校国防教育法制建设也与学校法制建设进程紧密联系在一起。教育法律显然对高校国防教育法制建设有着牵引作用。以高校国防教育师资建设为例，对其有重大法律支撑的教育法律就是《中华人民共和国高等教育法》和

---

① 邹志成：“中美高校国防教育法制建设比较”，《长沙航空职业技术学院学报》，2006年第6期，第10页。

《中华人民共和国教师法》。前者第五章“高等学校教师和其他教育工作者”，后者第三章“资格和任用”、第四章“培养和培训”，对高校国防教育师资建设给出了纲领性的原则规定。此外，财政法律和劳动法律等，都与之有一定关联。因此，高校国防教育法制建设进程中，必须要充分考虑到这些已有的成熟法制体系。

（二）法制建设模糊和空白

尽管高校国防教育法制建设具有一定的法制建设基础，甚至也有专门性的国防教育法律，但毋庸置疑的是，高校国防教育法制建设中，存在条款的界定模糊和大量应对之有所界定的条款空白，阻碍了高校国防教育法制建设进程。

1. 与高校国防教育有关的法制模糊

《中华人民共和国国防教育法》第二章第十五条规定，“高等学校应当设置适当的国防教育课程……高等学校……学生的军事训练，由学校负责军事训练的机构或者军事教员按照国家有关规定组织实施。军事机关应当协助学校组织学生的军事训练。”其中，何谓“适当”？这是一个非常具有争议性的词。对此，现行《普通高等学校军事课程教学大纲》对其做了具体界定。然而，这一界定是否就能充分展现出“适当”，实在难以评价。诚然，作为国防教育的上位法，不可能事无巨细，但是对其中较为模糊的法律界定，应当有下位法予以支撑，缺乏下位法支撑，诸如大纲中的一些界定就难以适得其位，而上位法也就独木难成林。同样，高校学生军事训练，由学校相关机构实施，但相关机构的建设正如前所述，在缺少法律强制力和约束力的情况下，只能是千奇百怪离其宗。这里也存在一个比较模糊的词眼——“军事教员”，“教员”是军校对教师的称法，高校称之为“教师”。即使高校可以称之为“教员”，不考虑其名而考虑其实的话，其包含的意思就是军事教员是独立的教师系列。但高校国防教育师资建设面临的一大难题就是缺乏独立的教师系列。在违反该法的惩罚规定中，虽称要惩罚，但如何惩罚，至今也没有具体的法律规定，以致无法可依。

与之相类似的则是关于高校预备役建设。高校师生群体应当是预备役建设的重点，但与预备役建设相关的法律，如《中华人民共和国国防动员法》《中华人民共和国国防法》《中华人民共和国兵役法》《中华人民共和国预备役军官法》和《中华人民共和国民兵工作条例》中，只做出了结论性的要求，而在法律和条例之下并没有相应的细则产生。这就从法律的源头，导致了当前高校预备役建设的低水平，甚至是不建设现象。

实际上，造成诸种法律模糊的根源，就在于下位法的缺失，与此同时，一般性的规定又不具备法律效力。

2. 与高校国防教育有关的法制空白

法制模糊相比于法制空白而言，至少是相对的进步，法制模糊是进一步细化的前提。但法制空白，从根本上导致一些问题无法可依。与高校国防教育密切相关的法制空白有：高校与国防军事系统的关系定位、高校在国防建设中的权责界定、高校国防教育与国防教育系统的关系、高校国防教育的经费规定和高校国防教育的奖惩等。正是因为高校与国防军事系统的关系始终在法律上没有进一步理清，导致高校无法从根本上，系统性地支持国防军事系统的发展，难以有效形成建设合力，高校国防氛围始终不够浓烈。相应的，在权责界定缺失的情况下，高校还要面对大量发展要务，难以照顾到国防建设需要。特别是奖惩不明，为高校逃避国防责任开了后门。因此，在军民融合战略和高等教育与社会密切联系的当下，制定专门的高校国防教育法律体系尤为紧迫。

（三）与模糊和空白相关的已有政策

实际上，针对现有的高校国防教育法律建设模糊与空白之处，基于现实中的高校国防教育发展诉求，也出台了一些相关政策和要求。如现行《普通高等学校军事课教学大纲》、《教育部关于加强新形势下国防教育工作的意见》（教体艺［2011］6号）和《国务院办公厅、中央军委办公厅关于深化学生军事训练改革的意见》（国办发［2017］76号）等。对在法律关照缺失的情况下，高校国防教育发展中的突出问题做出相对长远的文件要求。这些相对具体的政策要求，是今后高校国防教育法制逐步完善的前提和基础。对这些政策文件长时段的梳理和分析，是今后建立有效的高校国防教育法制体系的必由之路。江苏省于2009年前后对与高校国防教育有关的政策文件做了文本汇总。十年过去了，应该在此前基础上，增加一些新的文本内容，并专门性的对之分析，邀请法律学者对其做法理性的分析探讨，以未雨绸缪。这又是一个有关高校国防教育的亟待解决的新课题。

二、高校国防教育法制建设的核心理念

高校国防教育法制建设的核心理念，是高校国防教育参与主体基于一定的价值判断、政治立场和传统文化，对高校国防教育法制的本质、建设目的和建设路径的核心认识。法制理念是特殊的法制情感，是高校国防教育法制设计中的指导思想和理论框架，也是法制治理过程中的精神内核。

（一）平衡法制的“权力”与“权利”

以“权力”为构筑核心的法制理念是很长一段时期以来，我国法制建设的核心理念思想，也深刻影响到高等教育的法制建设。之所以“权力”成为法制的构筑主导词，主要是受苏联模式和中国传统文化思维的影响，加上高度集中的计划经济时代对高等教育形成的政策烙印，就难免导致了以单一服从为主要表现形式的“权力”构筑形态。与此同时，传统的高等教育惯性发展思维，也进一步强化了这种理念特性。然而，在计划经济转向市场经济，在精英教育走向大众教育的高等教育发展背景下，“权力”价值固然有其存在的合理性与必要性的一面，但“权利”也很重要。高等教育法律关系主体之间具有行政性和契约性双重特征。① 大学学习者的成本并非完全由高等教育系统承担，学习者自身也承担了大量费用，因而享有“权利”。

然而，一味强调与时俱进的“权利”，也导致了一些不合适的情况，如学习者以各种软硬方式拒绝高等教育的影响，最直接的反映就是高等教育质量下滑。在高校国防教育过程中，那些以各种办法躲避教育过程的学习者也为数不少。即使是对高校自身而言，由于认识上的陈旧，导致相当多的高校党政人员对高校国防教育持有否定和拒绝的心态与行为。他们是高等教育“权力”的掌控者，却与国防教育“权力”形成了“权力”冲突，也影响了大多数高校人群的国防教育“权利”。因此，“权利”与“权力”都成了一把双刃剑，问题的关键则是对二者的平衡处理。因而，在高校国防教育法制建设中，应有效处理二者的平衡关系。唯有此，才能为高校国防教育师资建设扫清一定的障碍。

（二）促进国防教育主体参与法制建设

由于大众化的高等教育成本分担机制，将高等教育成本部分“让渡”给了学习者，也由于学习者本身拥有法律“权利”，从而使得学习者的法律主体性得以产生。在高校国防教育法制建设进程中，必须照顾到这种主体性。而从高校国防教育实践来看，要取得教育效果，也必须重视主体的价值和有效参与。同样，高校教职工也是高等教育的参与主体，其主体性主要来自于作为机构的高等教育的“权力”让渡，他们的主体作用对高校国防教育也起着至关重要的作用。因此，促使高校内部的人员主体有效参

---

① 苏林琴：“从‘强制’到‘同意’——高校与学生法律关系的转化与发展”，《黑龙江高教研究》，2007 年第 12 期，第 17 页。

与进高校国防教育及其法制建设进程中，本质上是要求在高校国防教育法制建设中，赋予他们参与权和协商权。

一个非常现实的情况则是，高校人员主体的参与意识和参与能力都有待提升。尽管他们也会表达参与权缺失的权利要求，但要将这种模糊的要求变成他们清晰的意识和较强的能力，确实是需要经过有效的安排才能实现。首要的任务就是要将他们参与高校国防教育法制建设的过程法制化。此外，要明确他们在高校国防教育法制进程中的地位和作用，并赋予他们一定的参与国防教育事务、国防教育之政的责任和约束性权力。在高校内部的国防教育法制实践中，也可以建立类似于校内各种委员会性质的仲裁调整机构，并吸引他们民主参与，以维护整体性的高校国防教育法制效力和主体权益。

（三）实现高校国防教育法制与章程共存

法制存在着约束性和强制力，并在高校国防教育法制建设中，扮演了关键角色，对推动高校国防教育法制建设具有根本性的决定作用。但一个比较现实的状况则是，高校国防教育法制建设，甚至是任何行业的法制建设，都不可能是一蹴而就的，而是需要经历一个漫长的立法过程和司法磨合期，甚至是对法律的进一步修改。结合社会经济的实际发展情况做出修订，可以使整个法制建设进程形成一个良性的循环过程。因此，高校国防教育法制建设，就需要在法制并不健全的情况下，寻找法制的替代品。这些替代品，诸如仲裁、协商、章程管理等，的确在法制化进程中起到了举足轻重的作用。此外，法制本身很难估计到具体的微观层面，也就是说，在高校国防教育法制建设的具体层面上，法制并不能保证每次都是有效且适用，如师资建设过程中，对由师资评价而引起的法律问题等。对此，就需要高校国防教育章程对高校国防教育法制做出补充性回答。

事实上，高等教育机构和高等教育过程本身就是以“可塑性”为存在前提的，教育本身就是意味着塑造。必要且适切的法律约束是其发展的基本条件，但相对宽松的环境，也是基本条件之一。高校学习者的身心特性，也决定了章程的独特价值。大学章程就是在高等教育法制建设背景下，大学内部治理的体现。相比于法制，大学章程的实施成本较低、实施效力较高，具有一定的因地制宜和因时制宜性。因此，高校国防教育法制建设进程中，除了规定性的国防教育法制之外，还应适应高等教育特点，创建一定数量的高校国防教育章程，并有效实施，与高校国防教育法制形成均衡性的共存互补，以法制的自上而下和章程的自下而上，共促高校国防教育法制建设进程。

三、高校国防教育法制建设的努力方向

建设一整套的高校国防教育法制体系是高校国防教育建设的重要任务，也是师资建设的指导法则。由于立法活动的本质就是价值的法律化，高校国防教育法制建设，实际上也带有对高校国防教育发展的价值判断。从高校国防教育建设现状和建设的长远设计看，高校国防教育法制建设应着重做到三个统一。

（一）法制建设与高校国防教育的统一

由于法制建设的首要环节是法制立法，而立法中存在着立法价值取向，它是在由众多价值构成的价值体系中，按照法制理念，经过权衡与选择而得出的价值判断。因此，在高校国防教育法制建设过程中，就必须要始终围绕国防教育这个主心骨，对价值体系进行选择排序。尽管高校国防教育法制建设是高校法制建设进程的重要一环，但国防教育的独特性，同时也决定了高校国防教育法制建设也是国防法制进程中的重要一环。高校国防教育法制建设的内部环境虽然是在高校，但要解决的问题，却是要促进国防教育在高校的整体发展，高校只是国防教育开展的环境之一。如果在高校国防教育法制建设进程中，强调与高等教育的统一，那就没有专门建设高校国防教育法制的必要性。因此，高校国防教育法制建设的努力方向，在面对高等教育与国防教育的价值优先选择时，首要的价值选择对象即是国防教育，而非高等教育。

但高校国防教育法制建设并非是要不顾高等教育和高校实际情况，单纯地强调高校国防教育法制建设的国防教育属性，刻意忽视高校国防教育开展的高校氛围，则是主观唯心主义。相反，高校国防教育法制应当紧紧抓住高等教育与高校机构的特点，始终关切在高校开展国防教育的诸种现实问题，才能有效地做好高校国防教育法制建设工作。因此，上文提到的高校国防教育章程建设，就是法制建设与高校国防教育有效统一的当下体现。当然，与章程相辅相成的高校国防教育法制内容也必不可少。

（二）法制立法技术与法制实践的统一

由于司法和执法，始终围绕立法的内容展开。因此，立法的有效性就成为法律效力的关键。有效实现法制建设与高校国防教育的统一，必须要关注到法制的立法技术。立法技术是指立法活动过程中所应体现和遵循的有关法律的制定、修改、废止和补充的技能与技巧规则的总称。其核心内

容包括立法结构技术和立法语言技术。从广义上看，其指一切与立法相关的知识、经验、技巧，包括立法体制的建立技术、运行技术和程序形成技术等；而狭义上，是指话语表达的技术。[①] 就当前国防法制和教育法制实践来看，在法制实践中产生诸多模糊性的解释空间，甚至是有法不依，一个根本性的原因是立法技术上的有效性得不到保证。如上述对现有高校国防教育法制的模糊之处的浅显分析。

因此，要有效地提升高校国防教育法制建设，就应当做好法制建设的顶层设计。根据近年来社会经济、各级教育和国防军事系统发展的新情况，对现有高校国防教育法制基础做一定的广义技术概念上的修改，调整一些关键性的修制规则，提出仍处于空白状态的可能立法空间，使之进入立法议程。另一方面，在文本表达上，努力避免权力对话语的控制，认识到“权力是如何通过话语来进行知识和意义的生产”[②]，从而保证立法公正。当然，文本表达的最低要求，是要避免理解歧义和交叉重复现象。可以说，由于高校国防教育的跨系统特性，在不同系统的法律体系中，存在的“法律打架”现象应当不少，这些都是专门的高校国防教育法的基础法律框架。对此，今后在对专门的高校国防教育法立法过程中，要包容性地处理这种情况。也需要这些与高校国防教育相关的基础法律框架做出与时俱进的必要修订，共同推动高校国防教育法制建设中立法与实践的相互有效统一。

（三）法制秩序与法律文化的统一

通过高校国防教育法制建设的实施，创建有效的高校国防教育法制秩序，是高校国防教育深度发展的关键。即使高校国防教育法制建设进程仍处于探索期，但追求稳定高效的法制秩序，是加快推进高校国防教育发展和师资建设的必由之路。稳定高效的法制秩序，既需要正式性的法律文本支撑，也需要相对灵活的非正式章程贯穿高校国防教育法制体系之中。无论是法律文本，还是章程性文本，在其制定和实践过程中，都需要相应的社会氛围，特别是公众能对这些文本内容予以认可和执行。法律是社会中的法律，是缓慢发展、逐渐形成的复杂系统，植根于一国历史传统和社会现实之中，法律文化环境强烈影响着法律的适用性和实施效果。[③]

---

① 陶琳：“我国教育法制建设的价值取向研究”，陕西师范大学，2014 年，第 153 页。

② 牛宏宝、舒志锋：“从‘先验认识论’到‘话语事件——福柯话语理论对康德先验人类学的批判’”，《首都师范大学学报》（社会科学版），2018 年第 2 期，第 104—105 页。

③ 江国华：“论立法价值——从‘禁鞭尴尬’说起”，《法学评论》，2005 年第 6 期，第 82—89 页。

因此，加强高校国防教育法律文化建设，尤为必要。高校国防教育法律文化，应当是法律整体文化的组成部分，又是社会公众对高校国防教育法律文化的价值认识、功能判定和执行意识的综合意象。主动创造和引导高校国防教育法律文化可以增强社会公众，特别是高校自然主体对高校国防教育法制的认识和执行程度。形成架构完整和兼容开放的高校国防教育法律文化体系，也能从文化角度丰富高校国防教育法制建设，促进法制秩序形成。建设高校国防教育法律文化，应当着重增强高校党政系统对法律文化的认同力，以促使高校在国防教育建设过程中，解决好包括师资建设在内的一些关键性问题。

第二节　高校国防教育师资建设政策

对高校国防教育法制建设的扼要分析，是为了进一步厘清高校国防教育师资建设的法制进程。但高校国防教育师资建设的法制进程，一方面需要高校国防教育法制建设的整体照应，另一方面，还需要高校国防教育师资建设政策的逐步积累。为此，应当加强高校国防教育师资建设政策的研究，促进有关高校国防教育师资建设法制与政策的衔接，共同服务于高校国防教育师资建设。

一、高校国防教育师资建设的政策设计

政策是解决问题的框架安排，在社会科学日益分化的过程中，对政策的研究也逐渐形成了以政策过程理论为基础的政策学。在当前主流的政策过程理论中，社会建构和政策设计框架（也称目标群体的社会建构理论）是重要的理论之一，由施耐德和英格拉姆在 1993 年首先提出，但达尔和林德布鲁姆早在 20 世纪 50 年代就意识到了政策设计的重要性。然而，真正对政策设计理论有重要推动作用的依然是施耐德和英格拉姆，以及后来的玛拉·西德尼等人，三人在 2009 年提出了政策设计理论的九要素和发展方向，指出社会建构之于政策设计的重要性。这一理论主要探讨政策如何在不同目标群体中分配利益和负担，以及分配过程对社会、政治和民主制度的多重影响，在公共政策理论领域，形成了广泛影响，并发展为“新的政策设计理论”，从专注于技术分析转向对影响政策工具选择和使用的情景。当然，在这里无意讨论这一理论的方方面面，而是以此理论的内涵和方法来解读高校国防教育师资建设的政策设计与发展。

（一）高校国防教育师资建设政策设计的基本概念

政策设计是指选择适当的政策工具实现经审慎确定的政策目标，涉及政策理念、政策内容和政策过程。[①] 就高校国防教育师资建设的政策设计而言，其政策工具主要包括下文所述的部分制度参与者（如对高校国防教育有兴趣的社会公众等，他们基于的是内在动机，对高校国防教育相关事务具有关注兴趣）、强制性的行政影响（如法律和文件的强制要求）和互联网（连接政府和公众的媒介之一）等。其政策目标从形式上看，是要建立一整套行之有效的政策体系，并能够支撑高校国防教育法制的良性运转；从内涵上看，是要促进高校国防教育师资建设能够满足相关人员和机构的利益，如国家防务利益和公民安全利益等。其政策理念是与政策目标高度结合在一起的，受政策设计者的政策认知、政策情感和政策态度等影响，如高校国防教育师资建设政策，究竟是单纯解决高校国防教育的师资保障与发展问题，还是兼顾解决全民国防教育师资保障与发展问题，这是由不同的政策理念决定的，政策理念决定了政策关照面的大小。当然，高校国防教育师资建设政策能否达成相应目标并实现相应理念，还需要政策内容体系对目标进行分解，如师资建设的职称政策、培训政策、学术政策等，需要从各个政策层面一一分解。最关键的则是高校国防教育师资建设政策的实施过程，它关系到理念达成和目标实现。

因此，从逻辑上看，高校国防教育师资建设政策就是要在政策设计过程中，充分照顾到上述政策构成。相应的，所谓高校国防教育师资建设政策，指的是基于一定的师资建设理念和综合性的师资建设工具箱，通过对师资建设内容体系的有效设计，促进师资建设目标实现的社会建构过程。这个定义指出了高校国防教育师资建设政策本质上是动态过程，而不是政策的静止实施，这就避免了传统政策设计理论的弊端——政策静止；也指出了这种过程是社会建构性的，也就是说与高校国防教育法制建设相得益彰；还指出了要实现相应的政策目标，必须要有师资建设的政策工具箱，也就是说，高校国防教育师资建设政策的实施，必须要采用多种手段和工具，而非单一依靠行政机构。

（二）高校国防教育师资建设政策设计的原则

明确了高校国防教育师资建设的政策设计概念，进一步的问题就是明

---

① 朱伟："西方政策设计理论的复兴、障碍与发展"，《南京社会科学》，2018 年第 5 期，第 75 页。

确在其政策设计中，应当坚持什么样的设计原则，以进一步探讨如何进行相应的政策设计，避免政策设计过犹不及或意犹未尽，并尽力保证政策设计的中性。“即便是同一类型群体，不同的人也会对同一政策进行不同解读。”①

1. 坚持军地系统合力设计原则

由于高校国防教育师资建设的多主体特征，特别是在公共政策供给过程中，行政机构的主导性比其他主体更为明显。因此，在设计高校国防教育师资建设政策时，必须要坚持军地系统合力设计的原则。这是高校国防教育师资建设政策设计过程中最大的情境性因素。前文多次强调在当前高校国防教育实施过程中，军地系统矛盾所带来的长远弊端。军地系统合力设计，就需要国防军事单位、教育行政部门和高校三方共同围绕师资建设的政策框架，展开政策设计。这其中，处于核心主导位置的是教育行政部门，其原因在前文也有所解释。具体来说，国防军事单位主要是提供一些政策设计的已有法制和政策背景、可选择并能够真实提供的技术（如机构、场地和人员的供给等）。教育行政部门主要是基于官僚系统的一致性，确保权力在高校国防教育方面的有效影响，并将政策通过适切的话语予以表达。高校主要是将内部情境性因素进行优化组合，在符合其他两类主体的要求下，创设师资建设的校内情境。

2. 坚持适度超越现实需求原则

之所以提出高校国防教育师资建设政策及其设计的命题，客观的背景就是高校国防教育师资建设已经到了接近崩溃的边缘。如果缺少国防教育整体政策力的维持，则现存的师资发展惯性也荡然无存。因此，在政策力度依然存在并处于一个相对较好的状态下，必须要尽快进行政策设计并推进政策实施。但政策设计的过程，并不是以解决现有问题为目的。即使是为了单纯解决现有问题，政策设计的框架效力也必然是超越了对当前问题的解答。因此，基于政策设计效力，就应当适度超越当前师资建设中的现实问题，管控中长期。高校国防教育师资建设政策及其设计，之所以要适度超越，除此原因之外，还因为更为久远的建设情境难以刻画，由于时空界限，信息不对称和信息萎缩是常态。因此，超越只能是在一定的时空限定之下。现实当中，一些系列的师资建设政策之所以是无本之源，就是基调定高所致。

① 张海柱：“政策设计与民主：目标群体的社会建构理论述评”，《公共管理与政策评论》，2017年第3期，第85页。

3. 坚持多元体系协同优化原则

高校国防教育师资建设政策是要解决高校国防教育发展中的师资形成与发展问题，但正如前文所述，高校国防教育师资在建设主体上，还包括一些国防教育学术性组织。从国防教育学科基础来看，还包括一些与国防教育学学科有关联的其他学科专业。在这些学科专业师资建设过程中，既有政策之得，也有着政策之失。因此，也应注重对这些相关学科专业师资建设的政策分析。坚持多元体系协同优化原则，还要真切关注高校国防教育师资在政策设计过程中的主体地位，也要关注高校国防教育对象对国防教育及其师资的诉求。成功的师资建设政策，向来是要充分考虑到每一个环节。

坚持军地系统合力和多元体系协同优化，适度超越现实建设需求，就要求在师资建设政策设计过程中，明确政策设计的权责关系。

二、“三权分立”式的政策设计安排

从师资建设的整体过程看，师资政策应当包含三个主要的政策内容：师资管理政策、师资发展政策和师资评估政策。高校国防教育师资建设的政策设计，也应当包含这三个政策内容。

（一）高校主导的师资管理权

教师资格认定是由教育行政部门组织，高校配合教育行政部门，开展对教师资格的认定。从广义上看，对高校师资进行管理，也是教育行政部门的权力范围之内的事务。但从高校现实运行规则上看，教育行政部门对师资行使管理权，一般是由师资所在高校代替完成。教育行政部门不可能对几十所、上百所院校师资直接管理。因此，师资管理权，从狭义上看，其主导方就是师资所在高校。鉴于此，高校也应对高校国防教育师资行使管理权，既包括对高校国防教育师资提出业务要求，也包括为高校国防教育师资提供完成业务要求的基本条件和客观环境。

（二）省级教师发展中心主导的师资发展权

高校主导着师资管理，也为教师发展提供条件保障。但就高校国防教育师资而言，按照前文的设计思路，师资发展应当是由省级国防教育教师发展中心主导。当然，这并不意味着高校能够撇清发展师资的责任。省级国防教育教师中心主导高校国防教育师资发展，主要是指在高校提供的条件保障之上，为师资的教学和学术发展提供资源、机构等方面的安排。从师资发展的广义概念来看，还包括了师资职称和晋升、师资社会服务等内涵。因此，省级国防教育教师发展中心也应为此提供条件。也鉴于高校在这两方面难以为师资提供更多的保障，近几年，逐渐形成了一种观点，即师资职称评审等全由省级相关机构解决，而不由各高校自行组织，师资是省级机构的外派人员，但在工作关系和工资等方面，高校依然要将国防教育师资与其他学科专业师资享有同等待遇，因为职称和社会服务涉及到了师资自身发展。

（三）军地行政部门主导的师资评估权

顺着这样的思路，既然师资职称等发展性问题应当由省级国防教育教师发展中心主导负责，随之而来的就是对师资进行评估。“运动员不可能同时也是裁判员”，因而省级国防教育教师发展中心，就不可能同时也拥有师资评估权。高校也不会拥有对高校国防教育师资的评估权。一方面，是因为高校无法就师资应当达成什么水准，提出适切的判断，这已是实践中多次发生的事实；另一方面，在高校国防教育师资建设方面，如上所述，高校对师资发展权并不行使着主导权。因此，更可能主导师资评估权的主体就是军地行政部门。

从对高校国防教育检查督评的过程中，也进一步证明了军地行政部门的评估功能和作用。但这里还存在一个有悖于当前师资职称评定的客观政策，即是职称评审权的下放。此外，高校办学自主权与教育行政部门干预也是一对矛盾体。然而，并非没有解决之道。一个较好的技术做法，就是要发挥国防军事单位的作用。由于在高校国防教育工作中，他应当是配合教育行政部门促进高校国防教育工作的开展。因此，教育行政部门可以将职称评审权的“下放”对象，通过国防军事行政部门——省军区——转至国防军事教学与学术单位，如各类军校等。与此同时，教育行政部门建设一支常态化的普通高校国防教育师资评审小组，与之共同行使对师资的具体评估。因此，高校国防教育师资评估权，应当是由军地行政部门主导。

三、建立“三级五方”的督评机制

为了对高校国防教育师资建设政策的实施情况有所监督，就需要建立有关高校国防教育师资建设的政策督评机制。事实上，从政策完整性考虑，这种督评机制，也应当在高校国防教育师资政策设计过程中被考虑，它本身就是政策设计的一部分。

（一）“三级五方”督评的概念

所谓“三级”，指的是国务院级、国家级军地系统和省级军地系统。所谓“五方”，指的是国务院、国家级的军地系统双方和省级的军地系统双方。之所以仅仅考虑了国务院、国防军事单位主体和教育行政部门单位，这是因为督评本身属于政府机构内部的事务。在政策设计理论中，始终也是强调政府机构的主导地位，即使后来在全球化和治理概念中逐步式微的政策设计理论，也始终没有改变观念，并在全球化和治理概念不能解决现实问题，公众又回归政策设计理论之后，继续对政府机构在政策过程中的主导地位加以强调。

实际上，“三级五方”督评机制，并不是完全排除其他主体的参与，甚至连被督评的高校也有参与权利——自评。只是其他主体的参与过程，要被有效地纳入机制的进行框架之中。就督评机制中的督评规则制定而言，也离不开高校国防教育师资中的专家型师资的参与。同样，尽管是政府机构组织的督评，但在督评实施中，也离不开专家型师资的参与。这是因为督评机制，既是事务性过程，也是技术性过程。甚至在可能的政策设计下，社会公众也能参与进来。因此，“三级五方”督评，并不是封闭的督评系统。这也进一步指出了，在高校国防教育师资建设政策设计过程中，应当坚持政策过程的开放性和包容性。

（二）“三级五方”督评机制的运行

作为高校国防教育师资建设政策一部分的“三级五方”督评机制，静态上看，是作为整体师资建设政策的一部分而独立存在，但在动态上，督评机制的运转与师资建设的其他政策始终结合在一起。也正因为督评机制政策与其他师资建设政策并列运行，才使得督评机制具有督评效果，并及时有所反馈，促进高校国防教育师资建设整体政策的发展，为政策设计的改进提供素材。扼要来看，督评机制如图 7—1 所示。

由图 7—1 可以看出，高校国防教育师资建设政策中的“三级五方”督评机制，存在如下运行关系：（1）省级督评，由教育厅和省军区战备建设局等官僚机构组织，借助于省级督评专家组对高校国防教育师资建设情况进行督评；（2）部委级督评，由教育部和中央军委国防动员部等政府和军事机构组织，借助于国家级督评专家组对高校国防教育师资建设情况进行督评；（3）国家级督评，由国务院督察组专门对包括高校国防教育师资建设在内的政策实施情况进行整体督评；（4）高校从内外动机考虑，主动邀请国家级和省级督评专家组帮助自评；（5）各政府机构之间、两级督评

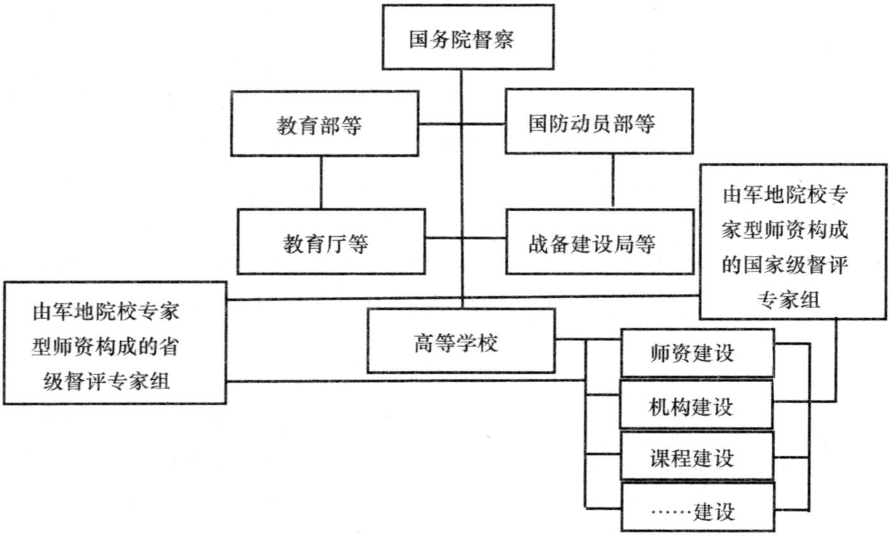

图 7—1 “三级五方”督评机制图

组和高校之间也存在着各自的政策信息交换，也包括了非正式的督评过程。实际上，对师资建设政策实施督评，同时也必然会对课程、机构等有所督评，这是不可分割的过程。因为师资始终是与这些内容紧密结合在一起。也正是基于此，本书始终坚持在更宽的高校国防教育环境中谈师资建设。

（三）“三级五方”督评机制的政策学分析

从运行的结构情况来看，督评机制的政策工具箱包括了专业的政策人员——专家型师资、政府机构的运作规制——政府机构隶属和组合关系、督评依据——相关法律和文件等，以及隐藏在两者其中的信息媒介手段。督评机制的政策目标，是对师资建设政策落实情况的专门督评，但也涉及到师资建设之外的高校国防教育建设领域，他们从各自角度对师资建设督评起到了烘托效果；督评机制本身也是师资建设政策目标的组成部分之一，从可预见的情况来看，也能够实现相关参与者的权益。督评机制的理念，受到了诸多相关方的影响，但根本上还是受政府机构的影响，两级督评组只是把这种影响进一步放大，尽管也会渗入督评专家对师资建设政策的理解和信念中，甚至对政府机构产生影响。但除非出现专家组层面上的整体价值倾向，否则相互之间的不同政策认知会形成抵消效应，类似于匿名评审机制。然而，督评机制并没有更多地反映出政策内容，或者说，政策内容被包含进政策工具箱内的依据之中。

第三节 创建适应时代发展的高校国防教育师资建设制度

加强高校国防教育法制建设，做好高校国防教育师资建设的政策研究，始终是围绕如何创建一套行之有效的高校国防教育师资制度而展开。法制与政策，只是社会系统正常运转的一部分，正如法制建设需要法律文化烘托那样，在法制与政策之外，还存在着内在自觉，对应的法制与政策只是外在约束。然而，在内在自觉远未形成的当下，创建高校国防教育师资制度，也只能从法制与政策开始，逐步推进。因此，前文对如何进行法制与政策建设做了扼要探讨。关于如何形成内在自觉，并促进法制与政策的优化，以促进高校国防教育师资建设，则根本上取决于师资制度是否适应了时代发展要求。也就是说，创建稳健的高校国防教育师资制度，始终是要关注时代发展，这就是本书首先在第一章探讨师资建设的制度语境之原因所在。

一、高校国防教育师资建设制度的内涵

意欲创造能够适应时代发展要求，特别是适应制度语境背景的高校国防教育师资建设制度，首要的问题是弄清楚这一制度的基本内涵。

（一）高校国防教育师资建设制度的概念

美国经济学家道格拉斯·诺斯认为：“制度提供框架，人类得以在里面相互影响，制度确立合作和竞争的关系，这些关系构成一个社会……制度是一整套规则，应遵循的要求和合乎伦理道德的行为规范，用以约束个人的行为。”[①] 在诺斯看来，制度是规则和规范的统称，目的是为了约束个人。然而，这只是静态制度的概念，制度还应该包括能够感受到其作用的动态过程。制度不仅是为了约束个人，还包括建立在约束个人基础上的对某些团体和实体的制约。

因此，美国政治学家塞缪尔·亨廷顿教授认为：“所谓的制度是指稳

① ［美］道格拉斯·诺斯著，刘瑞华译：《制度变迁与经济成就》，台湾联经出版公司，2017年版，第5页。

定的、受到尊重的和不断重现的行为模式。”① 但是，亨廷顿看似在动态的——不断重复的——概念上解释制度，然而制度首先不单纯是行为模式。因为行为模式并不包括话语表述体系，而制度影响之外的人感受到制度，首先是通过后者。同时，制度也只是相对稳定，否则就不存在制度变迁的概念。这样就说明了要对制度下定义、做界定，其实是一件非常困难的事情。文化人类学家马林诺夫斯基干脆认为：“社会制度是构成文化的真正要素。”② 事实上，马林诺夫斯基并非是针对什么是社会制度而做出解释，他更多的是想解释文化与人类的关系，社会制度是其中的中介因素。但他的确告诉了我们，广义的文化中，包含了社会制度这一成分。与他相类似的，美国社会学家戴维·波普诺把制度理解为：“为了满足社会基本需要而组织起来的一组稳定的社会结构”③。他既没有将其界定为行为，也没有将其界定为规则，但他也认为制度是稳定的社会结构。

综上所述，所谓制度，是指调整社会文化结构的规范和规则的执行过程。这个定义首先界定了制度的目的是要调整社会文化结构，也正是因为社会文化结构的不断变动，为了对之加以引导，才需要制度。同时，这个定义也包含了规范和规则等静态制度的内涵。但是，这个定义还界定了制度是一种对规范和规则的执行过程，也就是说，制度是在执行过程中逐步形成的。其稳定的形态就是执行，因而永远是在变动之中，但却是在执行过程之中的变动，因而具有相对稳定性。相应的，所谓高校国防教育师资建设制度，是指调整高校国防教育师资建设结构的规范和规则的执行过程。这个定义回答了要建立制度的原因，即因为存在着高校国防教育师资建设结构需要调整的情况。之所以要调整，是因为不符合高校国防教育教学实际。同样的，它也是动态与静态的结合。

（二）高校国防教育师资建设制度的功能

从这个定义出发，就不难理解高校国防教育师资建设制度应有的制度功能。当然，制度功能体现在制度规定的科学性和对制度规则执行的坚定灵活性的基础之上。正是基于高校国防教育师资建设制度的良好设计，并将这种设计体现在执行过程之中，才构建了具有效能感的高校国防教育师

---

① ［美］塞缪尔·亨廷顿著，李胜平、杨玉生译：《变革社会中的政治秩序》，华夏出版社，1988 年版，第 12 页。

② ［英］布劳尼斯娄·马林诺夫斯基著，张帆译：《自由与文明》，世界知识出版社，2009 年版，第 78 页。

③ ［美］戴维·波普诺著，李强等译：《社会学》，中国人民大学出版社，2007 年版，第 94 页。

资建设制度，使之产生对师资建设的正向功能。

1. 促进师资建设的常态化

常态化师资建设是师资结构正常发展的要求。师资建设如果不能形成常态化建设机制，就会形成师资断层。以后备师资培养为例，NDE 研究生从 2003 年至今，在 2011 年前后形成建设高潮（尽管绝对数量也不能满足理论数量的要求），但在此之后，逐步萎缩，特别是随着相关高校内部机构调整，情况更为严峻。这使得后备师资培养，更多的是相关高校的自发行为，实际上是培养导师团队的自发行为。也就是说，停止培养并不会给导师团队和学校带来关键性的影响，甚至是任何影响。但如果自上而下确定了一整套高校国防教育师资建设制度，或者自下而上，由各个培养单位或具有培养能力的单位，建设常态化的后备师资培养制度，就可以尽量避免了后备师资建设的断层。同样，职后师资断层也与制度缺失有很大关联。在检查督评较为严格的省份，师资建设至少在形式上是存在的。相反，督评松散的省份，形式上的师资建设都不存在。因此，无论是自上而下，还是自下而上，高校国防教育师资建设制度都对师资建设的常态化具有举足轻重的促进作用。

2. 促进师资建设的正规化

常态化师资建设是保证师资建设不断层的前提之一，但师资质量和国防教育教学质量则是依靠师资建设的正规化。只有建立了正规化的高校国防教育师资，高校国防教育才能走上教学和学术研究的正规。尽管近几年的相关政策文件要求各高校必须配备相应的国防教育师资，但各高校配备的师资质量参差不齐，在高校各学科专业教师面前，整体表现极为一般，正如前所述。根本原因是缺乏师资来源的正常渠道和准入机制。因此，高校国防教育师资建设制度首先应当包括有师资的来源渠道和准入机制。化学专业的不能进入体育教学岗位，外语专业的不能进入经济学教学岗位，这是基本道理，根本上是由于各自的学科师资准入条件限制。因此，高校国防教育师资建设制度的确立和执行，能够有效地避免师资准入机制缺失的情况产生，从而保证师资建设的正规化。

3. 促进师资建设的科学化

师资建设不仅要常态化、正规化，还要科学化。师资建设的科学化，就是说师资建设制度要有顶层设计思路，在师资来源渠道、师资学科体系构成、师资发展安排上要有统筹思维。在现实的高校师资建设中，个别高校在某一年度大量招收师资，但随后而来的就是职称评聘“拥堵”。个别院系在师资的学科来源上，单一化特征非常明显。对于高校国防教育而言，由于其学科基础多样，跨军地系统特征明显，师资建设“饥饿”多年，如果在缺乏制度约束和管控下，很容易造成师资建设的极端化、拥堵化和院校之间的师资结构失衡等问题，这对师资整体发展极为不利。因此，必须要在高校国防教育师资建设制度关照下进行。良好的制度能够促进师资建设在正规化、常态化的同时，实现科学化建设目标。

二、高校国防教育师资建设制度的组成

结合前面章节的论述，可以看出，高校国防教育师资建设制度，在整体结构上由三个部分组成。如果以教师个体审视的话，师资建设制度实际上是个动态进展的过程。后备师资通过培养制度进入相应岗位，并接受岗前培训和经常性的职后培训，在职业发展生涯中，与职称制度、学术制度、课程制度和机构制度等产生不同性质和不同程度的互动。

（一）师资建设的培养制度

在本书第三章 NDE 研究生职前培养中，对高校国防教育师资建设的培养制度做了比较具体的论述，高校国防教育师资建设的培养制度是高校国防教育师资建设制度的首要制度。从 NDE 研究生培养实践来看，已经形成了一套包括不同培养模式和培养方向的探索性经验。这主要得益于“老六所”、南开大学和吉首大学等院校近十多年的艰难探索。进一步的努力则是要在既往经验上总结规律，表达诉求，形成包括后备师资确定、后备师资过程性考核、后备师资输出等在内的具体制度安排。这些制度安排，以及培训制度和外部制度等，共同构成了具有体系发展性的制度整体。针对高校国防教育教学和学术研究对学科多样性的要求，在后备师资确定制度中，就提前做好设计和引导，逐步形成学科多样、人员齐备的师资整体。针对硕博士研究生教育过程中对培养过程的质量监控不够的情况，加强过程性考核制度建设。针对高校国防教育需求和后备师资职业发展，建立后备师资输出制度。这些都是高校国防教育师资建设制度之培养制度的核心内容。

（二）师资建设的培训制度

在本书第四章师资职后培训中，同样也对高校国防教育师资职后培训做了比较具体的论述。笼统来说，高校国防教育师资建设的培训制度，应当包括对不同师资的分类培训制度、对教师教学能力提高的培训制度和对教师学术水平提高的培训制度。从当前高校国防教育师资建设的培训制度实际来看，基本建立了对教师教学能力提高的培训制度。对教师学术水平

提高的制度部分渗入对教师教学能力提高的制度之中，因而并未形成独立的制度部分，这是今后高校国防教育师资建设制度设计中，必须要顶层解决的问题。与此同时，针对新入职教师、教学水平一般的教师和专家型教师的分类培训制度也应当予以建立。从而改变当前不具有分类分领域特性的高校国防教育师资建设的培训制度。当然，师资建设的培训制度与外部制度也紧密结合在一起，因为培训主要就是为了解决有关于课程等的相关职业发展难题。

（三）师资建设的外部制度

本书在第五章对国防教育学学术体系的介绍和在第六章中对各种架构变革的介绍，实际上指的就是高校国防教育师资建设的外部制度。它关系到教师从后备师资转入正式师资之后的职业生涯长期发展规划，因而也是高校国防教育师资建设制度的组成部分。缺乏了学术制度，高校国防教育师资就难以与其他学科专业师资在同样的学术环境中竞争融合发展。因而，学术制度是外部制度的核心制度。缺乏了机构设置的制度，高校国防教育师资同样也就失去了赖以维系的载体和平台，也就难免出现挂靠、合署等情况。因而，机构设置制度是外部制度的基础制度。缺乏了课程变革制度，高校国防教育师资就难以把握学科专业发展的新情况，就不能将之以课程的形式及时有效地反映出来。因而，课程变革制度是外部制度的关键制度。同样，职称制度也是外部制度的重要组成部分，但职称制度的创立和形成始终立足于前三类外部制度。因为在高校中，职称始终与课程、学术和现有（机构）的职称结构密切相关。

三、高校国防教育师资建设制度的创新

在相对稳定的制度语境中，也包含了各种各样的多变因素。这主要是由于这些制度语境大多尚处于初始端与探索期。典型的例子就是高校转型战略和军民融合战略。直至目前，两者最大的形式创新表现之一就是省市级的军民融合发展委员会中，有高校教师参与，但实际上并未真正有效运转。因此，多变的因素集合，就需要高校国防教育师资建设制度始终保持着制度创新。特别是在师资尚未完全形成的当下，不断地进行制度创新，是制度建设的本质要求。

（一）制度执行是制度创新的前提

要实现高校国防教育师资建设制度的创新，隐含的要求就是制度要有

所施行和推动，并在此过程中，需要对制度境况有所反思，将反思结果与原有制度进行对比，然后指出原有制度的缺陷和不足，再经过充分的论证和设计，形成新制度，从而不断地进行制度创新。因此，要实行制度创新，必须要有制度的执行，它是前者的前提。执行高校国防教育师资建设制度，就是要在不同层面、不同环境下，执行上述三类制度及其相应的规定和要求。其关键并不是制度规范和规则，因为这两点在制度设计时已经经过了最大程度的讨论并获得了最大范围的共性认识，而是在制度执行过程中体现出的制度执行力。

制度执行力一方面是以个人自愿或自律执行为基础的执行力，另一方面是以制度执行机构强制性为基础的执行力。[①] 也就是说，在高校国防教育师资建设制度的执行过程中，需要师资个体的内在执行动机，促使执行事实的发生。同样，高校内外的与高校国防教育相关主体性机构也要具有执行力，并以机构的强制力作为执行力的体现。制度的强制执行是制度规则和规范实现的关键，机构的强制执行功能往往以个体的执行事实表现出来。因此，在高校国防教育师资建设的制度执行中，始终要对“关键少数”进行有效的制度约束。现有的一些师资建设制度，是因为一般的个体执行力欠缺，并且绝大多数时是由关键的个体欠缺执行力所致。

（二）制度创新需要形成“制度场”

无论是个体执行力，还是机构执行力，本质上都是制度规则和规范的作用过程。只不过这种作用过程通过不同性质、不同类别的主体体现出来。因此，在机构和机构之间、个体与个体之间、个体与群体之间、群体与群体之间、机构与个体之间、机构与群体之间就形成了制度执行中的互动过程，并反映到制度更改的讨论过程之中。这就说明了制度创新需要形成相应的制度环境。同样，高校国防教育师资建设制度也需要这样的制度环境存在，不管是在高校内部，还是在军地系统内部，抑或是在高校与军地系统之间，缺乏对师资建设的讨论和交涉，便不可能推动师资建设发展。从这个角度来讲，制度环境，实际上是制度氛围，也是制度范围内的机构、个体和群体对师资建设的心理认知。

在制度规定和制度执行的过程中，人们会形成领导关系、管理关系、监督关系、利益关系、权力关系和分工合作关系等多种多样的关系。这种相互影响作用的关系局限在特定组织或特定活动场所的范围内，可以称之

---

① 彭和平：“制度学理论和制度创新路径初探”，《人民公仆》，2015 年第 11 期，第 61 页。

为“场”。[①] 在高校国防教育师资建设制度创新过程中，就是要刻意营造师资建设的“制度场”，师资建设制度的制定方、执行方和参与方，是师资建设制度场的主要构成。从实践来看，这三方的界限有时也很模糊，因为有时空限定的存在。如制定方的个体——专家型师资，有时也是执行方——高校之内执行的师资，在制度创新时可能也是参与方——退休或离职，但依然参与其中。只有营造了师资建设的“制度场”，制度的强制执行力才有保证。从这个角度来讲，这就要求高校国防教育师资在高校内外要始终增强自身能力，不断寻求更为广泛的社会支持，增加制度参与方规模。只有这样，才能及时有效推动制度创新。反过来说，当前高校国防教育师资建设制度进程缓慢，也是因为师资群体相对封闭性所致。因此，才在上文中提出要通过诸多变革，扩大高校国防教育的发展基础。

（三）角色创新是制度创新的根本

制度创新离不开制度执行，也需要“制度场”的存在，但说到底，还是离不开“制度人”的存在，或者说是“制度角色”的存在。但“制度角色”的存在，并非就意味着一定会产生制度创新。因为创新本身就是能动的信息交换过程，角色本身不具有创新能力，或者缺乏创新意识，制度创新便是无稽之谈。因此，角色创新是制度创新的根本。对于高校国防教育师资建设制度而言，其“制度角色”就是相关制度主体。他们的角色创新效果，决定了制度创新的成绩。但他们的角色创新过程，并非是单纯的个体创新过程，个体的角色创新有时可以力挽狂澜，但在大多数时候，却是杯水车薪。其关键所在，就是角色创新过程中所基于的角色关系，按照制度学理论，也即制度关系。这也是本书第二章着重对主体的边界区域关系做探讨的原因所在。只有对各自的主体边界区域有清晰认识，才能明确好自身角色定位，在自身角色内外做好制度创新。进一步来说，角色创新或制度关系创新，根本取决于角色认知。

但制度创新远超过简单的角色认知概念，尽管后者是前者的根本。因为在对主体边界区域关系做出界定之余，主体可以对自身角色有所认知。但主体的角色并非是单一性的，而是双重或多重性的。如 A 高校的教务处长和人事处长理应支持高校国防教育师资建设，但他们对高校开展国防教育认识不足，甚至持有反对态度，却在军地联合评估检查中，被迫要做出一些校内的有关师资建设的制度变革，这就造成了角色认知的现实功能冲突。相应的，A 高校的国防教育师资本着对高校国防教育职责的理解而形

---

① 彭和平：“制度学理论和制度创新路径初探”，《人民公仆》，2015 年第 11 期，第 62 页。

成的角色认知，也会在教务处长和人事处长的角色冲突中形成对应的认知功能冲突，共同造成 A 高校国防教育的无序发展，也就谈不上制度创新。

因此，制度创新的根本是角色创新，角色创新基于角色关系，角色关系决定于角色认知，角色认知又存在着角色的认知冲突或认知功能冲突。那么，制度创新就是要解决好角色的认知冲突问题。这就进一步说明了高校国防教育师资建设制度，需要在制度语境之中，围绕高校国防教育师资建设制度的主要构成，从根本上抓住各类主体及其相互关系的变化。在制度创新过程中实现制度的有效变迁，促进高校国防教育师资建设。

参考文献

一、著作类

（一）古代著作

[1]［西晋］陈寿．三国志·吴书·朱然传．
[2]［春秋末期］曾子．大学．
[3]［西汉］周公旦．周礼·地官·序官．
[4]［唐］房玄龄等．晋书·殷仲堪传．
[5]［春秋末期］老子．道德经·第二十七章．
[6]［北宋］范仲淹．代人奏乞王洙充南京讲书状．
[7]［南朝·宋］刘义庆．世说新语·言语．
[8]［春秋］管仲等．管子·势第四十二．
[9]［战国末期］韩非．韩非子·显学．
[10]［西汉］司马迁．史记·孔子世家．
[11]［春秋末期］孙武．孙子兵法·谋攻篇．
[12]［春秋末期］孔子等．论语·子路篇．

（二）现代著作

[1]［德］埃里希·冯·鲁登道夫．总体战［M］．魏止戈，译．武汉：华中科技大学出版社，2016：4－6．

[2] 乔良，王湘穗．超限战［M］．北京：中国社会出版社，2005：68－70．

[3]［苏］H．B．奥加尔科夫．历史的告诫［M］．军事科学院，译．北京：军事科学出版社，1987：8．

[4] 蒋金流，等．各国国防概观［M］．北京：国防大学出版社，1986：67．

[5] 俞可平．治理与善治［M］．北京：社会科学文献出版社，2000：4．

［6］［英］安东尼·吉登斯. 现代性与自我认同［M］. 赵旭东等，译. 北京：生活·读书·新知三联书店，1998：16.

［7］刘金源. 现代化与英国社会转型［M］. 北京：生活·读书·新知三联书店，2013：108.

［8］［美］约翰·S. 布鲁贝克. 高等教育哲学［M］. 王承绪，译. 杭州：浙江教育出版社，1987：43，47.

［9］［美］戴维·林德伯格. 西方科学的起源［M］. 张卜天，译. 北京：中国对外翻译出版公司，2001：125.

［10］张应强. 高等教育现代化的反思与建构［M］. 哈尔滨：黑龙江教育出版社，2000：80.

［11］［英］阿什比. 科技发达时代的大学教育［M］. 滕大春，译. 北京：人民教育出版社，1983：114.

［12］黄福涛. 外国高等教育史［M］. 上海：上海教育出版社，2008：148.

［13］丁德科，等. 西部军地产学研合作技术创新研究［M］. 西安：西北工业大学出版社，2009：80－85.

［14］江彦桥，等. 高等学校教学质量保证体系的研究与实践［M］. 上海：外语教育出版社，2002：20.

［15］吴温暖. 高等学校国防教育［M］. 厦门：厦门大学出版社，2007：212，223.

［16］全国学生军训办公室. 学生军事训练概论［M］. 北京：解放军出版社，2007：186.

［17］李有祥. 军事高技术与信息化战争［M］. 南京：东南大学出版社，2010：59.

［18］吴志宏. 新编教育管理学［M］. 上海：华东师范大学出版社，2000：143.

［19］范先佐. 教育经济学［M］. 北京：人民教育出版社，1999：262.

［20］施良方. 课程理论——课程的基础、原理和理论［M］. 北京：教育科学出版社，1996：90，123.

［21］贾云生. 新时期国防教育理论与实践［M］. 成都：四川大学出版社，2007：67.

［22］［美］彼得·M. 布劳. 社会生活中的交换与权力［M］. 孙非，张黎勤，译. 北京：华夏出版社，1988：315.

［23］保罗·C. 纳特，罗伯特·W. 巴可夫. 公共和第三部门组织的

战略管理：领导手册［M］. 陈振明，译. 北京：中国人民大学出版社，2001：244.

［24］莫雷. 教育心理学［M］. 北京：教育科学出版社，2007：242.

［25］潘懋元. 高等学校教学原理与方法［M］. 北京：人民教育出版社，1996：68－70.

［26］叶澜. 教育概论［M］. 北京：人民教育出版社，1991：219.

［27］［美］贝利，等. 追求专业化发展：以自己为资源［M］. 董奇，等，译. 北京：北京师范大学出版社，2009：37.

［28］［美］沃勒斯坦. 知识的不确定性［M］. 王昺，等，译. 济南：山东大学出版社，2006：104.

［29］［法］福柯. 知识考古学［M］. 谢强，马月，译. 北京：三联书店，2003：49，199.

［30］［美］沃勒斯坦. 学科·知识·权力［M］. 刘健芝，等，编译. 北京：三联书店，1999：166.

［31］MaryDouglas. How Institution Think［M］. Syracuse University Press，1986：48.

［32］［美］巴尔赞. 美国大学：运作和未来［M］. 杭州：浙江大学出版社，2015：260.

［33］［英］拉卡托斯. 科学研究纲领方法论［M］. 兰征，译. 上海：上海译文出版社，1986：6.

［34］钱冠连. 语言：人类最后的家园——人类基本生存状态的哲学与语用学研究［M］. 北京：商务印书馆，2005：1.

［35］［英］诺曼·费尔克拉夫. 话语与社会变迁［M］. 殷晓蓉，译. 北京：华夏出版社，2003：2－3.

［36］中共中央文献教研室. 建以来毛泽东文稿（第10册）［M］. 北京：中央文献版社，1996：194.

［37］梁启超. 饮冰室文集［M］. 吴松，等，点校. 昆明：云南教育出版社，2001：321－322.

［38］胡平. 禅机：1957年苦难的祭坛［M］. 广州：广东旅游出版社，2004：366.

［39］［美］道格拉斯·诺斯. 制度、制度变迁与经济成就［M］. 刘瑞华，译. 台北：台湾联经出版公司，2017：5.

［40］［美］塞缪尔·亨廷顿. 变革社会中的政治秩序［M］. 李胜平，杨玉生，译. 北京：华夏出版社，1988：12.

［41］［英］布劳尼斯娄·马林诺夫斯基. 自由与文明［M］. 张帆，

译. 北京：世界知识出版社，2009：78.

[42] [美] 戴维·波普诺. 社会学 [M]. 李强，等，译. 北京：中国人民大学出版社，2007：94.

[43] 瞿葆奎. 教育学文集——美国教育改革 [M]. 北京：人民教育出版社，1990：117－118.

二、期刊文章

（一）中文期刊

[1] 王孜. 让绿色军营走进学生的生活：军训十周年之际访国家教委体卫司司长宋尽贤 [J]. 中国高等教育. 1995（11）：46.

[2] 蒋达勇，王金红. 现代国家建构中的大学治理——中国大学治理历史演进与实践逻辑的整体性考察 [J]. 高等教育研究. 2014（01）：23.

[3] 甘晖. 基于大学治理能力现代化的大学治理体系构建 [J]. 高等教育研究. 2015（07）：37.

[4] 周光礼. 学术与政治：高等教育治理的政治学分析 [J]. 中国地质大学学报（社会科学版）. 2011（03）：77.

[5] 余承海，程晋宽. 美国公立大学治理的政治化及其启示 [J]. 高等教育研究. 2013（08）：92.

[6] 赵峰. 论高等教育第四职能：文化传承创新 [J]. 西北师范大学学报（社会科学版）. 2012（04）：57.

[7] 蒋科兵，刘期达. 高校科研服务地方经济社会发展的方式与途径 [J]. 科技管理研究，2014（04）：76－79.

[8] 陈润华，周莉. 军民融合视角下高校国防教育实践的思考 [J]. 高校后勤研究. 2017（07）：77.

[9] 杜祥琬. 军民科技融合和国防科技发展 [J]. 国防. 2011（01）：8.

[10] 杨岭，毕宪顺. "双一流"建设的内涵与基本特征 [J]. 大学教育科学. 2017（04）：24－30.

[11] 徐鹏. 加强国防动员战略管理 [J]. 中国行政管理. 2018（08）：118.

[12] 万福临，王刚. 建立国防动员等级制度需辩证把握六个关系 [J]. 南京政治学院学报. 2010（05）：90－92.

[13] 程洪. 关于高技术力量平战一体国防动员的思考 [J]. 国防科技. 2018（01）：1.

[14] 陈维超，闫传福. 创新推进"军民融合式"国防动员建设 [J].

国防. 2017 (10): 39.

［15］余远友. 新时代国防动员建设潜力探析［J］. 国防. 2018 (02): 48－51.

［16］罗彪. 大数据支持国防动员决策功能探析［J］. 国防. 2017 (10): 32.

［17］李国明，等. 地理空间信息技术在国防动员潜力数据管理中的应用研究［J］. 科技创新与应用. 2018 (04): 151.

［18］奚纪荣. 中国国防教育史概论［J］. 军事历史研究. 2002 (03): 129－142.

［19］张国清. 在我国设置国防教育专业的思考［J］. 河北师范大学学报（社会科学版）. 1994 (12): 10－12.

［20］唐蓉. 教育生态学视野下的高校国防教育师资队伍建设［J］. 湖北第二师范学院学报. 2009 (12): 113－114＋124.

［21］孙秀民. 论人口政治学的研究对象［J］. 沈阳师范学院学报（社会科学版）. 1997 (01): 42－43.

［22］吴温暖，郑宏，谢素蓉. 论国防教育学科的创生［J］. 高等教育研究. 2008 (11): 73－78.

［23］王卫华. 教育现象学何以研究教育体验［J］. 复旦教育论坛. 2013 (05): 58－62，91.

［24］应雄. "双向多元型"师资建设：地方本科高校转型发展的关键［J］. 教育发展研究. 2015 (19): 40－46.

［25］李安萍，陈智栋. 美英研究生教育质量评价体系的构成及其启示［J］. 当代教育科学. 2010 (07): 42.

［26］徐东波. 普通高校国防教育方向研究生培养中的问题与对策研究［J］. 理工高教研究. 2010 (05): 83.

［27］柳艳鸿. 军地院校国防教育方向研究生培养比较研究. 高等教育研究学报［J］. 2009 (04): 37.

［28］张俊友. 从"教师胜任力"的视角对我国教师资格认定的反思. 江西教育科研［J］. 2007 (2): 46.

［29］王桃英. 教育督导专业化的政策性探讨［J］. 现代教育管理. 2009 (03): 62.

［30］梁玉兰. 中国高校教师职后培训的历史溯源［J］. 惠州学院学报（社会科学版）. 2012 (01): 102.

［31］梁海波. 专业发展视域下高校教师职后培训模式论［J］. 继续教育研究. 2016 (04): 79－80.

［32］梁玉兰．欧美高校教师职后培训的特色及对我国的启示［J］．中国高校师资研究．2012（02）：35－27．

［33］陈时见．发达国家教师职后培训之比较［J］．教育科学．1997（03）：59－62．

［34］杨红，钟勇为．高校教师职后培训：欧美经验与我国作为［J］．当代教育科学．2009（05）：51．

［35］肖瑶，陈时见．教师教育发展理论探索与实践创新［J］．教育研究．2013（08）：149－150．

［36］申继亮，王凯荣．论教师的教学能力［J］．北京师范大学学报（人文社会科学版）．2000（01）：66－67．

［37］王玉衡．试论大学教学学术运动［J］．外国教育研究．2005（12）：26．

［38］曹月新，张博伟．高校教师教学能力培养问题研究［J］．东北师大学报（哲学社会科学版）．2012（02）：208－209．

［39］孙钰华．高校教师教学能力研究的回顾与反思［J］．中国大学教学．2009（08）：58．

［40］钟启泉．教师的“教学能力”与“自我教育力”［J］．上海教育科研．1998（09）：15－18．

［41］王少良．高校教师教学能力的多维结构［J］．沈阳师范大学学报（社会科学版）．2010（01）：110．

［42］周光礼，马海泉．科教融合：高等教育理念的变革与创新［J］．中国高教研究．2012（08）：15－23．

［43］高扩昌，任桂婷．普通高校青年教师科研能力的现状与对策［J］．内蒙古师范大学学报（教育科学版）．2009（01）：153．

［44］白景永．基于职业成长的高校教师科研能力评价体系设计［J］．继续教育研究．2011（07）：38．

［45］李海龙．重新定义学科［J］．江苏高教．2018（08）：9－15．

［46］徐红，董泽芳．批判与超越：“专家型教师”概念再探析［J］．教育科学．2011（02）：61－62，65．

［47］郑颖，盛群力．如何成为一名专家型教师——斯滕伯格论专家型教师的基本特征［J］．远程教育杂志．2010（06）：34．

［48］吴巍．教师专业发展：走向专家型还是学者型［J］．赤峰学院学报（自然科学版）．2017（08）：216．

［49］张成莉．归因理论视角下教师专业发展路径研究［J］．教育理论与实践．2016（22）：48－51．

[50] 陆军. 关于学科、学科建设等相关概念的讨论 [J]. 清华大学教育研究. 2004 (06): 24 –26.

[51] 王晓华. 学术建构的三个层面和体系性创新的意义 [J]. 探索与争鸣. 2007 (08): 65.

[52] 桑海. 我们需要什么样的在线学术平台——“中国高校系列专业期刊”之未来构想 [J]. 南京大学学报 (哲学·人文科学·社会科学). 2015 (03): 55.

[53] 张剑. 创造性组织环境研究的新进展 [J]. 科研管理. 2006 (01): 127 – 132.

[54] 董宏伟. 新常态下国内高端学术平台的产业化选择 [J]. 高科技与产业化. 2018 (02): 30 –31.

[55] 刘艳. 学理性批评与批评的学理性 [J]. 长江文艺评论. 2018 (02): 35.

[56] 吴玉杰. 大众传媒与文学批评的非学理性倾向 [J]. 广播电视大学学报 (哲学社会科学版). 2006 (02): 1.

[57] 蔡拓. 在国际关系研究中注入学理性的灵魂 [J]. 世界经济与政治. 2007 (02): 1.

[58] 范双利, 冯皓. 新时期普通高校国防教育机构设置探究 [J]. 黑龙江高教研究. 2014 (06): 57 –58.

[59] 李科. 新时期深化高校国防教育改革的路径分析 [J]. 教学研究. 2015 (05): 69.

[60] 郭晓明. 整体性课程结构观与优化课程结构的新思路 [J]. 教育理论与实践. 2001 (05): 38.

[61] 吴康宁. 知识的控制与分等: 课程结构的社会学释义 [J]. 教育理论与实践. 2000 (11): 24.

[62] 杨贤君, 等. 大学课程结构优化的思考 [J]. 中国高教研究. 2009 (05): 77.

[63] 罗尧成, 李利平. 发达国家大学课程结构改革: 背景、动向和启示 [J]. 现代教育科学. 2005 (01): 39 –41.

[64] 孟艳, 黄建红. 大学课程结构优化的逻辑 [J]. 现代教育管理. 2015 (10): 67.

[65] 罗尧成, 胡弼成. 大学课程结构: 改革的目标和优化 [J]. 高等理科教育. 2004 (01): 26.

[66] 伊鑫. 国外高等教育法制建设及其经验 [J]. 当代教育科学. 2012 (23): 42.

[67] 郭为禄. 新时期高等教育法制变迁特征探析 [J]. 华东师范大学学报. 2008 (05): 76.

[68] 朱赫. 我国当代法治政策变迁与高等教育法制建设 [J]. 江苏高教. 2012 (03): 42.

[69] 管志琦. 我国教育法制建设的历史回顾与展望 [J]. 国家行政学院学报. 2013 (02): 69.

[70] 李赐平. "法治之制: 破解我国教育法制困境的必由之路" [J]. 天府新论. 2012 (01): 88-90.

[71] 邹志成. 中美高校国防教育法制建设比较 [J]. 长沙航空职业技术学院学报. 2006 (06): 10.

[72] 苏林琴. 从 "强制" 到 "同意" ——高校与学生法律关系的转化与发展 [J]. 黑龙江高教研究, 2007, (12): 17.

[73] 牛宏宝, 舒志锋. 从 "先验认识论" 到 "话语事件——福柯话语理论对康德先验人类学的批判" [J]. 首都师范大学学报 (社会科学版). 2018 (02): 104-105.

[74] 江国华. 论立法价值——从 "禁鞭尴尬" 说起 [J]. 法学评论. 2005 (06): 82-89.

[75] 朱伟. 西方政策设计理论的复兴、障碍与发展 [J] 南京社会科学. 2018 (05): 75.

[76] 张海柱. 政策设计与民主: 目标群体的社会建构理论述评 [J]. 公共管理与政策评论. 2017 (03): 85.

[77] 彭和平. 制度学理论和制度创新路径初探 [J]. 人民公仆. 2015 (11): 61-62.

(二) 英文期刊

[1] Ronald D. Simpson, Kathleen S. Smith. Validating Teaching Competencies for Graduate Teaching Assistants: A National Study Using the Delphi Method [J]. Innovative Higher Education. 1993 (02): 133-146.

[2] Bergquist, W. H, Philips, S. R. Components of an Effective Faculty Development Program [J]. Journal of Higher Education, 1975 (02): 177.

[3] David McClelland. Testing for competence rather than for "intelligence" [J]. American Psychologist. 1973 (28): 1-4.

[4] Olson S W, Schofield J R, Howard J M, Shearer T P. Mobile medical support for civil defense. I. Field trial [J]. Journal of the American Medi-

cal Association. 1956 (14): 1202 -5.

[5] Mary M. Harris, James R. Miller. Needed: Reincarnation of National Defense Education Act of 1958 [J]. Journal of Science Education and Technology. 2005 (02): 157 -171.

[6] OlafC. McDaniel. The Paradigms of Governance in Higher Education Systems [J]. Higher Education Policy, 1996 (02): 140.

三、学位论文

[1] 陈志青. 网络分析与治理模式: 论政策网络的两种途径 [D]. 厦门: 厦门大学, 2006: 23.

[2] 任福军. 论政府主导的国防动员管理机制的建立和完善 [D]. 长沙: 中南大学, 2006: 10.

[3] 徐继红. 高校教师教学能力结构模型研究 [D]. 长春: 东北师范大学, 2013: 147 -149.

[4] 王碧云. 大学科研创新力评价及中国提升策略研究 [D]. 武汉: 武汉大学, 2016: 1.

[5] 陶琳. 我国教育法制建设的价值取向研究 [D]. 西安: 陕西师范大学, 2014: 153.

四、法律政策文本

[1] 2001 年 5 月 29 日教育部、总参谋部、总政治部《关于在普通高等学校和高级中学开展学生军事训练工作的意见》, 国办发 [2001] 48 号。

[2] 2002 年 6 月 24 日教育部、总参谋部、总政治部《关于印发〈普通高等学校军事课教学大纲〉的通知》, 教体艺 [2002] 7 号。

[3] 2003 年 6 月 20 日教育部、总参谋部、总政治部《关于印发〈2003 ~2005 年全国学生军训工作发展规划〉的通知》, 教体艺 [2003] 8 号。

[4] 辽宁省人民政府:《辽宁省全民国防教育实施办法》第五章第四十五条, http: //www. ln. gov. cn/zfxx/jrln/ttxg/201001/t20100108_ 474916. html。

[5]《国务院办公厅、中央军委办公厅关于深化学生军事训练改革的意见》(国办发 [2017] 76 号)。

[6] 2017 年 11 月 13 日广东省教育厅、广东省军区战备建设局《关于征求〈广东省关于深化学生军事训练改革的实施办法〉(征求意见稿) 意

见的通知》，粤教体函［2017］106 号。

［7］2018 年 6 月 1 日江苏省教育厅、江苏省军区战备建设局《关于深化学生军事训练改革的实施意见》，苏教体艺［2018］5 号。

五、会议文章、报纸和网络文献等

［1］希言.《论语》详解 19：子曰：以不教民战，是谓弃［EB/OL］. http：//blog. sina. com. cn/s/blog _ 44616e360102x46r. html，2016 - 05 - 07.

［2］纪宝成. 大学文化传承创新的职能［N］. 光明日报，2011 - 05 - 06，(07).

［3］中国高等教育学会. 中国高等教育军民融合式发展论坛暨军事训练器材与先进技术军民融合展览政策法规汇编［C］. 北京：中国高等教育学会，2017：5.

［4］中国南海研究协同创新中心官网［EB/OL］. http：//nanhai. nju. edu. cn/5789/list. htm. 2018 - 08 - 08.

［5］费士延，等. 夯实新时代国防动员基石——福建省军区紧跟调整步伐建强“三个一线”纪实［N］. 解放军报，2018 - 05 - 11 (002).

［6］王法安. 动员领域需要深入研究的几个基本范畴［C］. 全国国防动员政策理论研讨会优秀论文集. 国家国防动员委员会综合办公室. 2003：65，408.

［7］何美. 美国报告：教育改革关乎国家安全［N］. 中国教育报 2013 - 05 - 01 (011).

［8］胡锦涛. 胡锦涛在清华大学百年校庆大会上讲话［EB/OL］. https：//news. qq. com/a/20110425/000244. htm，2011 - 04 - 25.

［9］胡锦涛. 胡锦涛在中国共产党第十七次全国代表大会上的报告［EB/OL］. http：//CPC. peopre. com. cn/GB/164093/67507/6429852. html，2007 - 10 - 25.

［10］习近平. 习近平在中国共产党第十九次全国代表大会上的报告［EB/OL］. http：//CPC. people. com. cn/n1/2017/1028/C64094—296/3660. html，2017 - 10 - 28.

［11］新华社. 2017 年全国征兵宣传教育进高校活动启动［EB/OL］. http：//xinhuanet. com//Local/2017 - 04/22/c_ 1120856281. htm，2017 - 04 - 22.

［12］BERDAHL. R. Statewide Coordination of Higher Education［R］. Washington，D. C.：American Council on Education，1971：9.

后记
常在战场 止于至善

英国作家查尔斯·狄更斯在《双城记》中写道，“这是最好的时代，这是最坏的时代；这是智慧的时代，这是愚蠢的时代；这是信仰的时期，这是怀疑的时期……”事实上，并不存在绝对的好时代，也不存在绝对的坏时代。时代的好坏，是人们对时代的客观体验和主观认识的产物。时代的好坏，也是人们是否努力和奋斗的结果。对于个体而言的时代与对国家而言的时代，也是紧密联系在一起的。

在全球资源稀缺性逐步加大的背景下，从理论上看，不仅个体的生存压力越来越大，国家的生存压力和危机概率也在增加。然而，幸福是奋斗出来的。唯有保持“终日钦钦，常在战场”[①] 之态，才能更有效地应对各种危机，推动社会和国家的发展。作为个体发展的重要载体，也是国家能力状态的核心标志——高等教育及其机构，也就在竞争力度日益变大的国际体系中，一再被赋予了诸多期望。事实上，高等教育与国家，自古以来就有着深刻联系。“大学之道，在明明德，在亲民，在止于至善”[②]，即使彼时之“大学”为“大人之学”，但依然体现着高等教育的社会责任和被赋予的国家意志。

按照中国古代高等教育伦理目标，大学之教育，就是要弘扬美德、教化百姓、追求更好的境界。今日的高等教育也同样如此，保持着更为深刻复杂且多样的入世精神。在美国的“六环空袭”理论中，尽管没有明确提出针对高等教育机构实施空中打击，但在其基础设施环等内容中，显然包括了高等教育机构，这也就不难理解“误炸”了。即使是在和平时期，已故美国波兰裔地缘战略家兹比格涅夫·布热津斯基提出的“奶头理论”，也没有忘记高等教育机构中的知识分子们。发达国家的国防科技发展，也在军民深度融合背景下，更多地倚重于高

① 出自［西晋］陈寿《三国志·吴书·朱然传》。
② 出自［春秋末期］曾子《大学》。

等教育机构。斯坦福大学、麻省理工学院的科技转化率很高，且相当一部分是转化至国防系统。因此，“止于至善”的高等教育机构必须要有“常在战场”之心，这也是当前大力强调高校深度贯彻军民融合战略的原因之一。

值得研究的是，即使政策一再明确，且配套不断加强的情况下，高等教育机构始终难以真正地、规模性地、深度地推进军民融合。虽然存在磨合期，但不断加快的竞争节奏，显然希望磨合期越短越好。相比于部分国家，我们的军民融合进程的确慢了半拍。比军民融合战略更早提出的则是高校国防教育，但也正如本书阐述和分析的那样，高校国防教育发展举步维艰，尽管有着各种各样的建设空间，却始终难以较好发展。与之同步发展的思想政治教育早已深入高等教育机构的每一个角落，以至于开始强调教师的思想政治工作——在党委系统下成立了党委教师工作部。两种教育在高等教育机构内部形成了强烈的建设和发展对比。诚然，高校国防教育涉及面更广、跨系统性更明显，但无论如何，不应当是当前这种建设局面。更值得关注的是，师资建设难上加难，但师资却是高校国防教育学科创生和国防教育发展的关键。因此，在高校国防教育面临的种种窘境中，本书选择了高校国防教育师资作为主要的研究对象。以期通过师资建设，带动处于“战场”环境和肩负“至善”重任的高等教育机构，加强国防教育教学和研究工作，力促高校国防教育建设效能的整体提升。

回顾本书的全部行文逻辑可以发现，本书并没有过多地纠结于师资建设的诸方面细节。更多的是从高校国防教育师资建设的宏观制度语境出发，对师资建设的关键节点，如后备师资培养和职后师资培训等方面，做了专门性的分析研究，也着重从师资赖以发展的校内外机构、课程建设体系、学术发展体系、法制与政策和制度创新等方面的变革与安排做了不成熟的分析。当然，本着学术性考虑，本书还详细分析了师资建设的主体构成和相互间关系。

当前，关于国防教育的学术著作不为多见，一方面反映了国防教育学学科创生依然处于“万里长征”的初始阶段，另一方面也说明了促进对国防教育做出更多的学术研究的必要性。本书应当是反映高校国防教育师资建设的第一本著作，希望能够对高校国防教育师资建设提供一些可能的思路。由于资料掌握程度和学识水平所限，加上时间紧迫，全书中肯定存在一些不妥和遗漏之处，恳请专家学者不吝赐教，提供宝贵的意见，以待再版时更新。

最后，衷心感谢中央财经大学国防经济研究院陈波院长和研究院同仁们的大力帮助，衷心感谢时事出版社的出版支持，衷心祝愿高校国防教育能够有更广阔的作为天地。

徐东波

2018 年 8 月 6 日于巢湖元山